HISTOIRE

DE LA

SEIGNEURIE LIBRE ET IMPÉRIALE

D'ARGENTEAU

ET DE LA MAISON DE CE NOM

AUJOURD'HUI

MERCY-ARGENTEAU

PAR

EUGÈNE POSWICK

Ancien Président de l'*Institut Archéologique*
et de la
Société des Bibliophiles Liégeois.

BRUXELLES
IMPRIMERIE P. LINS, RUE GAUCHERET, 10

1905

HISTOIRE

DE LA

SEIGNEURIE D'ARGENTEAU

Exemplaire de M.

N° 47

Eugène Posnick

CHÂTEAU D'ARGENTEAU

HISTOIRE

DE LA

SEIGNEURIE LIBRE ET IMPÉRIALE

D'ARGENTEAU

ET DE LA MAISON DE CE NOM

AUJOURD'HUI

MERCY-ARGENTEAU

PAR

EUGÈNE POSWICK

Ancien Président de l'*Institut Archéologique*
et de la
Société des Bibliophiles Liégeois.

BRUXELLES
IMPRIMERIE P. LINS, RUE GAUCHERET, 10

1905

DÉDIÉ

A LA MÉMOIRE

DE

CARL-HENRI-FRANÇOIS-MARIE

COMTE DE MERCY-ARGENTEAU

AVANT-PROPOS

*E bienveillant accueil qui a été fait, il y a quelques années à l'*Histoire du Comté de Fallais, *nous a encouragé à entreprendre l'histoire de la seigneurie d'Argenteau, qui se lie si étroitement avec celle de l'illustre famille de ce nom qui en est originaire et qui a joué un rôle de premier ordre dans les annales de la Belgique. Ce travail commencé, il y a une douzaine d'années et qui n'a pu être continué, par suite de circonstances indépendantes de notre volonté, voit enfin le jour.*

Avant nous, Butkens dans ses : Trophées de Brabant, *et le savant Ernst se sont occupés particulièrement de la seigneurie d'Argenteau. Le travail de Butkens renferme pas mal d'erreurs, dont la principale, celle qui fait descendre les d'Argenteau de la maison de Houffalise, a été réfutée par Ernst, dans sa* Notice sur la maison d'Argenteau *qui précède le* Tableau des suffragans de Liége.

Ces deux travaux, le dernier surtout, quoique bien abrégé, sont les seuls dont nous ayons tenu compte pour notre publication ; nous avons négligé systématiquement, en général, les nombreux travaux généalogiques, tant imprimés que manuscrits, qui existent sur la maison d'Argenteau, sauf pourtant, ceux des Le Fort, auxquels nous avons fait quelques emprunts.

Nous remplissons un devoir de reconnaissance en remerciant bien sincèrement toutes les personnes qui par leurs communications ou leurs recherches ont été pour nous de précieux auxiliaires dans la publication de cet ouvrage.

Nous citerons particulièrement Monsieur van de Casteele, conservateur des archives de l'Etat à Liége, et le Docteur Wolfram, directeur des archives impériales à Metz, qui ont, avec la plus aimable obligeance, favorisé nos recherches dans les dépôts confiés à leur garde; M. Ed. Poncelet, conservateur des archives de l'Etat à Mons; M. Joseph Halkin, professeur à l'Université de Liége, qui a rassemblé pour nous, avec beaucoup de sagacité, d'abord dans le pays, ensuite à l'étranger, et particulièrement à Dusseldorf, Paris et Berlin une bonne partie des documents inédits dont nous avons fait usage; enfin, Monsieur Henri Obreen, de Leyden, qui a bien voulu nous seconder dans la correction des épreuves des pièces justificatives.

E. P.

Tervueren, le 25 novembre 1905.

HISTOIRE

DE LA

SEIGNEURIE D'ARGENTEAU

ORIGINES.

'ANCIEN château fort d'Argenteau, situé sur la rive droite de la Meuse, au sommet d'un rocher escarpé et isolé, à environ deux lieues de Liége et trois de Maestricht, a été le berceau d'une maison illustre à laquelle il a donné son nom, transformé aujourd'hui en celui de Mercy-Argenteau.

Argenteau était, à l'origine de la féodalité, une terre libre, neutre et indépendante dont, au témoignage du savant chanoine Ernst, les seigneurs, décorés dans la suite du titre de comte, jouissaient des mêmes droits que les comtes immédiats de l'Empire (1).

Il faut reporter l'origine du château d'Argenteau à un des nombreux postes militaires établis, pendant le règne de Charlemagne, sur les frontières de l'Empire les plus exposées aux incursions des barbares. Il est très probable

(1) ERNST, *Tableau historique des suffragans de Liége*, p. V.

qu'à l'époque où les charges et les fiefs commencèrent à devenir héréditaires, c'est-à-dire au XIe siècle, le châtelain ou le gouverneur se rendit indépendant à la suite du démembrement de l'empire de Charlemagne et de l'établissement d'un grand nombre de petites souverainetés particulières, ou devint seigneur d'Argenteau par une concession spéciale de l'Empereur.

C'est à ce temps que remonte l'origine des seigneurs particuliers, tels que les comtes et ducs de Limbourg, les comtes de Dalhem, les seigneurs de Fauquemont, Rolduc, Gronsveld, Argenteau, etc.

« Tous ces seigneurs, » dit le savant Ernst (1), « de même que les ducs » et les comtes avaient originairement appartenu à la classe des dynastes, » connus successivement sous différents noms, et dans ce temps-là particulièrement sous celui *d'hommes nobles*, *d'hommes libres*, *de barons*, *etc.* Ces » dynastes étaient de la plus haute noblesse et possédaient des francs alleux, » c'est-à-dire des terres libres patrimoniales ou acquises qui n'étaient dans » la mouvance de personne et sur lesquelles ils exerçaient une juridiction » pour ainsi dire allodiale, indépendante de celle du comte du canton où ces » biens étaient situés ; ils étaient néanmoins soumis à l'autorité suprême, et » pour la défense de l'Empire tenus à la milice envers les rois ou les empereurs qui, pour se les attacher davantage, leur conféraient souvent des fiefs. » L'hérédité de ceux-ci ayant commencé à s'introduire, les dynastes ne restèrent pas en arrière à l'égard de ceux qu'ils tenaient de l'Empire, et à » l'instar des comtes, ils s'en arrogèrent successivement la supériorité territoriale et les droits régaliens en continuant toutefois à les relever des » empereurs. »

L'Empereur, tout en concédant une indépendance relative à la seigneurie d'Argenteau, se réserva le droit de faire occuper la forteresse par une garnison. Il imposa au seigneur, pour reconnaissance de ses droits de suzeraineté, l'obligation de relever du château et marquisat du Saint-Empire d'Anvers, la forteresse d'Argenteau, laquelle, sans aucun doute, était soumise, primitivement, comme poste fortifié de l'Empire à l'autorité suprême du markgrave (comte de la marche ou frontière) d'Anvers, duc de Basse-Lotharingie, principal représentant de l'Empereur dans les provinces Belgique.

De là l'origine de l'hommage que les seigneurs d'Argenteau prêtèrent dans

(1) ERNST, *Histoire du Limbourg*. t. I, pp. 388-389.

la suite et jusqu'en 1794, aux ducs de Brabant (1) devenus leurs suzerains, lorsque ces derniers succédèrent au XIIIe siècle dans leurs droits et prérogatives aux ducs bénéficiaires de Basse-Lotharingie et marquis d'Anvers.

Malgré cet hommage, les seigneurs d'Argenteau conservèrent ou s'attribuèrent la plupart des priviléges inhérents aux fiefs immédiats de l'Empire, tels que celui de conduire leurs vassaux à la guerre sous leur propre bannière, le droit de battre monnaie, l'exemption de toutes aides et contributions vis-à-vis de leurs souverains, la juridiction indépendante.

Ce fut seulement au XVIe siècle que les seigneurs d'Argenteau se soumirent définitivement à la juridiction du Conseil souverain de Brabant, qui était délégué par le duc pour exercer l'administration supérieure de la justice dans tout le duché et ses annexes, et qu'ils perdirent une partie de leur indépendance territoriale (2).

On trouve pour la première fois le nom d'Argenteau au commencement du XIe siècle : Hubert d'Argenteau, *Hubertus de Castro Argentello*, est témoin à la charte de fondation du chapitre de Saint-Gengoux à Florennes donnée en 1029, à Liége, par l'évêque Réginard (3).

Dans la seconde moitié du même siècle, par un diplôme donné à Aix-la-Chapelle le 25 juin 1070, le roi des Romains, Henri IV, confirme les immunités et les possessions de l'Eglise de Liége, qu'il énumère et concède le droit d'entrer au château d'Argenteau et d'en sortir, c'est-à-dire le droit d'y envoyer garnison dans le besoin, de la même manière que son père l'empereur Henri III l'avait concédé précédemment : « *Sed et castrum quod dicitur Argentel, sicut* » *genitor noster eidem ecclesie concessit et nos concedimus cum omni intrandi* » *et exeundi libertate* (4). »

Il résulte de ce diplôme que le château d'Argenteau était alors un domaine immédiat de l'Empire et, que si Henri IV accorda à l'Eglise de Liége le privilége d'y tenir garnison, il ne lui en accorda pas la propriété, comme plusieurs historiens liégeois l'ont cru à tort. On en trouve la preuve dans un diplôme

(1) BUTKENS, *Trophées de Brabant*, t. I, p. 379 ; GALESLOOT, *Inventaire des archives de la Cour féodale de Brabant.*

(2) ERNST, *Tableau historique des suffragans de Liége*, p. VI.

(3) *Cartulaire de l'église de Florennes*, fol. 13 ; manuscrit du XVIIe siècle.

(4) BORMANS ET SCHOOLMEESTERS, *Cartulaire de l'église Saint-Lambert de Liége*, t. I, p. 35.

du XIIe siècle. L'évêque Henri II, ayant fait confirmer, le 24 juillet 1155, par le pape Adrien IV, les possessions de son église, y avait fait comprendre *Argenteal*, mais l'empereur Frédéric Ier, par un autre diplôme, donné à Trente le 7 septembre de la même année, tout en confirmant de même, à la demande de l'évêque, ces possessions, retrancha Argenteau de leur énumération (1).

Ernst conclut de ce dernier diplôme que les empereurs avaient déjà fait, au XIIe siècle, concession d'Argenteau à des seigneurs particuliers et il signale, vers le milieu de ce siècle, des dynastes propriétaires de ce château.

Mais Ernst n'a pas connu *Hubertus de Castro Argentello*, cité en 1029, ni *Joannes de Argentel* qui fit, avec Englebert et Guillaume de Soumagne, une donation à l'abbaye de Saint-Laurent, laquelle fut confirmée à Liége par l'évêque Otbert en 1097 (2). Il faut donc faire remonter l'existence des seigneurs d'Argenteau, vassaux immédiats de l'Empire, à une époque antérieure au diplôme de 1070, ce qui n'empêchait pas l'Empereur de pouvoir disposer en faveur d'un tiers et, dans le cas qui nous occupe, de l'Eglise de Liége, vassale elle-même de l'Empire, des droits que tout suzerain conservait à l'égard de tout vassal.

Parmi ces droits, était toujours compté celui d'entrer dans les forteresses et châteaux et d'y entretenir garnison en temps de guerre.

Mais ce privilége concédé à l'Eglise de Liége, en ces temps troublés, était temporaire et révocable, puisque deux empereurs l'accordèrent successivement et qu'un troisième y mit fin au XIIe siècle.

Il est encore question de ce droit de suzerain dans des lettres de Guillaume, sire d'Argenteau, du 5 septembre 1410, par lesquelles il reconnaît que son château d'Argenteau, relevant du marquisat d'Anvers, est et demeurera forteresse ouverte au duc de Brabant, comme à ses successeurs et détermine les devoirs auxquels il est tenu envers eux, comme vassal. Cela n'empêcha pas les Liégeois de revendiquer, mais sans succès, dans la suite des siècles, comme une possession de leur Eglise, la seigneurie d'Argenteau, qui resta au pouvoir des ducs de Brabant jusqu'à la chute du régime féodal.

Hubertus de Castro Argentello et *Joannes de Argentel*, qui apparaît en 1097,

(1) Bormans et Schoolmeesters, *Cartulaire de Saint-Lambert*, t. I, pp. 74 et 76.

(2) *Cartulaire de Saint-Laurent*, t. I, fol. IX, au Séminaire de Liége.

sont les deux seuls personnages portant le nom d'Argenteau que nous ayons trouvés au XIe siècle. Nous ne savons quels liens de parenté ont pu exister entre eux, ni de quelle manière on pourrait leur rattacher Thierry d'Argenteau, dont nous parlerons ci-après, et qui est le plus ancien ascendant direct connu de la maison actuelle d'Argenteau.

Ce Thierry d'Argenteau était issu de l'ancienne famille des dynastes d'Orchimont, et descendait de Gislebert d'Orchimont, seigneur de haute considération (1) qui vivait dans la seconde moitié du XIe siècle et qui, en 1055, est témoin, avec son frère Godescalc de Ciney, à la fondation du prieuré de Longlier par Godefroid III, duc de Basse-Lotharingie (2). Il est témoin en 1059 à la donation par Frédéric, duc de Lothier, de sa serve Emma à l'autel de Saint-Trond (3); et de nouveau, avec son frère Godescalc, à l'approbation en 1064, par le duc Frédéric, de la charte de fondation de Longlier (4). Ils se rencontrent encore à une donation faite à l'abbaye de Gorze, en 1069, par Godefroid IV et Béatrice de Bar (5) et une dernière fois, le 10 août 1081, à Liége, à une charte de l'évêque Henri de Verdun, en faveur de l'abbaye de Saint-Laurent (6).

Son frère Godescalc de Ciney est souvent cité seul: en 1066 et 1067, dans deux chartes données par Théoduin, évêque de Liége, à l'église de Notre-Dame de Huy (7), en 1068 dans une charte du même évêque en faveur des brasseurs de Huy (8), en 1078 dans deux chartes de la comtesse Ermengarde, l'une en faveur de la collégiale de Saint-Barthélemi de Liége (9) et l'autre en faveur de l'église de Saint-Lambert (10); il vivait encore en 1079, date à laquelle il

(1) « Hic autem Gillebertus (de Orcisino monte) secundum seculi dignitatem vir magnæ » auctoritatis extitit. » *Historia monasterii Walciodorensis*, c. 6, apud PERTZ, *Monumenta Germaniæ historica, Scriptores*, t. XIV, p. 532.

(2) MIRÆUS et FOPPENS, *Opera diplomatica*, t. IV, p. 184.

(3) PIOT, *Cartulaire de Saint-Trond*, t. I, p. 19. « Gislebertus de Orcismunt. »

(4) BERTHOLET, *Histoire du Duché de Luxembourg et comté de Chiny*, t. III, preuves, p. XXVIIJ.

(5) JEANTIN, *Chronique des Ardennes*, t. II, p. 428.

(6) *Cartulaire de Saint-Laurent*, t. I, fol. VIII, au Séminaire de Liége.

(7) *Cartulaire de l'église Notre-Dame de Huy*, dans les *Bulletins de la Commission royale d'histoire*, 4e série, t. I, pp. 95 et 98.

(8) *Bulletin de la Commission royale d'histoire*, 4e série, t. I, p. 100.

(9) MIRÆUS et FOPPENS, *Opera diplomatica*, t. IV, p. 505.

(10) BORMANS et SCHOOLMEESTERS, *Cartulaire de Saint-Lambert*, t. I, p. 42.

intervient à une charte donnée par l'évêque Henri de Verdun à l'abbaye de Saint-Laurent (1).

Gislebert d'Orchimont eut quatre enfants (2) :

1° Godefroid d'Orchimont, cité en 1104 (3) et témoin en 1122 à une charte de Guillaume de Luxembourg, en faveur de l'abbaye de Munster (4).

2° Godescalc de Ciney, qui suit.

3° Hadewide, mariée à Engon de Thy-le-Château, fils de Gothold et d'Emma, fille d'Engo de Revogne (5).

4° Hadewide, mariée à Héribrand de Hierges (6).

Godescalc de Ciney est cité avant 1088 comme témoin à la donation faite à Liége, par Henri, comte de Durbuy, au nom de la marquise Mathilde et de son fils Renier de Briey, du bien de Chokier à l'abbaye de Saint-Jacques (7) et en 1091, comme témoin à la charte de fondation d'un hôpital à Flône donnée par l'évêque Henri de Verdun à Liége (8). Il apparaît encore une fois, le 3 mai suivant à Huy, dans une charte constatant une vente faite à l'église de Notre-Dame (9).

Godescalc de Ciney eut deux enfants (10) :

(1) MIRÆUS et FOPPENS, *Opera diplomatica*, t. III, p. 17.

(2) PERTZ, *Monumenta Germaniæ Historica, Scriptores*, t. XIV, p. 532 : « (Gillebertus » de Orcisino monte) duosque filios totidemque filias habuit quibus hereditario jure quæ- » cumque sibi paterna successione dereliquit. »

(3) MARTÈNE et DURAND, *Amplissima collectio veterum scriptorum*, t. II, p. 79.

(4) BERTHOLET, *Histoire du duché de Luxembourg et comté de Chiny*, t. III, preuves, p. L : « Godefridus Comes de Ursimonte. »

(5) *Historia monasterii Walciodorensis*, apud PERTZ, *Monumenta Germaniæ Historica, l. c.*

(6) Dans une charte de 1178, confirmant une donation de ces deux Hadewide, elles sont appelées cousines, MARTÈNE ET DURAND, *Amplissima collectio*, t. I, p. 913. L'*Historia monasterii Walciodorensis, l. c.*, les fait sœurs.

(7) VAN DEN BERG, *Manuscrit n° 188*, fol. 33, à l'Université de Liége; K. F. STUMPF-BRENTANO, *Die Reichskanzler*, t. III, *Acta Imperii*, 2e partie, p. 453.

(8) *Analectes pour servir à l'Histoire ecclésiastique de la Belgique*, t. XXIII, p. 285.

(9) *Bulletin de la Commission royale d'histoire*, 4e série, t. I, p. 102.

(10) L'*Histoire de l'abbaye de Waulsort*, (c. 70, apud PERTZ, t. XIV, p. 533), lui donne comme fils Godescalc, qui aurait laissé au mônastère de Waulsort sa part de Gedine; mais une charte de l'évêque de Liége Rodolphe de Zaeringen, confirmant les possessions de Waulsort en 1178, nous apprend que c'est Guillaume de Ciney qui fit cette donation (MARTÈNE et DURAND, t. I, p. 913). Ce document nous permet de corriger la chronique et de donner Guillaume de Ciney pour fils à Godescalc de Ciney.

1° Guillaume de Ciney, qui suit.

2° Une fille qui épousa Liebert.

Guillaume de Ciney se trouve cité comme témoin dans trois actes : en 1124, à une charte donnée à Liége dans un synode général, par l'évêque Albéron Ier de Louvain, en faveur de l'abbaye de Munster (1) ; le 25 mai 1129, à une charte donnée, dans l'église de Notre-Dame-aux-Fonts à Liége, par l'évêque Alexandre II, faisant connaitre un accord conclu entre l'église de Notre-Dame de Huy et les habitants d'Ulbeeck (2); enfin, en 1133, il est présent à la donation de l'alleu de Villenz, à l'abbaye de Waulsort, par Godefroid de Rachan, son épouse Gerberge, Nicolas de Herocha et son épouse Osilia (3).

En 1137, Guillaume de Ciney donne à l'église de Saint-Symphorien-au-Bois, devenue plus tard Saint-Séverin-en-Condroz, tout ce qu'il possédait aux églises de Mozet et d'Erpent, à la condition que les moines du prieuré chantent, chaque année, une grand'messe anniversaire pour ses parents défunts. Lambert, comte de Montaigu et avoué du prieuré de Saint-Séverin, accepta pour les moines cette donation qui fut confirmée par l'évêque Albéron II de Chiny (4).

Cette charte donne la composition de la famille de Guillaume de Ciney à cette époque. Il avait pour femme Mathilde (5) et de cette union naquirent quatre enfants :

1° Thierry, seigneur d'Argenteau, qui suivra au chapitre suivant.

(1) BERTHOLET, *op. cit.*, t. III, pp. 399 et 400.

(2) *Bulletin de la Commission royale d'histoire*, 4e série, t. I, p. 110.

(3) *Analectes pour servir à l'Histoire ecclésiastique de la Belgique*, t. XVI, p. 36.

(4) J. HALKIN, *Document concernant le prieuré de Saint-Séverin-en-Condroz, de l'ordre de Cluny*, dans les *Bulletins de la Commission royale d'histoire*, 5e série, t. IV, p. 176. Les deux copies de cette charte portent la date de IIII qui est fautive : à cette époque régnait à Liége l'évêque Otbert. L'indiction étant XV, l'empereur Conrad et l'évêque de Liége Albéron, la date doit être 1137. L'Empereur Lothaire III mourut le 3 décembre 1137; son successeur Conrad III, ne fut élu roi que le 13 mai 1138, mais il faut remarquer que, même du vivant de Lothaire, Conrard fut son compétiteur au trône et qu'il fut élu une première fois le 18 décembre 1127. Comme l'année commençait à cette époque à Noël, cette charte peut être datée : 1137, 3-25 décembre. M. Halkin dit que la date la plus probable est 1141, l'erreur du copiste s'expliquant alors par l'oubli du chiffre L.

(5) « Uxor ejus Mathildis. » C'est tout ce que nous savons sur cette Mathilde, mais on peut supposer, avec beaucoup de probabilité, qu'elle proviendrait des d'Argenteau, cités précédemment au XIe siècle, et qu'elle aurait apporté la seigneurie d'Argenteau dans la famille de Ciney, son fils Thierry s'étant appelé dans la suite « Theodericus de Argenteal. »

2° Guillaume qui, dans plusieurs chartes subséquentes, porte le titre d'avoué de Ciney. Il se trouve témoin, avec son frère Thierry, à deux chartes datées de 1140 et 1141 (1) et une dernière fois seul en 1143 (2). Comme l'avouerie de Ciney est rentrée plus tard en la possession de la branche directe d'Argenteau, issue de son frère Thierry, il est à supposer que Guillaume mourut sans postérité, ou que du moins sa descendance ne subsista pas longtemps (3).

3° Gertrude.

4° Aldegonde (4).

(1) Miræus et Foppens, *Opera diplomatica*, t. I, p. 689; t. IV, p. 372.

(2) Daris, *Notices historiques sur les églises du diocèse de Liége*, t. IX, p. 149.

(3) Voir ci-après, Renaud II, en 1235 et Thierry II, en 1281.

(4) Ernst, *Tableau des suffragans de Liége*, p. VIII, se demande s'il ne peut pas considérer comme frère de Guillaume II, avoué de Ciney et de Thierry d'Argenteau, Renaud de Hermalle « Rainaldus de Hermala », qu'il a trouvé comme témoin à une charte de 1154, donnée par l'évêque de Liége Henri II de Leyen : « Je le croirois d'autant plus aisément, » dit-il, « que non-seulement le nom de Renaud a été en quelque façon propre à la Maison » d'Argenteau, mais que la terre de Hermalle a toujours fait partie de ses possessions. » Nous ne sommes pas de cet avis : la charte de 1137 anaylsée ci-dessus et qui renseigne les enfants de Guillaume Ier, avoué de Ciney, ne parle point d'un fils qui se serait appelé Renaud.

Celui-ci, sans aucun doute, était simplement habitant ou originaire du village de Hermalle, qui faisait partie de la seigneurie d'Argenteau. En 1224, on rencontre encore un « Renardus » miles de Hermale » qui tenait en fief de Henri d'Argenteau des terres situées à Hermalle (Bormans et Schoolmeesters, *Cartulaire de l'église Saint-Lambert*, t. I, p. 209), mais la charte ne mentionne aucun lien de parenté entre ce Renaud et Henri d'Argenteau. Nous trouvons aussi un « Henricus de Hermalle miles » en 1240 (*Cartulaire de Herckenrode*, t. I, p. 85) et en 1270 (*Charte originale de Saint-Denis à Liége*).

LES

SEIGNEURS D'ARGENTEAU

Thierry Ier **d'Argenteau** est le premier membre de la famille de Ciney, issue d'Orchimont, qui porte le nom d'Argenteau.

On le rencontre en 1140 à Liége comme témoin « de liberis » hominibus Theodericus de Argenteal, » à une charte de Gislebert, seigneur de Reckheim (1), et à une autre de l'évêque Albéron II de Chiny, confirmant les possessions et les priviléges de l'abbaye de Flône : « ... nobilibus... Theoderico de Argenteal et Guillelmo fratre ejus... (2). » La même année, le 25 février, il est cité, avec son frère Guillaume, dans une charte de cet évêque, approuvant des donations à l'abbaye de Brogne (3) et de nouveau, dans le courant de l'année suivante, à deux chartes d'Albéron II, l'une confirmant une donation faite à la collégiale de Sainte-Croix à Liége (4) et l'autre, la fondation du monastère de Géronsart, près de Namur. Dans cette

(1) Miræus et Foppens, *Opera diplomatica*, t. IV, p. 514.

(2) *Charte originale de l'abbaye de Flône*, aux archives de l'Etat à Liége ; Martène et Durand, *Amplissima collectio*, t. I, p. 764; *Analectes pour servir à l'Histoire ecclésiastique de la Belgique*, t. XXIII, p. 303.

(3) Miræus et Foppens, *op. cit.*, t. I, p. 689; Chapeaville, *Gesta episcoporum Leodiensium*, t. II, p. 103; Bormans et Schoolmeesters, *Cartulaire de l'église Saint-Lambert*, t. I, p. 65.

(4) *Cartulaire de la collégiale Sainte-Croix*, fol. 19 v°, aux archives de l'Etat à Liége.

dernière, il figure encore avec son frère : « Guillelmus, advocatus de Cinei, » Theodorus de Argentel frater ejus (1). »

En 1143, lorsque l'évêque de Liége Albéron II fait connaître que Henri, comte de Limbourg, a fait donation à l'église collégiale de Sainte-Croix à Liége, d'un alleu qu'il possédait à Herve et dont il se réservait l'avouerie, au premier rang des nobles, qui assistèrent à cet acte, figure Thierry d'Argenteau, classé immédiatement après les comtes souverains et indépendants de Vianen, de la Roche et de Dalhem (2).

Thierry d'Argenteau assista, quelques années plus tard, à un synode général convoqué par l'évêque Henri II de Leyen en 1150 et se trouva au nombre des témoins de la charte de cet évêque, confirmant des donations faites à l'abbaye de Flône par Godefroid, comte de Clermont et de Duras (3).

Nous rencontrons encore Thierry d'Argenteau mentionné en 1154, dans deux chartes de l'évêque Henri II, au sujet d'une donation faite à l'abbaye d'Heylissem (4) et d'un rachat de propriétés de la collégiale de Saint-Martin à Liége (5).

Enfin il apparaît, une dernière fois en 1166, comme témoin à une charte de l'évêque de Liége, Alexandre d'Ouren, approuvant une donation faite en faveur de l'abbaye de Bonne-Espérance (6).

Ernst lui donne comme fils Henri, seigneur d'Argenteau, cité pour la première fois dans une charte de l'an 1213, mais ce savant historien n'a pas connu Renaud d'Argenteau qui apparaît comme témoin à deux chartes de 1184 et de 1190. Ce dernier est, sans aucun doute, selon les données chronologiques, plutôt le fils de Thierry, dont le nom revient encore en 1166, que Henri, cité en 1213, c'est-à-dire quarante-sept ans après la dernière mention de Thierry.

(1) Miræus et Foppens, *op. cit.*, t. IV, p. 372.

(2) Ernst, *Histoire du Limbourg, Cartulaire*, t. VI, p. 136.

(3) *Chartes originales de Flône, Analectes pour servir à l'Histoire ecclésiastique de la Belgique*, t. XXIII, p. 316.

(4) *Analectes*, t. XXIV, p. 197.

(5) *Charte originale de la collégiale Saint-Martin*, nº 4; *Analectes*, t. XVII, p. 75.

(6) *Cartulaire de Bonne-Espérance*, t, VIII, fol. 49, au séminaire de ce nom, province de Hainaut. Ce cartulaire copié au xviiie siècle porte : « Leodiensis de Argenteal », il faut lire : « Theodricus. »

Cette grande lacune entre Thierry Ier et Henri Ier, est comblée par Renaud d'Argenteau, dont Henri Ier est, selon nous, le fils. Il est à remarquer, à l'appui de notre opinion, que le fils de Henri Ier, mineur encore en 1224, s'appelle Renaud, comme son grand-père, et que ce prénom est, en quelque façon, traditionnel dans la branche aînée de la maison d'Argenteau, ce qui confirme un lien de parenté entre ces divers personnages.

Quoiqu'il en soit, il est certain que Renaud Ier et Henri Ier, sont des descendants de Thierry Ier, en ligne directe, car l'avouerie de Ciney, qui fut la propriété de Guillaume de Ciney, frère de Thierry Ier, appartint dans la suite, vers 1235 (1), à Renaud II d'Argenteau, fils de Henri Ier, et resta dans la maison d'Argenteau jusqu'en 1343.

II. **Renaud Ier d'Argenteau**, apparaît dans l'histoire comme témoin à l'acte donné à Gerpinnes le 1er avril 1184, par lequel Henri, comte de Namur et de Luxembourg, constitue Baudouin, comte de Hainaut, son neveu, héritier de tous ses biens, fiefs et alleux (2).

Il figure quelques années plus tard, en 1190, au premier rang des nobles, témoins à une charte du chapitre de Saint-Lambert à Liége, faisant connaître que l'église de Florennes a acheté et reçu en don des biens situés à Liers (3).

III. **Henri Ier d'Argenteau, chevalier, seigneur d'Argenteau et de Kessenich** (4), est cité dès 1215 à Liége, témoin à un accord conclu entre l'évêque Hugues de Pierrepont et Walter Berthout, au sujet des possessions de ce dernier dans le pays de Malines (5). La même année, d'après Jean d'Outremeuse, il aurait pris part à la sanglante guerre qui éclata à cette époque entre l'évêque de Liége et Henri Ier, duc de Brabant, à propos de la possession du comté de Moha. Il serait venu à Huy, avec son frère, joindre ses troupes à celles de

(1) *Cartulaire de l'abbaye de Grandpré*, t. I, fol. 31, 32, 35 et 36.

(2) Bormans et Schoolmeesters, *Cartulaire de l'église Saint-Lambert*, t. I, p. 101.

(3) *Ibidem*, t. I, p. 117.

(4) Henri d'Argenteau porte rarement le titre de « miles », mais presque toujours celui de « vir nobilis. »

(5) Bormans et Schoolmeesters, *Cartulaire de l'église Saint-Lambert*, t. I, p. 170; Saint-Genois, *Monumens anciens*, p. 501.

Hugues de Pierrepont, évêque de Liége, pour marcher contre le duc de Brabant, sur lequel ils gagnèrent le 13 octobre 1213, la bataille de Steppes (1). La présence de Henri d'Argenteau dans les rangs liégeois fait dire à Ernst (2), que le seigneur d'Argenteau n'était pas encore vassal du duc de Brabant. Malgré la haute autorité de cet historien, nous ne pouvons nous rallier à cette conclusion. En supposant, malgré le peu de créance que l'on puisse attribuer aux assertions, trop souvent fantaisistes, de Jean d'Outremeuse, que le seigneur d'Argenteau ait combattu le duc de Brabant à Steppes, il n'en résulterait nullement qu'il n'aurait pas été son vassal. Le comte de Looz, allié avec l'évêque de Liége, dans cette guerre, était aussi vassal du duc de Brabant, ce qui ne l'empêcha pas de guerroyer contre ce dernier pendant plusieurs années. Les exemples de guerres entre suzerains et vassaux étaient fréquents et nombreux au moyen âge.

Deux ans après la bataille de Steppes, il accompagna Hugues de Pierrepont au Concile général de Latran, qui s'ouvrit au mois de novembre 1215, mais comme ce voyage est renseigné seulement par Jean d'Outremeuse, il est fort sujet à caution (3).

Il figure ensuite comme témoin, à l'acte du 15 mai 1219, par lequel Engelbert, archevêque de Cologne, et Hugues, évêque de Liége, font connaître que l'abbaye de Saint-Pantaléon de Cologne a vendu à Guillaume de Horn la villa de Wessem, près de Ruremonde (4).

Le 2 mars 1224 (n. st.) Henri, qui s'intitule seigneur de Kessenich et d'Argenteau, donne au couvent des Norbertines à Heinsberg, le droit qu'il possédait sur une forêt située près d'Odilienberg (5).

La même année un certain Guillaume de Mosen, chevalier, ayant vendu à l'abbaye de Villers, une forêt située près de Grandpré (Namur), par une charte du mois de juin 1224, Philippe, marquis de Namur, confirma cette vente, mais à la condition qu'elle serait approuvée par Henri d'Argenteau, de qui la forêt

(1) Jean d'Outremeuse, *Ly mireur des histors*, t. V, pp. 78, 87, 89 et 92 : « ... en la » tierche batalhe estoient les Liégois, chest guyat ly evesque luy meisme et aveque luy furent » Albert li comte de Sayne, Henri de Argenteal et son freire... »

(2) Ernst, *Tableau des suffragans*, p. ix.

(3) Jean d'Outremeuse, *Ly mireur des histors*, t. V, p. 167.

(4) Lacomblet, *Urkundenbuch für die Geschichte des Niederrheins*, t. II, p. 45.

(5) *Ibidem*, « Heinricus, Dei gratia dominus de Kesnik et de Argentel », t. II, p. 60.

relevait, ainsi que par son fils, et par le tuteur de ce dernier, Thierry de Houffalise.

Au mois d'octobre 1224, l'évêque Hugues de Pierrepont constate que Guillaume de Mosen s'est obligé de faire approuver cette vente par les suzerains Henri d'Argenteau et Renaud, son fils, encore mineur, et le 16 avril 1229, Jean d'Eppes, évêque de Liége, atteste que cette approbation a été donnée (1).

En 1224, Henri d'Argenteau voulut donner à l'église Saint-Lambert seize bonniers de terre censale et six bonniers de terre féodale, situés à Hermalle, qu'il tenait en fief de Henri Ier, duc de Brabant ou de Basse-Lotharingie ; il dut demander à ce dernier l'autorisation de convertir ces terres en alleu et de les vendre. Elle lui fut accordée au mois d'août et le 28 septembre suivant, par devant la Cour allodiale de Liége, il en fit donation au chapitre de Saint-Lambert (2). Dans cette charte, dont l'original est parvenu jusqu'à nous, Henri s'intitule : « vir nobilis, domi» nus de Argentorio, » et son sceau fascé de six pièces et fretté dans trois, porte cette légende : ✠ S. HENRICI DE ARGENTEIL ET DE CASSENIN (3).

En janvier 1229 (n. st.), Henri Ier donne un alleu situé à Suheers, comprenant trente bonniers de terre, tenu en fief de lui par Henri d'Opheers, à son fils Renaud, qui, avec l'assentiment de son père, en fait donation à l'abbaye de Herckenrode (4).

(1) *Cartulaire de l'abbaye de Grandpré*, t. I, pp. 4, 5, 6 et 15.

(2) « H. Dei gratia dux Lotharingie. Notum sit universis quod ud petitionem domini H. » de Argentorio concessimus... quod XVI bonuaria censualia et VI bonuaria feodalia terre » apud Hermale, que a nobis habebat in feodo. H. predictus et de ipso tenebat Renardus miles » de Hermale, allodium fierent... » ; Bormans et Schoolmeesters, *Cartulaire de l'église Saint-Lambert*, t. I, pp. 209 et 210.

(3) Ce sceau se trouve aux archives de l'Etat, à Liége, et n'est pas cité dans le remarquable ouvrage de M. de Raadt : *Les Sceaux armoriés*.

(4) Daris, *Notice sur les églises*, t. IV, p. 94; *Cartulaire de l'abbaye de Herckenrode*, t. I, fol. 83.

Le 1er avril 1230, lorsque Waléran de Limbourg se reconnut l'homme lige de Jean d'Eppes, évêque élu de Liége, pour cent livrées de terre de son alleu de Sittard, qu'il avait données au dit élu et qui lui avaient été rendues en fief, Henri d'Argenteau avec Rigaud de Hauques fut choisi par l'évêque de Liége, pour fixer la somme qui lui était due par Waléran de Limbourg (1).

S'il faut en croire Jean d'Outremeuse, Henri d'Argenteau était encore vivant en 1236 et aurait assisté, cette année-là, à une bataille entre Liégeois et Brabançons (2).

Henri Ier d'Argenteau épousa, vers 1210, Mahaut, sœur de Henri Ier de Houffalise (3) et fille de Thierry, seigneur de Houffalise, et de Ludgarde d'Elsloo (4).

De ce mariage naquit un fils Renaud, qui suit (5).

IV. **Renaud II d'Argenteau, chevalier, seigneur d'Argenteau,** que nous avons vu encore mineur en 1224, était majeur en 1228, car le 23 juin de cette

(1) Bormans et Schoolmeesters, t. I, p. 265.

(2) *Ly mireur des histors,* t. V, p. 227.

(3) C'est ce qui ressort de deux chartes, l'une du 6 juillet 1240, où Henri de Houffalise appelle Renaud, fils de Henri d'Argenteau, son neveu (Butkens, *Trophées de Brabant,* t. I, preuves, p. 82), l'autre du 12 mai 1254, où Renaud d'Argenteau appelle Henri de Houffalise son oncle. « ... præsentibus viris nobilibus domino H. de Hufalize avunculo meo » *(Cartulaire de l'abbaye de Grandpré,* t. I, p. 51).

(4) Chartes de 1232, *Publications de la Société historique et archéologique dans le duché de Limbourg,* t. XXI, p. 130; *Cartulaire de l'abbaye du Val-Benoît,* aux archives de l'Etat à Liége.

(5) Butkens dans ses *Trophées,* t. II, p. 222 et le chanoine Jalheau dans ses additions au *Miroir des nobles de Hesbaye par Jacques de Hemricourt,* édition de 1791, pp. 69, 345 et suiv., ne lui donnent qu'une fille héritière, nommée Mahaut, laquelle aurait porté la terre d'Argenteau dans la maison de Houffalise, par son mariage avec un prétendu Renaud de Houffalise, fils de Thierry, et neveu de Henri Ier de Houffalise. L'opinion de Jalheau, pas plus que celle de Butkens, n'est soutenable ; elle est basée sur une certaine ressemblance des armoiries portées par Renaud II d'Argenteau, avec celles de Houffalise ; mais ces écrivains ont oublié qu'à cette époque reculée les armoiries n'étaient pas encore établies dans les familles, et que souvent un fils prenait des armoiries différentes de celles de son père et même celles de sa mère. Ce qui paraît le cas ici. Ernst s'est occupé longuement de ce point et a réfuté victorieusement ces erreurs. Il a prouvé que la femme de Henri Ier d'Argenteau était la sœur de Henri Ier de Houffalise et Renaud II d'Argenteau, le fils de celle-ci. C'est ce que confirment d'ailleurs quatre chartes des années 1224, 1228 et 1229, des abbayes de Grandpré et de Herckenrode, restées inconnues à Butkens, à Jalheau comme à Ernst, et découvertes récemment. Dans ces chartes, dont nous avons parlé ci-dessus, Renaud II d'Argenteau, est indiqué catégoriquement comme fils de Henri Ier d'Argenteau.

année, il confirme la vente faite par Guillaume de Mosen à l'abbaye de Villers, « mais parce que, » dit-il dans cette charte, « je n'ai pas encore de scel qui » me soit propre, quoiqu'ayant atteint ma majorité, j'ai fait sceller cet acte par » l'abbé du Val-Dieu (1). » Cet acte fut ratifié le 27 avril 1254, par l'évêque élu de Liége, Henri de Gueldre et le surlendemain Renaud comparaît en personne devant le chapitre de Saint-Lambert à Liége, pour déclarer qu'il n'a plus aucun droit sur la forêt vendue à l'abbaye de Villers (2). Il scelle, le 12 mai suivant, de son propre sceau une charte confirmant de rechef cette vente et, dans le même mois, il affirme à Namur devant le souverain bailli du comté qu'il a renoncé à tout droit sur cette forêt (3).

Renaud II succéda à son père Henri comme seigneur d'Argenteau avant 1236, car vers le 25 janvier de cette année (n. st.), il donna en faveur de l'abbaye du Val-Dieu une charte dans laquelle il se qualifie de « R. miles vir nobilis et dominus de Argenteal (4). » Le sceau qui était appendu à cette charte, dit Ernst, qui l'a vu, ne portait qu'une seule croix.

En septembre 1236, le chapitre de Saint-Martin à Liége, acheta de Guillaume de Petersheim l'avouerie de Brust que ce dernier tenait en fief de Renaud d'Argenteau; il la reporta à Renaud, qui à son tour en fit report à l'évêque de

(1) « ... et quia ego R. proprium sigillum non habeo, ut hoc ratum et stabile permaneat » aetatem habens legitimam, sigillo abbatis de Valle-Dei presentem paginam feci communiri, » promittens etiam quod, cum proprium sigillum habuero, eandem paginam proprio sigillo » confirmabo. » *Cartulaire de l'abbaye de Grandpré*, t. I, p. 5, aux archives de l'Etat à Namur.

(2) *Cartulaire de l'abbaye de Grandpré*, pp. 34 et 35.

(3) *Ibidem*, pp. 32, 36 et 37 : « Chu fut fait en la sale de Namur le lundi de renoisons, »

(4) ERNST, *Tableau des suffragans*, p. XIII. C'est sans doute cette charte qui est transcrite dans le *Cartulaire du Val-Dieu*, t. I, p. 323, aux archives de l'Etat à Liége, et que E. BACHA, dans les *Bulletins de la Commission royale d'histoire*, 5e série, t. IV, p. 136, a analysée ainsi : « Rigaldus, chevalier, homme noble et seigneur de Argential, déclare que son » frère Rigaldus, avoué de Hacurt, a cédé au Val-Dieu, avec son autorisation, environ sept » bonniers et demi de terre arable au territoire de Hacurt, bien paternel mouvant de lui. Il » s'oblige à assurer au Val-Dieu la paisible possession de cette terre. Actum circa conver- » sionem Sancti Pauli anno 1235. » (1236, n. st.). Il nous paraît que Rigaldus a été rétabli par le copiste, c'est Renaldus qu'il aurait fallu, la charte portant seulement R.; quant à Rigaldus de Haccourt qui vivait encore au mois de mai 1253 *(Charte originale de Saint-Denis)*, il n'est pas mentionné comme frère de Renaud; la phrase « (terræ) quæ descendunt a *patre* » *nostro* » n'est pas suffisante pour prouver que Rigaud de Haccourt était frère de Renaud.

Liége Jean d'Eppes, de qui il la tenait en fief; enfin ce dernier en investit le chapitre de Saint-Martin (1).

Renaud d'Argenteau ayant vendu en 1240 à l'abbaye de Vivegnis des terres relevant du duc de Brabant, situées dans la seigneurie d'Argenteau, Henri de Houffalise, oncle de Renaud, et Arnould, seigneur de Diest, se constituèrent garants envers ce duc que dans un an, à compter du 1er octobre, Renaud assignerait dans la seigneurie d'Argenteau d'autres terres allodiales, de la même valeur que celles vendues, pour les tenir en fief du duc de Brabant (2).

Le 25 décembre 1252, on trouve Renaud d'Argenteau au nombre des hommes de fief de Henri, seigneur de Houffalise, son oncle (3).

Nous avons vu précédemment que l'avouerie de la ville de Ciney était possédée par le frère de Thierry Ier d'Argenteau ; cette avouerie revint avant 1253 (4), dans la ligne directe des seigneurs d'Argenteau, car au mois de juin de cette année, Renaud d'Argenteau, chevalier, avoué de Ciney, est caution avec d'autres chevaliers de la vente des dîmes de Soheit à l'abbaye du Val-Saint-Lambert et, le 29 avril 1254, le chapitre de Saint-Lambert le qualifie « advocatus Ceunacencis (5) » titre qu'il prend lui-même dans deux chartes du 12 mai suivant et dans une autre du même mois : « Je Renaut, sire d'Argenteal voueit de Chienei (6). » Dans une des chartes donnée à Liége le 12 mai 1254, Renaud, seigneur d'Argenteau et avoué de Ciney, déclare qu'il a reçu de l'abbaye de Grandpré, quatre-vingts livres qu'il s'engage à rembourser de ses revenus en nature, de Ciney et des environs (7).

Le 7 juillet 1262, Renaud II, acquit du chapitre de Saint-Lambert, des terres et rochers situés sur les bords de la Meuse, entre Richelle et Visé (8), et

(1) BORMANS et SCHOOLMEESTERS, *Cartulaire de l'église Saint-Lambert*, t. I, p. 366; *Charte originale de Saint-Martin*, n° 42.

(2) *Cartulaire de Brabant, Chambre des comptes*, reg. n° 1, fol. 19 v° et 90 v°; la charte de Henri de Houffalise est publiée dans les *Trophées de Brabant*, t. I, preuves, p. 82, et dans les *Monumens anciens de Saint-Genois*, t. II, p. 319, avec la date erronée de 1211.

(3) *Cartulaire du couvent de Houffalise*, XVe siècle, fol. 33, archives de l'Etat à Arlon.

(4) *Charte originale de l'abbaye du Val-Saint-Lambert*, n° 127, archives de l'Etat à Liége.

(5) *Cartulaire de l'abbaye de Grandpré*, t. I, p. 35.

(6) *Ibidem*, p. 36.

(7) *Ibidem*, pp. 31 et 32 : « datum feria tertia post dominicam contate, anno 1254. »

(8) BORMANS et SCHOOLMEESTERS, *Cartulaire de Saint-Lambert*, t. II, p. 135.

l'année suivante il figure comme témoin « Renart d'Argentea » à l'engagement du 27 mai 1263, par lequel l'évêque de Liége, Henri de Gueldre, reçoit le comte de Flandre comme homme de fief pour son château de Samson, et promet de ne pas venir en aide à Henri de Luxembourg, dans la guerre que ce dernier soutient au sujet du comté de Namur (1).

Deux ans plus tard, nous retrouvons Renaud d'Argenteau à Liége, au palais de l'évêque, où il intervient dans une charte de Henri de Gueldre approuvant, le 8 mars 1265 (n. st.), une donation faite par Arnould, comte de Looz, à l'abbaye de Herckenrode (2). L'année suivante, Renaud d'Argenteau reçut de l'abbaye de Saint-Feuillen au Rœulx une somme de 100 livres qui fut payée à son fils Gauthier (3). Il eut, peu de temps après, une contestation avec cette abbaye au sujet du village de Croix en Hainaut ; dans la suite il déclara en mai 1267, n'y avoir plus aucun droit. Cette déclaration fut confirmée par Henri de Gueldre, évêque de Liége et par les fils de Renaud. Comme prix de cette renonciation, il reçut de l'abbaye, au mois de juin de la même année, la somme de 700 livres. En 1268, il approuva encore un acte conclu entre son fils Gauthier et cette même abbaye (4).

Renaud d'Argenteau mourut entre 1272 et 1280. D'après une épitaphe, citée par Ernst (5), il serait mort en 1269, c'est inexact, car cette même année, le 21 mai, il donna à son fils Henri, clerc, tous ses biens allodiaux situés à Thiméon et, le 23 juin 1272, il révoqua cette donation en faveur de l'abbaye de Floreffe (6).

(1) BORMANS et SCHOOLMEESTERS, *Cartulaire de Saint-Lambert*, t. II, p. 139.

(2) *Cartulaire de Herckenrode*, t. I, fol. 100 ; WOLTERS, *Notice historique sur l'ancienne abbaye de Herckenrode*, p. 82 ; analyse dans DARIS, *Notices sur les églises*, t. IV, p. 110 : « Actum in palatio Leodiensi, anno domini MCCLXIIII, mense martio, dominica qua cantatur » oculi mei. »

(3) *Cartulaire de Saint-Feuillen au Rœulx*, p. 259, aux archives générales du Royaume.

(4) *Ibidem*, pp. 248 à 251 et 254.

(5) *Tableau des suffragans*, p. XV. Le copiste de l'épitaphe aura sans doute mal lu. La pierre sépulcrale représentait un homme armé de toutes pièces, ayant les mains jointes, les pieds appuyés sur un chien et accompagné de l'inscription : *Ci gist messir Renar d'Argenteal, chevalier, ki trespassat l'an mil CC sissante neuf. Prie Dieu por son arme.* Ernst a d'ailleurs fait remarquer, en reproduisant cette épitaphe erronée, que les armoiries ne correspondaient pas à celles que présente le sceau dont il a été parlé ci-dessus.

(6) *Cartulaire de Floreffe*, aux archives de l'Etat à Namur ; *Analectes pour servir à l'Histoire ecclésiastique de la Belgique*, t. IX, pp. 272, 273, 274 et 279.

Renaud II avait épousé une femme noble du nom de Joie, « nobilis mulier Joja, uxor ejus » (1) dont il eut :

1° Thierry, qui suit.

2° Henri, avoué de Ciney en partie, chanoine de Saint-Denis à Liége. Il était déjà clerc lorsqu'au mois de mai 1267, il ratifia avec ses frères, Thierry, chevalier, et Gauthier, clerc, la convention faite entre son père et l'abbaye de Saint-Feuillen au Rœulx, pour la possession du village de Croix (2). Nous le trouvons, le 13 mai 1294, chanoine de Saint-Denis et membre de la Cour allodiale de Liége (3). En 1281, il fit report avec son frère Thierry de l'avouerie de Ciney à la cathédrale Saint-Lambert (4) et en 1300 il signa, avec tous ses confrères du chapitre de Saint-Denis, une protestation contre les agissements de l'évêque de Liége à leur égard (5).

3° Gauthier, chanoine de Saint-Georges à Cologne. Il est cité au mois de mai 1267, avec ses frères et, en 1268, étant à l'abbaye de Lobbes, il conclut au sujet d'une pension de 20 livres, avec l'abbaye de Saint-Feuillen, un accord, qui fut approuvé peu après par son père Renaud II et ses frères Thierry et Henri (6). La même année encore, il reconnut avoir reçu de l'abbaye de Saint-Feuillen au Rœulx, la somme de 120 livres.

V. **Thierry II d'Argenteau, chevalier, seigneur d'Argenteau, avoué de la ville de Ciney,** est cité, pour la première fois, dans la charte de mai 1267 où il reconnaît que son père, Renaud II, n'a plus aucun droit sur le village de Croix en Hainaut.

Le jeudi après Quasimodo (24 avril) 1281, il fit report à l'Eglise de Liége de l'avouerie de Ciney, sous condition de la tenir en fief de l'évêché de Liége ; son frère Henri, clerc, renonça, le même jour, à tous les droits qu'il pouvait prétendre à cette avouerie (7).

(1) *Cartulaire de Floreffe*, aux archives de l'Etat à Namur ; *Analectes pour servir à l'Histoire ecclésiastique de la Belgique*, t. IX, pp. 272, 273, 274 et 279.

(2) *Cartulaire de Saint-Feuillen au Rœulx*, XIVe siècle, pp. 250 et 251, aux archives générales du Royaume.

(3) Bormans, *Cartulaire de la collégiale de Saint-Denis à Liége*, p. 61 ; *Liber Chartarum*, t. II, fol. 312.

(4) Bormans et Schoolmeesters, *Cartulaire de Saint-Lambert*, t. II, p. 333.

(5) *Charte originale de Saint-Denis*, aux archives de l'Etat à Liége.

(6) *Cartulaire de Saint-Feuillen*, pp. 252, 253 et 254.

(7) Bormans et Schoolmeesters, *Cartulaire de Saint-Lambert*, t. II, p. 333.

Selon Butkens son sceau portait une croix et douze croisettes recroisetées (1), mais cela nous paraît très douteux.

Thierry II avait épousé la seconde fille d'Eustache de Dommartin, dit le Vieux Persant de Haneffe, chevalier, seigneur de Haneffe, et de la fille du seigneur de Jauche en Brabant (2).

De ce mariage naquirent :

1° Renaud, qui suit.

2° Une fille qui épousa un seigneur de Beaumont ou Schoonberg, dans l'Eiffel.

VI. **Renaud III d'Argenteau** (3), **chevalier, seigneur d'Argenteau.** Il est cité dès le 5 mars 1288, dans un acte des échevins de Liége, au sujet d'un différend qu'il avait avec l'abbesse de Vivegnis (4), ensuite en 1312 : « Reynerus » Dargentiel tenet mansionem de Argentiel cum appenditiis (5) » et était avoué de la ville de Ciney, la même année, à la mort de l'évêque Thibaut de Bar, qui lui avait donné en fief l'avouerie de Ciney.

Après la mort de ce prince, Alard, seigneur de Pesche, mambour de l'évêché de Liége, contesta à Renaud ses droits d'avoué ; mais à la suite d'une enquête faite par des chevaliers, il fut reconnu, le 23 juin 1312 (6), que le seigneur d'Argenteau était bien avoué de cette ville. Aussi s'empressa-t-il, dès qu'Adolphe de la Marck eût été nommé évêque de Liége, de faire le relief de l'avouerie le 22 avril 1314 (7).

(1) *Trophées de Brabant*, t. I, p. 223.

(2) Hemricourt, *Miroir des nobles*, pp. 90 et 101 ; Butkens, *Trophées de Brabant*, t. II, p. 223.

(3) Nous ferons remarquer, pour éviter toute confusion, que dans l'ordre chronologique des Renaud d'Argenteau, le plus ancien, resté inconnu à Butkens, à Ernst et à Jalheau, est classé par nous premier, et que Renaud Ier, cité par ces différents auteurs, devient Renaud II, et ainsi de suite pour les autres.

(4) *Cour d'Argenteau et Hermalle*, reg. des droits et priviléges, fol. 78.

(5) *Chambre des comptes*, reg. 542, *Leenboec des hertoigdoms van Brabant en de Lymburg*, fol. 28 v°. Ce manuscrit a été publié par Galesloot, sous le nom : *Les feudataires de Jean III, duc de Brabant*. L'indication est du texte primitif rédigé en 1312. Renaud III est encore cité dans une charte publiée dans la seconde édition de Miræus et Foppens, *Opera diplomatica*, t. II, p. 833, mais l'authenticité de ce document est trop contestée pour que nous ayons osé en faire usage.

(6) Bormans et Schoolmeesters, *Cartulaire de Saint-Lambert*, t. III, pp. 115 et 116.

(7) *Cour féodale de Liége*, reg. 39, fol. 23 v°.

Dans les premières années du règne du nouveau prince-évêque, la guerre sévit dans la principauté de Liége ; Renaud III concourut avec plusieurs autres seigneurs à conclure, le 18 juin 1316, entre l'évêque et le peuple liégeois, le traité de paix, connu sous le nom de *Paix de Fexhe,* qui devint la charte constitutionnelle de l'Etat de Liége et en raffermit l'unité (1). On le trouve ensuite avec les comtes de Looz et de Chiny et le seigneur de Diepenbeeck confirmant et scellant, le 10 juillet 1322, en qualité de pairs de Saint-Lambert, l'important record des droits du haut-avoué de Hesbaye du 6 octobre 1321 (2). Son sceau porte une croix chargée de quatre croisettes trèflées, au pied fiché, avec la légende : S' RENARD DE............ (indéchiffrable). Il vivait encore le 23 avril 1325 et assistait comme témoin à un relief fait à Maestricht par son parent Renier de Visé dit de Fraipont (3), mais il était déjà mort en 1327, comme on le verra à l'article suivant.

Renaud III avait épousé une fille de Renier de Dommartin dit de Visé, maréchal de l'évêché de Liége, et de N. de Bombaye (4).

De ce mariage naquirent (5) :

1° Renaud, qui suit.

2° Thierry, seigneur d'Emptinne en Condroz, chevalier. Il prit part, en 1335, à l'expédition que Guillaume Ier, comte de Hainaut et de Hollande, envoya, sous la conduite de son fils le comte de Zélande, en Poméranie, pour soutenir l'Ordre Teutonique contre les prétentions du roi de Pologne Casimir III, qui ne voulait pas se soumettre à la sentence prononcée par les rois de Hongrie et de Bohême, en faveur de l'Ordre (6). En 1356, il combattait avec son frère

(1) *Liber chartarum ecclesiæ Leodiensis,* fol. 240 v°, n° 503, à l'Université de Liége ; POLAIN et BORMANS, *Recueil des édits et ordonnances de la principauté de Liége,* t. I, p. 154.

(2) *Charte originale* au château d'Aigremont, à laquelle est appendu, parmi 61 sceaux, celui que nous reproduisons et qui est resté inconnu à M. de Raadt ; *Bulletin de l'Institut archéologique liégeois,* t. XI, p. 191 ; *Cartulaire de Saint-Lambert,* t. III, p. 229.

(3) *Cour féodale de Liége,* reg. 39, fol. XII.

(4) HEMRICOURT, *Miroir des nobles,* p. 149.

(5) *Ibidem,* pp. 23, 50 et 151.

(6) DEVILLERS, *Sur les expéditions des comtes de Hainaut et de Hollande en Prusse, Bulletins de la Commission royale d'histoire,* t. V, 4e série, p. 127.

Renaud IV, pour Wenceslas, duc de Brabant et de Limbourg, dans la guerre contre Louis de Male, comte de Flandre, et mourut peu après (1). Il avait épousé Jeanne de Ghoor, fille de Daniel, seigneur de Ghoor, chevalier, drossart de Brabant, et de Jeanne de Schoonvorst, dont il eut (2) :

a) Renaud, seigneur d'Emptinne, chevalier, mort sans postérité le 18 octobre 1360. Il fut enterré dans l'église des Frères Mineurs, à Liége; sa tombe portait cette inscription : *Chi gist Renars de Argenteal, chevalier, sires de Emptines qui trespassat l'an MCCCLX, XVIII jour et mois d'octobre. Priez por l'ame de ly* (3).

b) Catherine, dame d'Emptinne, après son frère. Elle épousa (4) Arnould de Corswarem, seigneur de Niel et de Momalle, qui releva, le 23 janvier 1361, les seigneuries d'Emptinne, de Natoye et leurs dépendances, devant la Cour féodale de la prévôté de Poilvache (5). Il était fils d'Arnould de Corswarem, chevalier, seigneur de Niel, et d'Aleide de Warfusée dit de Momalle.

3° Catherine, mariée à Pierre de Schoonvorst de Fexhe dit de Brouck (6), fils de Lambert de Schoonvorst, chevalier, seigneur de Fexhe, et de Jeanne de Haren (7).

4° Une fille, mariée à un seigneur de Rode, dans le pays de Fauquemont (8).

VII. **Renaud IV d'Argenteau, chevalier, seigneur d'Argenteau, avoué de la ville de Ciney,** surnommé par Hemricourt « ly bon et ly wailhans sires » d'Argenteal » (9), doit avoir succédé à son père dans la seigneurie d'Argen-

(1) BUTKENS, *Trophées de Brabant*, t. I, p. 470; SVEIRO, *Anales de Flandes*, t. I, p. 497; HARÆUS, *Annales ducum Brabantiæ*, t. I, p. 333. Ces deux derniers donnent mal à propos le nom de Henri, au frère de Renaud (ERNST, p. XXI).

(2) HEMRICOURT, pp. 49, 50 et 151; HABETS, *Aanteekeningen op het vrijdorp Heel*, dans les *Publications de la Société archéologique de Maestricht*, t. IV, p. 317.

(3) ERNST, p. XVII; LE FORT, 1re partie, reg. 69, donne aussi cette épitaphe avec peu de variantes.

(4) HEMRICOURT, *Miroir des nobles*, p. 23, 50 et 151.

(5) LAHAYE, *Le livre des fiefs de la prévôté de Poilvache*, p. 129.

(6) HEMRICOURT, p. 49.

(7) HABETS, *De voormalige heerlijkheid Borgharen*, p. 43.

(8) HEMRICOURT, *Miroir des nobles*, pp. 53 et 151; ERNST (p. XVII) a confondu le seigneur de Rode, avec son fils nommé Winand, seigneur du dit lieu; c'est ce dernier qu'HEMRICOURT (p. 55) nomme « on bon chevalier wailhant et hardy Monss. Wynant de Rode. »

(9) HEMRICOURT, pp. 26 et 151.

teau vers 1327. Il apparaît dès le 8 octobre 1318, qualifié « Renard d'Argentel » le fils », prêtant foi et hommage au comte de Luxembourg, pour les seigneuries d'Emptinne et de Natoye, dépendances de Poilvache (1). En 1326, le 14 janvier (n. st.), il reprend à ferme, avec son parent Renier de Visé, les dîmes, les droits de haute et basse justice de Breust, et les revenus d'autres biens, appartenant au chapitre de Saint-Martin, à Liége (2); mais l'année suivante (1327), le 18 novembre, Adolphe de la Marck, prince-évêque de Liége, l'investit du tiers des revenus de l'évêché dans l'avouerie de Ciney, qui lui étaient dévolus par héritage de son père. Le même jour, les échevins de la ville de Ciney certifièrent que l'investiture avait eu lieu, au nom du prince, par Rasse de Chantemerle, bailli de Condroz (3).

Peu de mois après avoir pris possession de l'avouerie de Ciney, Renaud IV se trouva mêlé à la guerre qui suivit la révolte des villes du pays de Liége contre l'autorité de l'évêque Adolphe de la Marck. Il était, le 3 juin 1328, avec ce prince au thier d'Airbonne près de Huy, où les milices des villes révoltées furent complètement défaites. Le combat durait depuis longtemps et l'issue en était encore douteuse, lorsqu'arriva de la forteresse de Moha, à la tête d'un corps de troupes allemandes, Renaud d'Argenteau qui, au cri de *Gueldre, Juliers* et *La Marck,* attaqua vivement les Liégeois en flanc, les mit en déroute et décida de la victoire (4).

Le 9 février 1329 (n. st.), Renaud IV assiste comme témoin à un relief devant la Cour féodale à Huy (5) et, en 1331, à la demande de Jean III, duc de Brabant, il donna asile dans sa forteresse d'Argenteau à Robert d'Artois, comte de Beaumont-le-Roger, dont le roi de France exigeait impérieusement l'extradition (6).

(1) Piot, *Chartes des comtes de Namur*, p. 422; Lahaye, *Le livre des fiefs de la prévôté de Poilvache*, p. 128. Nous ferons remarquer que ces seigneuries appartinrent dans la suite à son frère cadet Thierry, puis au fils de celui-ci, nommé aussi Renaud. Il est à supposer que Renaud IV releva ces biens, soit au nom de son père Renaud III, qui vivait encore, ou de son frère Thierry, mineur. Dans tous les cas, s'il en fut propriétaire momentanément, il y renonça au profit de son frère Thierry.

(2) *Charte originale de Saint-Martin*, n° 180.

(3) Bormans et Schoolmeesters, *Cartulaire de Saint-Lambert*, t. III, p. 305 et 306.

(4) Fisen, *Historia ecclesiæ Leodiensis*, t. II, p. 71 ; Jean d'Outremeuse, *Ly myreur des histors*, t. V, p. 430.

(5) *Cour féodale de Liége*, reg. 39, fol. 77.

(6) Fisen, p. 78 ; Martène et Durand, t. V, p. 198 ; Jean d'Outremeuse, t. VI, p. 353.

Au mois de décembre 1332, il est cité au nombre des membres de la Cour allodiale de Liége, dans un document émanant de cette cour, où il est fait mention de l'engagement pris par Thierry de Haneffe, chevalier, de ne relever que du chapitre de Saint-Lambert, les biens qu'il tient de lui en alleu à Presle (1).

C'était l'époque où le pays de Liége était dévasté par la fameuse guerre qui avait surgi entre deux grands lignages nobles : les Awans et les Waroux. Après trente-huit longues années de combats et de brigandages, pendant lesquelles la noblesse liégeoise fut décimée, les nobles choisirent, le 25 septembre 1334, douze arbitres pour négocier la paix en même temps qu'une trève de trois ans était conclue. Renaud IV, qui ne paraît pas avoir pris part à cette guerre, autrement que pour soutenir comme allié le prince-évêque de Liége, fut au nombre des signataires de cette trève qui fut suivie, le 16 mai 1335, du traité connu sous le nom de : *Paix des douze lignages* (2).

L'année suivante (1336), le 3 juin, nous retrouvons Renaud IV, à Liége, témoin à une charte donnée par Hugues, seigneur de Rummen, chevalier (3). Renaud IV, qui était un des plus puissants seigneurs des pays d'entre Meuse et Rhin, fut chargé, vers ce temps, comme sénéchal, par le duc de Brabant, dont il était vassal, de la garde et du gouvernement du duché de Limbourg et du comté de Dalhem.

Dans la guerre qui éclata, en 1337, entre Jean III, duc de Brabant, et le prince-évêque de Liége, Renaud IV, en sa qualité de sénéchal du duc, soutenu par quelques seigneurs voisins, empêcha le chapitre de Saint-Denis, à Liége, de prélever les dîmes qu'il possédait à Herve, dans le duché de Limbourg. Les chapitres de Saint-Lambert et des collégiales de Liége prirent fait et cause pour le chapitre de Saint-Denis et demandèrent, le 16 juillet 1337, au Pape, sa protection contre les agissements du seigneur d'Argenteau ; l'évêque de Laon intervint aussi en leur faveur le 11 février 1338 (n. st.) (4). Le 10 août 1337, l'official de Liége fit publier une sentence d'excommunication contre Renaud IV

(1) Bormans et Schoolmeesters, t. III, p. 403.

(2) Hemricourt, *Abrégé des guerres d'Awans et de Waroux*, p. 365 et 372 ; Polain et Bormans, *Recueil des édits et ordonnances de la principauté de Liége*, t. I, p. 225.

(3) *Cartulaire de Saint-Lambert*, t. III, p. 498.

(4) *Vatikanische akten zur Deutchen geschichte in der zeit Kaiser Ludwigs des Bayern*, *Insprück*, 1891, p. 699, n° 1932.

et ses officiers, laquelle jusqu'alors avait été suspendue à cause de la crainte qu'inspirait la puissance du duc de Brabant. Cette guerre prit fin par la *Paix* dite *de Montenaken,* conclue le 8 avril 1338, et le prince-évêque de Liége leva l'interdit qui avait été mis sur le Brabant et le Limbourg (1).

Ces difficultés étaient à peine aplanies que Renaud IV suivit dans la guerre, qui venait d'éclater entre les rois d'Angleterre et de France, son suzerain le duc Jean III de Brabant, qu'il s'était engagé à servir, avec quatre chevaliers et quatre-vingt-dix-huit écuyers, par acte du 16 août 1338. Le sceau qu'il avait mis à cette charte, portait une croix chargée de cinq coquilles et cantonnée de quatre croisettes trèflées, au pied fiché, avec la légende : S' RENARDI DE ARGETEA MILITIS (2).

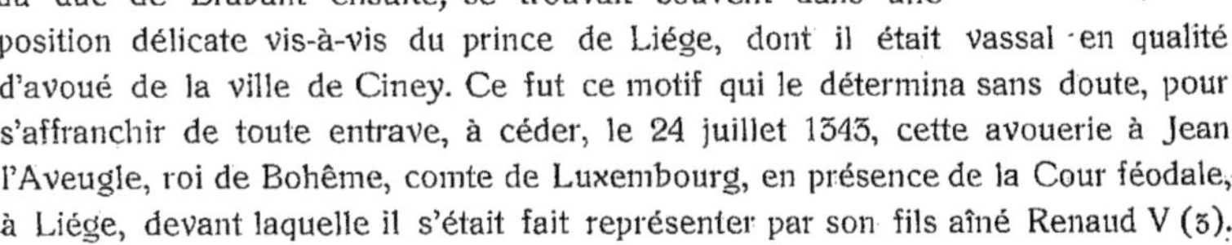

Renaud IV, comme seigneur indépendant d'abord, et sénéchal du duché de Limbourg et du comté de Dalhem, au nom du duc de Brabant ensuite, se trouvait souvent dans une position délicate vis-à-vis du prince de Liége, dont il était vassal en qualité d'avoué de la ville de Ciney. Ce fut ce motif qui le détermina sans doute, pour s'affranchir de toute entrave, à céder, le 24 juillet 1343, cette avouerie à Jean l'Aveugle, roi de Bohême, comte de Luxembourg, en présence de la Cour féodale, à Liége, devant laquelle il s'était fait représenter par son fils aîné Renaud V (3).

Vers ce même temps, mais à une date que nous n'avons pu déterminer exactement, Renaud d'Argenteau fit une acquisition qui fortifia notablement la grande influence, dont il jouissait dans les pays entre la Meuse et le Rhin, ainsi qu'à la cour de Brabant. C'était celle de l'importante seigneurie d'Esneux, dans le duché de Limbourg : « après le décès de messire Collard desseur » nommé parvient la terre d'Esneux à messire Renard d'Argenteau tant par » eschéance comme par acqueste (4). » Renaud céda dans la suite la jouis-

(1) BORMANS, *Cartulaire de Saint-Denis*, pp. 88, 89 et 91.

(2) Il apposa ce même sceau à l'engagement pris le 12 janvier 1339 (n. st.). par Rigaud de Meylem (Melen) et Arnold de Boelsbeke (Bombaye), écuyers, de servir, moyennant dix livres de gros, le duc de Brabant dans cette même guerre ; *Trésorerie des chartes de Brabant,* n° 451 et 479, et J. T. DE RAADT, *Sceaux armoriés*, t. I. p. 176.

(3) *Cartulaire de Saint-Lambert*, t. IV, p. 7.

(4) SIMONIS, *La seigneurie et comté d'Esneux*, record des échevins d'Esneux du 3 avril 1396, pp. 216-219.

sance de cette seigneurie à son fils Gérard, comme nous le verrons dans la suite.

Le 2 février 1345 (n. st.), le duc Jann III de Brabant, qui avait dégagé les forteresses et villages de Kerpen et de Lommersum, dépendances du duché de Limbourg, des mains de Guillaume, marquis de Juliers, chargea son frère naturel Jean de Witfliet, sire de Blaesvelt et Renaud IV d'Argenteau, châtelain de Limbourg, de remettre à ce seigneur 10,000 livres tournois noirs, prix de ce dégagement (1).

La même année (1345), le 15 du mois de juin, « Messire Renar, sire » d'Argenteaz sceniscaul pour le temps de Limbourch et mambours del ditte » abbié de Val-Dieu de part le duc de Lothier, de Brabant et de Lymbourch, » scelle avec les échevins de la ville de Limbourg la charte par laquelle l'abbé du Val-Dieu donne le domaine de Rosmel en bail emphytéotique (2).

Nous le retrouvons mêlé très activement à la guerre qui éclata, en 1346, entre les Liégeois, ces traditionnels révolutionnaires, et Englebert de la Marck, leur nouveau prince-évêque, soutenu par le duc de Brabant.

Un péage que Renaud IV avait établi, vers 1344, d'après les ordres du duc de Brabant, sur les bateaux qui passaient sur la Meuse, devant la forteresse d'Argenteau, lui attira l'hostilité des Liégeois; ceux-ci lui déclarèrent la guerre ainsi qu'à son suzerain (3).

Renaud IV envahit à différentes reprises le pays de Liége, et ravagea une partie de la Hesbaye. Dans la nuit du 4 mai 1347, il passa la Meuse avec les milices du comté de Dalhem et du pays de Fauquemont, et attaqua le village de Milmort qu'il livra aux flammes, après avoir tué environ cent et vingt habitants. En se retirant, il fut atteint à Oupeye par les Liégeois, dont il eut facilement raison, et put regagner sa forteresse sur la rive droite de la Meuse. Les Liégeois conduits par leurs bourgmestres ne tardèrent pas à venir l'y assiéger. Le 17 juin 1347, ils vinrent camper à Hermalle vis-à-vis de la forteresse, dont

(1) Ernst, *Histoire du Limbourg*, t. V, p. 62; Butkens, t. I, preuves, p. 181.

(2) *Chambre des comptes*, reg. 136, fol. 142 v°, archives générales du Royaume à Bruxelles. Cet acte fut confirmé par Charles-Quint, le 18 octobre 1516.

(3) Hocsem, dans *Gesta pontificum leodiensium*, t. II, pp. 491 à 495; Zantfliet, *Amplissima collectio*, t. V, p. 247; Ernst, *Histoire du Limbourg*, t. V, p. 66; *Tableau des suffragans*, p. xix; *Chronique de l'abbaye de Saint-Trond*, édition du chevalier de Borman, t. II, p. 258.

les abords, sur la rive opposée, étaient gardés par Renaud IV et Jean, seigneur de Hamal, à la tête de leurs troupes brabançonnes et limbourgeoises.

Guillaume, sire de Harduemont, qui était vassal du duc de Brabant et du prince de Liége, et en même temps ami des Liégeois, fit une tentative de conciliation. Il proposa à ces derniers de lever le siége de la forteresse sous condition qu'elle serait remise au duc de Brabant et ne pourrait jamais plus être donnée en fief à Renaud IV, ni à ses héritiers; le seigneur d'Argenteau ferait un pèlerinage avec trente chevaliers pour expier les excès commis à Milmort et dans les autres parties de la Hesbaye; le duc renoncerait à son alliance avec le prince et ne se mêlerait plus des affaires du pays de Liége; enfin le péage sur la Meuse à Argenteau serait définitivement aboli. Ces conditions, on le conçoit aisément, furent acceptées par les Liégeois, mais repoussées par le duc de Brabant et le seigneur d'Argenteau.

Sur ces entrefaites arriva au camp des Liégeois à Hermalle, l'archevêque de Ravenne, en qualité de légat du pape Clément VI, qui avait été prié d'intervenir pour rétablir la paix entre le prince-évêque et ses sujets. Peu d'heures après son arrivée les Liégeois, ayant appris que deux des leurs avaient été tués par les soldats du seigneur d'Argenteau, prirent les armes et, profitant de ce que les eaux de la Meuse étaient basses, la passèrent à gué et attaquèrent les Limbourgeois qui durent céder au nombre et se replier sur Richelle, après avoir perdu une centaine de gens de pied et quatre-vingts cavaliers.

Tandis que Renaud d'Argenteau courait chercher des secours auprès du duc de Brabant, les Liégeois investirent son château. Il était défendu par une garnison composée de trente écuyers et de cent soldats, commandés par Eustache Druglin de Jupille, chevalier (1). Les Liégeois en poussèrent le siége avec la plus grande activité dans la crainte de voir arriver l'armée brabançonne. Mais malgré les blocs de pierre, les pots de terre remplis de plomb fondu et les barres de fer rougies au feu qu'ils lançaient dans la place au moyen de leurs machines, ils n'obtinrent guère de résultat. Ils se décidèrent alors à faire miner les murailles par les houilleurs et réussirent ainsi à faire crouler une partie du rempart. La garnison se retira dans la grosse tour du château où elle résista encore vigoureusement pendant plusieurs jours et dut enfin capituler le 15 juillet et se rendre prisonnière de guerre. Les Liégeois, apprenant que le duc de

(1) Daris, *Histoire de Liége pendant le XIIIe et le XIVe siècle*, p. 553.

Brabant marchait au secours du prince-évêque de Liége et du seigneur d'Argenteau, s'empressèrent de démanteler la forteresse, ce qui ne demanda que deux jours. Ils marchèrent ensuite à la rencontre du duc de Brabant qui était entré dans le pays de Liége. Les deux armées se rencontrèrent le 21 juillet, près du village de Waleffes en Hesbaye; quoique l'armée liégeoise, forte de trente mille hommes, fît la plus vive résistance, elle dut abandonner le champ de bataille, en y laissant dix mille morts et blessés et un grand nombre de prisonniers.

Renaud d'Argenteau après cette victoire, à laquelle il avait pris une part importante, s'empressa de faire reconstruire son château.

Il inféoda, en 1347, dix bonniers de terre à Wintershoven, à Thierry, comte de Looz; son sceau porte une croix chargée de cinq coquilles et cantonnée de douze croisettes recroisetées, au pied fiché. Légende : S. RENARDI DE ARGETEAIL (1).

Le 15 mars 1347, il avait acquis pour le duc de Brabant, Jean III, l'avouerie et seigneurie de Fléron, du chapitre de Notre-Dame d'Aix-la-Chapelle (2); la même année, il renonça à une garantie qu'il avait sur la châtellenie de Montenaken, en faveur d'Englebert de la Marck, qui en fut investi le 17 décembre (3).

Il figure ensuite comme témoin : « Renar, sire d'Argenteal, scenescaul de » Lembor, » le 3 février 1348 (n. st.), à la vente par Jacques Scavedris de la mairie de Stavelot au monastère de ce nom. Son sceau porte une croix chargée de cinq coquilles et cantonnée de douze croisettes potencées, au pied fiché, et cette légende : S. RENARDI DE ARGETEAIL MILIT. (4).

Renaud IV avait reçu une rente féodale de cent florins royaux d'or de l'évêque de Liége, Englebert de la Marck, sur les revenus d'Hermalle et de Gessenhoven, et reconnut, le 28 juin 1351, que celle-ci venait à cesser à la mort de

(1) DE RAADT, *Sceaux armoriés*, t. I, p. 179; *Charte de Juliers et Berg*, n° 503 aux archives royales de Dusseldorf. Ce sceau est presque identique à celui que nous reproduisons ci-contre.

(2) *Charte du chapitre de Notre-Dame à Aix-la-Chapelle*, n° 308, aux archives royales de Dusseldorf.

(3) *Cartulaire de Saint-Lambert*, t. IV, p. 83.

(4) *Charte originale de Stavelot et Malmédy*, n° 89, aux archives royales de Dusseldorf; *Sceaux armoriés*, t. I, p. 179.

l'un d'eux (1). Il est mentionné encore avec ses trois fils : Renaud, Jean et Gérard, dans un document du 3 février 1352, par lequel il prend l'engagement de soutenir l'abbé et les moines de l'abbaye du Val-Saint-Lambert, dans toutes les difficultés qui pourraient leur survenir (2).

Le 19 octobre 1355, il prêta mille florins, à l'abbaye de Malmédy, et reçut en garantie le ban de Lorcez et de Targnon avec le droit d'en jouir et de l'administrer (3).

Enfin, Renaud IV apparaît une dernière fois dans l'histoire, en combattant avec son frère Thierry, sous la bannière de son suzerain Wenceslas, duc de Brabant, dans la guerre qui éclata en 1356, entre ce dernier et Louis de Male, comte de Flandre (4). Il mourut peu après, avant 1358, puisqu'en cette année, seulement (5), nous le trouvons remplacé par Henri Ier, seigneur de Gronsveld, dans la charge de sénéchal du duché de Limbourg et il n'apparaît plus d'ailleurs, depuis lors, dans aucun document.

Renaud IV avait épousé Catherine de Corswarem, fille d'Arnould, seigneur de Niel, et de N. Chabot de Nouvice, dont il eut (6) :

1° Renaud V, chevalier, seigneur d'Argenteau, mort célibataire peu après son père. Il vivait encore le 10 août 1360 (7) et laissa la terre d'Argenteau à son frère Gérard (8). Il légua par son testament 725 petits florins, qui lui étaient dus par l'abbaye du Val-Dieu, à ses cousins Arnould de Corswarem, seigneur

(1) *Cartulaire de Saint-Lambert,* t. IV, p. 141.

(2) *Charte originale du Val-Saint-Lambert,* n° 52, fonds latin, volume n° 9305, Bibliothèque nationale de Paris.

(3) *Cartulaire de Stavelot-Malmédy,* reg. B, 204, a, fol. 10, aux archives de Dusseldorf.

(4) BUTKENS, *Trophées de Brabant,* t. I, p. 470; SVEIRO, *Anales de Flandes,* t. I, p. 525; HARÆUS, *Annales ducum Brabantiæ,* t. I, p. 355; ces deux derniers lui donnent erronément le prénom de Henri.

(5) QUIX dans *Schloss und ehemalige herrechaft Rimburg,* p. 44, et le baron DE CHESTRET DE HANEFFE, dans son *Histoire de la seigneurie impériale de Gronsveld,* ont fait erreur, en avançant que Henri Ier, seigneur de Gronsveld, aurait remplacé, en 1358, Renaud d'Argenteau comme châtelain de Limbourg. Celui-ci occupait cette charge déjà en 1337 et la conserva jusqu'à sa mort arrivée en 1358.

(6) HEMRICOURT, pp. 26 et 27.

(7) *Cartulaire de Saint-Lambert,* t. IV, p. 326.

(8) ERNST, *Tableau des suffragans,* p. XXI. Il fut probablement clerc dans sa jeunesse, si l'on en juge par une charte de l'année 1346 rapportée par le baron DE CHESTRET DE HANEFFE, dans *Renard de Schönau, sire de Schoonvorst,* p. 18.

d'Emptinne, et à Renaud Raynesquins de Brouck, chanoine de Saint-Servais, à Maestricht. Cette somme fut remboursée le 5 avril 1364 (1).

2° Jean, seigneur de Wilhonrieu ou Viljaeren (2), mort en Syrie en 1362, au retour d'un voyage en Terre-Sainte. Son corps, ramené à Maestricht, fut enterré dans l'église des Cordeliers, où l'on voyait encore son épitaphe à la fin du siècle dernier (3). Il avait été mariée à Catherine de Gronsveld, fille de Henri Ier, seigneur de Gronsveld, chevalier, sénéchal de Limbourg, et de Mechtilde van der Heyden. Elle décéda en 1380, après avoir épousé en secondes noces Thierry, seigneur de Welckenhusen, chevalier, prévôt de La Roche, en Ardenne (4).

De ce mariage naquirent (5) :

a) Mahaut ou Mathilde mariée, en premières noces, à Jean d'Orjo, chevalier, seigneur d'Orjo et de Barse, par relief du 3 janvier 1398 (6), fils de Guillaume, seigneur d'Orjo et de Harduemont, et de N. de Strée, dame de Barse; et en secondes noces, à Raes de Hemricourt, chevalier, seigneur de Laminne et d'Oleye, fils de Jean de Hemricourt, seigneur de Laminne, et de Mahaut de Warfusée (7). Mahaut était veuve de son second mari en 1391 (8). Le 5 février 1381, elle renonça, avec son premier mari et sa sœur Catherine, mariée à Conrad de Schoonvorst, à la propriété de deux bois situés dans le pays de Dalhem, que l'abbaye du Val-Dieu avait vendus à son grand-père Renaud IV (9). Par actes du 6 août 1416 et de l'an 1418, elle fonda au couvent des Frères Prêcheurs de Liége, un anniversaire pour l'âme de « monsaingneur » Johan d'Argenteal jadis mon père et Katherine de Groul chevaleresse jaditte » ma mère », de ses deux maris, de ses parents et amis (10).

(1) *Cartulaire de l'abbaye du Val-Dieu*, stock n° 2, fol. 23 v°; voir aux *Pièces justificatives*

(2) Près Henri-Chapelle, duché de Limbourg.

(3) Ernst, *Tableau des suffragans*, p. xxi.

(4) De Chestret, *Histoire de la seigneurie impériale de Gronsveld*, p. 27; *Cartulaire de Houffalise.*

(5) Hemricourt, pp. 27, 40 et 108.

(6) Bormans, *Les seigneuries féodales du pays de Liége*, p. 27.

(7) Hemricourt, pp. 27, 40 et 246.

(8) Bormans, *Cartulaire de Saint-Denis à Liége*, p. 130.

(9) *Cartulaire de l'abbaye du Val-Dieu*, t. I, pp. 625-628 et t. II, pp. 24-26.

(10) Poncelet, *La seigneurie de Tignée*, *Bulletin de l'Institut archéologique liégeois*, t. XXIII, p. 126; *Charte originale des Dominicains à Liége.* M. Poncelet croit pouvoir assurer

b) Catherine, mariée par contrat du 10 septembre 1372, à Conrad de Schoonvorst, chevalier, seigneur d'Elsloo vers 1373 et de Zétrud en 1376, mort assassiné à Louvain, le 7 mars 1403, fils du célèbre Renaud de Schönau, chevalier, seigneur de Schoonvorst, de Fauquemont et de Montjoie, et de Catherine de Wildenberg (1).

3° Gérard, qui suit.

4° Catherine, mariée en 1352, à Werner de Mérode, seigneur de Rimbourg, châtelain de Dalhem, fils de Gérard de Mérode, seigneur de Rimbourg, et de Guillemine de Mulrepas (2).

5° Marie dite la *Dame de Temples*, au-dessus de Visé, mariée à Wauthier de la Saule dit de Temples, chevalier, fils d'un autre Wauthier de la Saule dit de Temples, chevalier, et de N. de Rouveroy (3).

VIII. **Gérard Ier d'Argenteau, chevalier, seigneur d'Esneux et d'Argenteau.** Il succéda à son frère Renaud V, dans cette dernière seigneurie, peu d'années après la mort de leur père. Au témoignage de Hemricourt « Messire Gerars, » sire d'Argenteal fut hardis et entreprendans ultre mesure sains pawour, je » savoy bin ses maniers, car il m'amoit de grande amours (4). »

Il est cité dès le 1er septembre 1353, du vivant de son père, en qualité de seigneur d'Esneux, au relief fait en sa présence par le mandataire du chapitre de Saint-Lambert de Liége, du droit de pêche dans l'Ourthe, depuis Mery jusqu'à Tilff (5). On le trouve de même cité comme seigneur d'Esneux dans les *Livres des fiefs de Brabant*, du milieu du XIVe siècle (6), et il n'est pas douteux que Renaud IV avait fait abandon, de son vivant, de la seigneurie d'Esneux à son fils Gérard.

que Tignée était au XIVe siècle, une possession de la famille d'Argenteau. Il s'appuie sur plusieurs actes de la cour de Tignée, établissant que les biens seigneuriaux de Tignée appartenaient, à la fin du XIVe siècle et au commencement du siècle suivant, à la dame d'Orjo, Mahaut d'Argenteau. Il est probable que celle-ci avait l'usufruit de ces biens, provenant de l'un ou de l'autre de ses deux maris, sans en avoir la propriété.

(1) De Chestret, *Renard de Schönau, sire de Schoonvorst*, p. 63.

(2) Richardson, *Geschichte der familie Merode*, p. 123; Quix, *Schloss und ehemalige herrechaft Rimburg*, pp. 24 et 25.

(3) Hemricourt, p. 170.

(4) *Ibidem*, p. 27.

(5) *Cartulaire de Saint-Lambert*, t. IV p. 177.

(6) *Stootboek*, fol. 77, et *Spechtboek*, fol. 296 v°, aux archives générales du Royaume.

En 1358, Gérard d'Argenteau épousa Philippe de Houffalise, fille de Thierry de Grandpré, chevalier, seigneur de Houffalise, et d'Agnès de Berlaymont, dame de la Flamengerie et de la Chapelle en Thiérache (1). Cette union ne fut pas de longue durée ; Gérard d'Argenteau décéda vers 1363. Un record des mayeur et échevins d'Esneux, du 2 novembre 1363, témoigne que : « li jadis monsan- » gneur Gerars Dargeteal, madamme Philippe de Huffalize sa chière compaingne » et espouse, » avaient transporté à Renard del Seyfaw, tous leurs biens situés entre Moge et le Seyfaw, sous condition de payer à la dame précitée, à son château d'Esneux, deux setiers par bonnier (2).

De ce mariage naquirent :

1° Jean, qui suit.

2° Renaud, auteur de la *Branche de Houffalise.*

IX. **Jean Ier d'Argenteau, chevalier, seigneur d'Argenteau et d'Esneux,** n'avait guère plus de trois ans à la mort de son père. Pendant sa minorité, sa cousine germaine, Catherine d'Argenteau, fille de Jean, seigneur de Wilhonrieu, plus tard femme de Conrad de Schoonvorst, releva Argenteau et deux autres fiefs de Limbourg et du comté de Dalhem, à la Cour féodale de Brabant, sans aucun doute, en qualité de tutrice de ses deux cousins en bas âge, seuls rejetons mâles, à cette époque, de la maison d'Argenteau (3).

Mais lorsque Jean Ier eut atteint sa majorité, il s'empressa de faire relief de la forteresse d'Argenteau et des fiefs précités, le 30 août 1377 (4). Il remplit, dans la suite, la même formalité à l'égard de la seigneurie d'Esneux, mais nous ne pouvons en préciser la date (5).

Le 10 mars 1378, il approuva avec son frère Renaud, seigneur de Houffalise, une vente faite au couvent de Houffalise, ainsi qu'une donation au même couvent par leurs « très chers et ameis grans sires et grand dame monseigneur » Thieri de Huffalise et madame Angnes de Berlainmot, damme de Huffalise,

(1) *Les communes luxembourgeoises,* t. IV, p. 297, *Cartulaire de Houffalise.* La maison de Grandpré, descendait par les femmes de la maison de Luxembourg, qui a donné plusieurs empereurs à l'Allemagne.

(2) Schoonbroodt, *Inventaire des archives de l'abbaye du Val-Saint-Lambert,* t. I, p. 256.

(3) *Cour féodale de Brabant : Stootboek,* fol. 78, *Spechtboek,* fol. 290 et reg. n° 499, fol. 78.

(4) *Spechtboek,* fol. 290 et reg. 499, fol. 78.

(5) *Ibidem,* fol. 296 v°.

» jadit noz prédecesseur. » Ils apposèrent encore, au mois de septembre 1382, leurs sceaux à une charte des prévôt et hommes de fief du château de Houffalise (1).

Quoique Jean Ier et Renaud aient pris, depuis leur majorité, possession, le premier, des seigneuries d'Argenteau et d'Esneux et, le second, de celle de Houffalise, ils avaient conservé l'héritage de leurs parents dans l'indivision. Le 6 avril 1383, en présence de plusieurs chevaliers et écuyers, ils procédèrent à un partage définitif. Jean Ier eut les châteaux et les seigneuries d'Argenteau et d'Esneux, la terre de Lorcez, les biens et les rentes de Warfusée, Wintershoven, Meeff, Comblen, Marche, etc. ; Renaud reçut en part la seigneurie et le château de Houffalise, avec toutes leurs dépendances, provenant de la succession maternelle (2).

Nous trouvons une dernière fois en février 1388, que Jean Ier appose son sceau à un acte concernant Houffalise (3).

Aux mois de novembre et de décembre 1393, Jean d'Argenteau transporta à l'abbaye du Val-Saint-Lambert, des biens fonciers situés à Milmort et fut investi lui-même, le 9 mars 1394, du domaine de Moge, par la Cour des tenants de cette abbaye (4).

Jean Ier fut guerroyeur comme ses ancêtres ; il prit part, avec son frère Renaud, à la guerre que la duchesse de Brabant et les Liégeois eurent à soutenir en 1387, contre Guillaume, duc de Gueldre et de Juliers. Il reçut, avec son frère Renaud, le 17 mars 1388 (n. st.), de la duchesse de Brabant, un à compte pour les dépenses faites pendant cette campagne. Son sceau attaché à la quittance, porte une croix chargée de cinq coquilles et cantonnée de douze croisettes, au pied fiché, pattées, avec la légende : S' JOHAN DARGENTEAL.

Le 17 octobre 1390, il reçut encore, avec son frère, de la même duchesse, mille florins de Hollande « *à cause du service que nos les avons fais en la guerre encontre le duc de*

(1) *Communes Luxembourgeoises*, t. IV, pp. 302 et 303, *Cartulaire de Houffalise*.

(2) *Archives du château d'Ochain*, voir aux *Pièces justificatives*.

(3) *Communes Luxembourgeoises*, t. IV, p. 303.

(4) SCHOONBROODT, *Inventaire des archives de l'abbaye du Val-Saint-Lambert*, t. I, pp. 304 et 305. La date de la charte concernant le domaine de Moge, fixée à l'an 1300, p. 154, est erronée. Elle doit être de l'année 1394.

Gelre ». Le sceau, appendu à cette pièce, diffère notablement du précédent, il porte : une croix chargée de cinq coquilles et cantonnée de douze croisettes, cimier : un buste barbu coiffé d'un chapeau rond à large bord, avec la légende : S' JOH. DNI DE ARGENTEAU (1).

En 1397, nous le trouvons de rechef allié avec les Brabançons et les Liégeois dans une nouvelle guerre, contre le duc de Gueldre, qui dura près d'une année. En juillet 1398, Jean de Bavière conclut avec le duc de Gueldre, une trève de trois ans, sous condition que ses alliés, Jean d'Argenteau et les seigneurs de Horion, de Perwez et de Montjardin y seraient compris, s'ils le voulaient ; mais ces seigneurs refusèrent de suivre son exemple et joignirent leurs troupes à l'armée brabançonne. Le seigneur d'Argenteau survécut peu de temps à cette guerre ; il paraît être mort dans les premières années du XVe siècle (2).

Il avait épousé, en juin 1389, Jeanne de Horion, qui était veuve en 1409 (3), fille de Guillaume de Horion dit le Vieux, chevalier, seigneur de Crenwick et de Horion, grand-bailli de Hesbaye, échevin de la souveraine justice de Liége, décapité en 1407 dans une sédition, et d'Agnès de Cologne (4). Elle vivait encore en novembre 1420 (5).

Du mariage de Jean Ier et de Jeanne de Horion naquirent :

1° Guillaume, qui suit.

2° Jean, chevalier, seigneur d'Esneux vers 1406, et de Julémont, en partie, par relief du 25 août 1452 (6). Il avait épousé Béatrice de Mons, pour laquelle il releva, en 1439, la moitié de la seigneurie et forteresse de Fraipont (7) ; elle était veuve de Simon le Pollain d'Oudorpe, seigneur de Julémont, et fille de Paul Mulkin de Mons et d'Isabelle de Fraipont. Le 15 mars 1436, il reconnut devoir à

(1) *Chartes de Brabant*, n°s 5339 et 5475 ; DE RAADT, t. I, p. 179 et t. IV, p. 357. Les sceaux de Renaud, sont reproduits à la branche dite de Houffalise.

(2) BUTKENS, *Trophées de Brabant*, t. I, p. 520.

(3) HEMRICOURT, p. 230 ; *Stock d'Ochain*, fol. 454 ; *Charte de Saint-Martin*, à Liége, n° 364.

(4) DE BORMAN, *Les échevins de Liége*, t. I, p. 229.

(5) SCHOONBROODT, *Inventaire des archives de l'abbaye du Val-Saint-Lambert*, t. I, p. 363.

(6) *Cour allodiale de Liége*, reg. de 1451-1456, fol. 54 et 83 v°.

(7) LE FORT, 1re partie, t. I, p. 117.

Françoise, fille aînée de son frère Guillaume, et à Aely, fille de feu sa sœur Philippotte et de Jean de Rienchen, à chacune cinq marcs et demi d'argent (1), et apposa son sceau à cet acte, ainsi qu'au contrat de mariage, le 28 mars 1443, de sa nièce Françoise d'Argenteau avec Frédéric de Brandenbourg, seigneur de Clervaux (2). Jean d'Argenteau reconnut encore le 23 juillet 1457 que les droits qu'il a sur la seigneurie de Lorcez, appartenant au chapitre de Malmédy, proviennent de la succession paternelle (3), et mourut vers 1460 sans laisser de postérité.

3° Philipotte, mariée, par contrat du 6 mars 1424, à Jean de Rienchen (ou de Rinsheim), qui mourut avant 1453 (2).

X. **Guillaume Ier d'Argenteau, chevalier, seigneur d'Argenteau,** succéda en bas âge à son père dans les premières années du XVe siècle (4). Ce fut pendant sa minorité que la garnison d'Argenteau, ayant fait des incursions et commis des déprédations dans le duché de Limbourg et le comté de Dalhem, Antoine de Bourgogne, duc de Brabant et de Limbourg, pour mettre fin à ces excès, fit occuper la forteresse par Carsillis de Pallant dit d'Eupen, maréchal héréditaire de Limbourg, depuis le 21 août 1410 jusqu'au 1er février 1411 (5).

Guillaume d'Argenteau, étant devenu majeur dans cet intervalle, le duc de Brabant, à la prière de plusieurs seigneurs, parents et amis, consentit à lui rendre la forteresse à charge, pour lui et ses héritiers, de la tenir ouverte à sa disposition et à celle de ses successeurs, contre tous et un chacun. Par lettres scellées du 5 septembre 1410, Guillaume d'Argenteau reconnaît que la forteresse d'Argenteau relève en fief du marquisat du Saint-Empire d'Anvers, et détermine les devoirs auxquels il est tenu, comme vassal, envers les ducs de

(1) *Charte originale de Clervaux*, n° 850, aux archives impériales de Metz.

(2) *Ibidem*, n° 895.

(3) *Cartulaire de Stavelot-Malmédy*, B. 204, a, fol. 32 v°, aux archives royales de Dusseldorf.

(4) Nous avons cité, jusqu'à présent, presque tous les documents connus concernant chaque membre de la famille d'Argenteau. Mais à partir du xve siécle, leur nombre augmentant considérablement, nous n'utiliserons plus que les pièces principales.

(5) *Chambre des comptes*, à Bruxelles, reg. 2441, fol. 308.

Brabant. Son sceau porte une croix chargée de cinq coquilles et accompagnée de dix-huit croisettes, cinq dans chacun des cantons en chef et quatre dans chacun des cantons en pointe; le cimier : une tête barbue coiffée d'un chapeau cylindrique, avec la légende : S' WILLEM... ARGETE... (1). A cet acte intervinrent comme témoins et garants : Renaud d'Argenteau, chevalier, seigneur de Houffalise, Wauthier de Momalle, chanoine de Saint-Lambert, archidiacre de Hainaut, Chrétien de Rimbourg, Renaud, seigneur d'Emptinne, Renier de Berges, Nicolas Hoen, Renier de Neuchateau, chevaliers, et Herman de Horion, écuyer, parents et amis (1).

Quelques années plus tard, Antoine de Bourgogne ayant été tué à la bataille d'Azincourt, le 25 octobre 1415, les Etats de Brabant et de Limbourg signèrent, le 4 novembre de la même année, un traité d'alliance dont le but principal était le maintien de l'union qui avait subsisté entre les deux pays depuis la bataille de Woeringen.

Guillaume d'Argenteau, avec les principaux seigneurs du Brabant, apposa son sceau à cette importante charte, dans laquelle il se qualifie « Guilielmus, dominus de Argenteau (2). »

Il avait épousé Marguerite de Rochefort, cadette des deux filles héritières de Jean, seigneur de Rochefort et d'Agimont, haut-avoué de la ville de Dinant, et de Marguerite d'Autel.

Après la mort de son beau-père, Guillaume d'Argenteau releva, au nom de sa femme, le 30 janvier 1422, devant la Cour féodale de Liége, les deux seigneuries et forteresses d'Agimont et de Rochefort (3), dont son beau-frère, Everard de la Marck, IIIe du nom, avait pris possession, prétendant qu'elles appartenaient exclusivement à sa femme Agnès, en qualité de fille aînée de Jean de Rochefort. Après plusieurs années de difficultés, la Cour féodale, réunie par le prince, décida qu'une des deux forteresses, qui relevaient du pays de Liége, devait revenir de droit au seigneur d'Argenteau et elle chargea, le

(1) *Cour féodale de Brabant, Spechtboek*, fol. 363; *Charte de Brabant*, no 7373; DE RAADT, t. IV, p. 358.

(2) MIRÆUS et FOPPENS, *Opera diplomatica*, t. I, p. 326.

(3) BORMANS, *Les seigneuries féodales du pays de Liége*, pp. 11 et 342.

10 mars 1435, Fastré Baré de Surlet de faire exécuter cette sentence (1). Mais Everard de la Marck était un puissant personnage avec lequel il n'était pas aisé, même pour le prince de Liége, d'arriver à l'exécution d'une décision judiciaire, aussi Baré de Surlet mourut-il le 1er août 1438, sans avoir pu remplir sa mission. Le 2 septembre suivant la Cour féodale, réunie de nouveau, confirma sa première décision et chargea Jean Gulardin, sire de Waroux, échevin de Liége, de la faire exécuter. Mais le sire de Waroux s'en excusa, n'osant pas faire déclarer Everard de la Marck atteint en son honneur et forjugé. Ce différend, après avoir duré dix-sept ans, fut terminé le 5 avril 1440, par une décision du prince-évêque et des Etats de Liége, qui attribua les deux forteresses à Everard de la Marck, moyennant paiement à Guillaume d'Argenteau d'une somme de 11,000 florins du Rhin (2).

Guillaume Ier, comme seigneur d'Argenteau, avait le droit de patronage sur l'église de Hermalle; par acte du 24 juin 1430, il renonça à ce droit en faveur du chapitre de Notre-Dame d'Aix-la-Chapelle, avec lequel il avait déjà eu précédemment, au sujet des dîmes de Hermalle, des difficultés qui furent aplanies le 24 décembre 1413 (3).

Le 20 octobre 1443, Guillaume Ier fut investi, pour lui, ses enfants et ses héritiers, par son cousin germain, Renaud d'Argenteau, seigneur de Houffalise, IIe du nom, du droit d'entrer, de jour et de nuit, et de résider, dans ses forteresses de Houffalise, Moersdorf et Montfort-sur-Ourthe (4).

Dix ans plus tard, le 28 octobre 1453, nous trouvons le seigneur d'Argenteau apposer son sceau au contrat de mariage d'Engelbert, comte de Salm en Ardenne, et d'Ermesinde d'Autel (5).

Guillaume Ier décéda en 1459, et non en 1454, comme le dit Ernst, car, le 16 mars 1458 (6), se trouvant à Liége, il fit donation de 240 florins du Rhin

(1) Daris, *Histoire de Liége pendant le XVe siècle*, p. 193, lui attribue à tort la qualification d'échevin de Liége.

(2) *Chronique de Jean de Stavelot*, pp. 395 et 443.

(3) *Chartes du chapitre de Notre-Dame à Aix-la-Chapelle*, nos 408 et 439, aux archives royales de Dusseldorf.

(4) *Archives du château d'Ochain*, voir aux *Pièces justificatives*.

(5) *Charte originale de Clervaux*, no 1019, aux archives impériales de Metz.

(6) *Ibidem*, no 1075.

à sa fille Françoise et à son gendre Frédéric de Brandenbourg, seigneur de Clervaux.

Du mariage de Guillaume d'Argenteau (1) et de Marguerite de Rochefort sont issus :

1° Jacques, qui suit.

2° Jean, auteur de la *Branche d'Esneux*.

3° Guillaume, auteur de la *Branche d'Ochain*.

4° Warnier, auteur de la *Branche de Briquemont*.

5° Françoise, mariée par contrat du 28 mars 1443 (2) à Frédéric de Brandenbourg, seigneur de Clervaux, Malberg, Meysenbourg, Mensdorf, Massaller, Useldange (3), conseiller du roi de France, par lettres patentes du 12 juin 1459 (4), fils de Frédéric de Brandenbourg, seigneur de Clervaux, et de Marie de Meysenbourg, dame de Clervaux.

Frédéric de Brandenbourg, par acte du 11 juin 1443, attribua la moitié de la seigneurie de Clervaux pour douaire à sa femme (5) et, en 1451, le 24 août, d'accord avec celle-ci, il donna en engagère à Bernard, seigneur de Bourscheid, et à Marguerite d'Autel, leur oncle et leur tante, la moitié de leurs droits à la terre et château de Malberg (6).

Le 28 avril 1454 et le 29 janvier 1456, ils reçurent en engagère le quart de la seigneurie de Houffalise, de Renaud d'Argenteau, seigneur de Houffalise, IIe de ce nom, et de sa femme Jeanne d'Enghien (7); le 18 décembre de la même année ils acquirent encore un quart du château et de la seigneurie de Stolzenbourg, de Thierry de Brandenbourg et d'Aleide de Sassenhoven, sa femme (8).

Frédéric de Brandenbourg décéda vers la fin de l'année 1470 (9).

(1) Ernst, dans sa notice sur la famille d'Argenteau signale deux chartes, l'une datée de 1417 et l'autre de 1453, dans lesquelles Guillaume d'Argenteau, est qualifié : *prince de Montglion*. Ces documents ont été falsifiés dans la première moitié du XVIIe siècle. Nous en parlerons plus longuement, au chapitre des seigneurs d'Argenteau de la maison de Mérode.

(2) *Charte originale de Clervaux*, n° 895.

(3) *Ibidem*, nos 1155, 1230, 1240 et 1251.

(4) *Ibidem*, n° 1087.

(5) *Ibidem*, n° 896.

(6) *Ibidem*, nos 995 et 996.

(7) *Ibidem*, nos 1023 et 1036.

(8) *Ibidem*, n° 1055.

(9) *Ibidem*, nos 1270 et 1274.

Guillaume Ier laissa, en outre, un fils naturel : Guillaume, cité en 1456 à Liége (1).

XI. **Jacques Ier, chevalier, seigneur d'Argenteau,** fut investi le 8 avril 1459, du château et de la seigneurie d'Argenteau, par le duc de Bourgogne Philippe-le-Bon en personne, à Bruxelles, en présence des feudataires suivants : messire Antoine, bâtard de Brabant, chevalier, seigneur de Meerbeeck, conseiller et chambellan du duc, Garin de Brimeu, son grand veneur, Franco van Halen, son fauconnier et plusieurs autres (2). Le 28 février 1461 (n. st.), il fut de même investi en qualité de mari d'Elisabeth de Schoonhoven, du château de Dormael et de ses dépendances, par le duc de Bourgogne en personne, assisté, comme hommes de fiefs, de Henri de Wittem, seigneur de Bautersem et de Huldenberg, et de Corneille van Coensborch (2).

Jacques Ier fut mêlé à la guerre qui sévit en 1467 et 1468, entre les Liégeois, excités sous main, par l'astucieux roi de France Louis XI, d'un côté, et Louis de Bourbon, leur prince-évêque, soutenu par Charles-le-Téméraire, duc de Bourgogne, de l'autre côté. Comme seigneur indépendant et voisin de la turbulente cité de Liége, avec laquelle ses ancêtres avaient été maintes fois en hostilité et, en outre, comme vassal du duc de Brabant, sa place était marquée dans les rangs de l'armée des princes alliés.

Le 10 octobre 1468, il se trouvait à Tongres, auprès du prince Louis de Bourbon et de Gui de Brimeu, seigneur de Humbercourt, commandant des troupes bourguignonnes, dans lesquelles Jacques d'Argenteau comptait deux de ses frères, Jean, seigneur d'Esneux et Guillaume, seigneur d'Ochain, lorsque les Liégeois conduits par Jean de Wilde, s'emparèrent par surprise de la ville pendant la nuit. Conduit prisonnier à Liége, ainsi que ses frères, il ne recouvra la liberté qu'après la prise de cette ville par les Bourguignons (3).

Plusieurs habitants d'Argenteau et de Hermalle avaient pris parti, dans cette

(1) *Échevins de Liége,* grand-greffe, reg. 21, fol. 123 v°.

(2) Galesloot, t. I, p. 175, reg. n° 122, fol. 371.

(3) Adrianus de Veteri-Busco, *Amplissima collectio,* t. IV, col. 1335, *Rerum Leodiensium;* Theodorus Pauli, dans sa chronique : *De Cladibus Leodiensium,* publiée par de Ram, p. 211, rapporte, par erreur, que les deux frères d'Argenteau furent tués par les Liégeois. Il n'en est rien. Jean, seigneur d'Esneux, décéda en 1511 et Guillaume, seigneur d'Ochain, le 21 février 1478, comme on le verra ci-après.

Françoise d'Argenteau
dame d'Orley
1494.

Françoise d'Argenteau
dame de Clervaux
1478.

Jacques, seigneur d'Argenteau
1478.

Jean d'Argenteau, chevalier
Comte d'Esneux
fin du XVe siècle.

Guillaume, seigneur d'Argenteau
1442.

SCEAUX DE LA FAMILLE D'ARGENTEAU.

guerre, pour les Liégeois. Ils furent condamnés le 7 janvier 1468, par la Cour échevinale, à demander pardon à leur seigneur et à s'en remettre à sa clémence (1).

Jacques Ier était un personnage remuant, belliqueux et querelleur, très jaloux de ses privilèges de seigneur indépendant, qu'il exerçait d'une façon passablement arbitraire. Lui et son fils Renaud eurent à différentes reprises des difficultés avec la ville d'Aix-la-Chapelle, et finirent par se trouver en guerre ouverte avec elle. Ils ne ménageaient guère ses habitants, tant prêtres que laïques, au point que Charles-le-Téméraire, duc de Bourgogne, dut ordonner, le 16 janvier 1469, à Jacques d'Argenteau de restituer au chapitre de l'église Notre-Dame de cette ville, les rentes et revenus que ce chapitre possédait dans le comté de Dalhem et dans la seigneurie de Fauquemont, et dont il s'était induement emparé (2).

Quelques années plus tard, le 23 janvier 1473, René de Rouveroy, lieutenant du duc de Bourgogne dans la principauté de Liége, dut encore intervenir auprès du seigneur d'Argenteau, lequel ne respectait pas les droits du chapitre de Saint-Martin à Breust, qui étaient placés sous la sauvegarde du duc de Bourgogne (3).

Jacques Ier entretenait dans sa forteresse d'Argenteau un certain nombre d'écuyers et de soldats et, en outre, il y donnait l'hospitalité à tous les bannis et mécontents des pays voisins. Tout ce monde, en dehors des temps de guerre, occupait ses loisirs, à courir les routes des pays d'Outre-Meuse, à piller, à détrousser et à assassiner même, les marchands et les bourgeois d'Aix-la-Chapelle.

Ces hostilités duraient depuis de longues années, avant 1469, lorsque le Conseil d'Aix-la-Chapelle, adressa à l'archiduc Maximilien, duc de Brabant, fils de l'empereur Frédéric III, une plainte contre les agissements de Jacques Ier, de son fils Renaud et de leurs gens. L'archiduc traduisit les seigneurs d'Argenteau, devant le Conseil souverain de Brabant, en qualité de vassaux du duché; il ordonna, en outre, aux officiers des pays d'Outre-Meuse de protéger les bourgeois d'Aix-la-Chapelle, et d'arrêter les gens des seigneurs d'Argenteau.

(1) *Résolution de droict pour Son Excellence Monseigneur le marquis de Trelon, libre seigneur des terres impériales d'Argenteau, servante pour justifier qu'icelles terres sont purement impériales, libres et neutrales, imprimé l'an 1647 ; Cour d'Argenteau et Hermalle*, reg. aux droits et privilèges, fol. 34.

(2) *Chapitre de Notre-Dame d'Aix-la-Chapelle*, reg. B, no 155, fol. 153, à Berlin.

(3) *Charte originale de Saint-Martin*, no 573, archives de l'Etat à Liége.

Cette ordonnance resta lettre morte et les seigneurs d'Argenteau et leurs partisans continuèrent à guerroyer, comme ci-devant, contre leurs ennemis, qui tentèrent dans la nuit du 28 mars 1484, de surprendre et d'enlever la forteresse d'Argenteau, mais ils échouèrent dans leur entreprise (1).

Le Conseil souverain de Brabant, assigna de rechef, en février 1487, les seigneurs d'Argenteau, pour rendre compte de leur conduite; il rendit, par défaut, contre eux et leurs gens, un jugement très sévère : ils devaient restituer tout ce qui avait été volé, tant en argent qu'en nature, rebâtir ce qui avait été incendié, rendre la liberté aux prisonniers et payer, en outre, 20,000 florins du Rhin. De cette somme, 100 florins devaient servir au placement d'un vitrail colorié dans l'église de Notre-Dame d'Aix-la-Chapelle, portant une inscription rappelant les motifs qui l'avaient fait ériger; 50 autres florins devaient être employés à la plantation d'une croix en fer, portant la même inscription, à Galoppe, sur le grand chemin d'Aix-la-Chapelle à Maestricht, à l'intersection de celui de Liége. Le Conseil d'Aix-la-Chapelle, voyant que ce jugement ne pourrait être exécuté, se décida à lever des troupes pour faire le siège de la forteresse d'Argenteau et en donna le commandement au chevalier Proist, qui avait été engagé à son service par lettre du 14 janvier 1488, mais ces mesures énergiques n'aboutirent pas (2).

L'empereur Frédéric III avait écrit à plusieurs reprises au seigneur d'Argenteau pour l'inviter à cesser ses hostilités contre Aix-la-Chapelle, mais sans obtenir de résultat. Il fut même réduit, tant était grande la puissance de ce seigneur, à demander, le 27 août 1488, au prince-évêque de Liége de ne pas permettre à Jacques Ier, son allié, dans la guerre qu'il soutenait contre les de la Marck, de se servir, des secours envoyés par l'archiduc Maximilien, contre la ville d'Aix-la-Chapelle.

Enfin, le Conseil de Brabant, ordonna d'exécuter les sentences contre le seigneur d'Argenteau le 29 mai 1490. La seigneurie et la forteresse, furent vendus publiquement et le notaire Henri de Bourscheydt (Borcette) l'acquit, sans doute au nom de la ville d'Aix-la-Chapelle, et en fit relief à la Cour féodale de Brabant le 16 juin 1490 (3).

(1) *Cour d'Argenteau et Hermalle*, reg. de 1484, fol. 89 v°

(2) Quix, *Beiträge zur Geschichte der Stadt Aachen und ihrer umgebungen*, Aix-la-Chapelle, 1838, p. 86 à 99.

(3) *Cour féodale de Brabant*, reg. 546, fol. 149 et 151.

Lorsque le seigneur d'Argenteau vit que les jugements seraient sérieusement exécutés, il pria le prince-évêque de Liége de négocier la paix entre lui et la ville d'Aix-la-Chapelle. Celui-ci convoqua les deux belligérants à Maestricht, et les réconcilia, sous condition, que les jugements rendus par le Conseil de Brabant ne seraient pas exécutés, que les seigneurs d'Argenteau ne tenteraient plus rien contre les bourgeois d'Aix-la-Chapelle et ne permettraient plus aucune agression, ni dommage contre eux, de la part de leurs troupes ou des réfugiés, auxquels ils donnaient l'hospitalité, dans la forteresse d'Argenteau ou dans leurs autres châteaux.

Ce traité de paix fut ratifié par la ville d'Aix-la-Chapelle, le 27 juillet 1490, et par les seigneurs d'Argenteau le lendemain. Le 2 octobre de la même année, il fut confirmé par Maximilien, roi des Romains et son fils Philippe, duc de Brabant.

L'année suivante, le roi des Romains, Maximilien, par un octroi donné à Nuremberg, le 15 juillet 1491, accorda ou plutôt confirma, en faveur de Jacques Ier et de son fils Renaud, les droits de tonlieux sur les marchandises qui passaient sur la Meuse, devant leur forteresse d'Argenteau, en reconnaissance des services que ces deux seigneurs lui avaient rendus pendant plusieurs années de guerre (1).

Enfin, Jacques Ier apposa son sceau, comme grand-bailli de Hesbaye et membre de l'Etat-noble de Liége, à la *Paix de Donchéry*, confirmée à Maestricht le 5 mai 1492, laquelle rétablit la tranquillité dans la principauté de Liége, trop longtemps troublée et dévastée par la désastreuse guerre, qui sévit à cette époque, entre les princes-évêques Louis de Bourbon et Jean de Hornes, et la puissante maison de la Marck (2).

Jacques d'Argenteau testa au château d'Argenteau le 3 janvier 1498 et décéda vers le mois de mars 1499 ; il fut enterré dans l'église de Hermalle (3). Il avait épousé, par contrat signé dans la chambre capitulaire de la collégiale de Tongres, le 26 novembre 1458, approuvé par les échevins de Liége, le 7 février 1459, Elisabeth de Schoonhoven, dame de Dormael, fille de Jean de Schoonhoven, chevalier, seigneur de Dormael, et d'Elisabeth de Corswarem (4).

(1) *Cour d'Argenteau et Hermalle*, reg. aux priviléges, fol. 45.

(2) De Ram, *Analecta Leodiensium*, p. 859.

(3) Testament original aux archives d'Argenteau.

(4) *Echevins de Liége, convenances et testaments*, reg. de 1458-1460, fol. 124-131.

6

De ce mariage naquirent :

1° Renaud, qui suit.

2° Louis, marié par convenances du 24 janvier 1496, approuvées le 26 novembre 1501 (1), à Elisabeth de Kerckem, fille d'Adam de Kerckem. Ils vivaient encore le 7 mars 1505 (2).

3° Marguerite, mariée à Eustache de Bongart (3), chevalier, seigneur de Heiden, de Bergenhausen et à Bongart, chambellan héréditaire du duché de Juliers, chevalier de l'ordre de Saint-Hubert de Juliers, fils de Godefroid de Bongart, chevalier, seigneur à Bongart, chambellan héréditaire de Juliers, et de Cunégonde de Bourdscheid.

Jacques Ier laissa aussi une fille naturelle, Marguerite, mariée à Nicolas de Pontis (4).

XII. **Renaud VI d'Argenteau, seigneur d'Argenteau,** par relief du 20 décembre 1499 (5). Son père lui avait déjà transmis, par acte du 16 octobre 1477, tous les biens provenant de sa mère Elisabeth de Schoonhoven, et Renaud VI en fit relief le 22 du même mois (6).

Il prit une part très active aux démêlés que son père eut avec la ville d'Aix-la-Chapelle et que nous avons relatés précédemment, mais après la conclusion de la paix il ne paraît plus guère dans l'histoire et mourut le 8 décembre 1530.

Ce fut cependant de son temps, vers 1524, que commencèrent les difficultés entre l'empereur Charles-Quint d'un côté, et le prince-évêque et les Etats de Liége, d'un autre côté, au sujet de la souveraineté et de la juridiction d'Argenteau et Hermalle, dont nous parlerons en détail au degré suivant.

Renaud VI avait épousé Marie de Trazegnies, fille de Jean de Trazegnies, chevalier, baron de Trazegnies, chambellan et conseiller du duc de Bourgogne, Philippe-le-Bon, et de Sybille de Ligne, et sœur de Jean, baron de Trazegnies,

(1) *Echevins de Liége, convenances et testaments*, reg. de 1498-1505, fol. 78.

(2) *Ibidem*, reg. 62, fol. 268.

(3) TE WATER, dans *Historie van het verbond en de smeekschriften der Nederlandsche edelen*, t. IV, p. 228, donne erronément à Eustache de Bongart, le prénom de Jean, et à sa femme, Marguerite d'Argenteau, celui d'Elisabeth.

(4) LE FORT, Ire partie, t. I, fol. 118.

(5) *Cour féodale de Brabant, Spechtboek*, fol. 290 v°.

(6) *Echevins de Liége*, grand-greffe, œuvres, reg. n° 38, fol. 118.

Tombeau de Renaud VI, Seigneur d'Argenteau
et de Marie de Trazegnies.
(Eglise de Hermalle)

chevalier de la Toison d'or, chambellan, conseiller et un des meilleurs capitaines des armées de l'empereur Charles-Quint.

Elle décéda le 19 juillet 1556 et fut inhumée auprès de son mari, dans l'église de Hermalle, sous un mausolée recouvert d'une large plaque de marbre noir de Dinant, sur laquelle les deux époux sont représentés, étendus, en grandeur naturelle. Renaud d'Argenteau est revêtu de l'armure du temps, la tête appuyée sur un coussin et la main droite sur un heaume, les pieds posés sur un lion ; l'épée, dans son fourreau est placée à côté de lui. La dame d'Argenteau, couchée à la gauche de son époux est revêtue du costume de l'époque et croise, devant elle, les deux mains posées sur un livre. Le sarcophage sur lequel reposent les deux figures est en pierre bleue, divisé sur les longs côtés par cinq pilastres en marbre rouge ; entre ces pilastres se trouvent des armoiries au nombre de quatre de chaque côté. Du côté de Renaud, les quartiers suivants : *Argenteau, Rochefort, Schoonhove, Corswarem* ; du côté de Marie : *Trazeignies, Arnemuyden, Ligne, Abbeville.* Au petit côté du sarcophage, sur lequel sont dirigés les pieds des gisants, est sculpté plus en grand, l'écu armorié des deux époux : d'Argenteau parti de Trazegnies ; du côté opposé on lit l'inscription suivante :

Vidit habuitq. antiquus hic Argentolij et Montisglonij principat.
Reginaldum III, Guillielmum Jacobumq. suos olim principes bellatores
Ille pridem Leodiensium bellum potenter sustinuit et retrudit
Alter belligeranti consanguineo Namurci comiti auxiliaris fuit ;
Hic vero bello aperto cum Geldriœ et Juliœ duce dimicavit ;
Tandem pace Principis praesulis Legiaci interventu composita,
Reginaldus V[1]. Jacobi filius parta maiorum armis quiete potit.
Cum Maria de Treisigni coniuge, hoc tumulo conditur
A°. XP.[i] XD[c] XXX. VIII X[bris] haec vero A°. XD[c] LVI julii XIX. Posteri nil maiorum dignitati detrahi sinite.
Et eorum aias (animas) *ardentib. votis superis commendate*
Ipsis lector idem quod vis tibi disce precari (1).

(1) Cette inscription n'est pas malheureusement celle que portait primitivement le tombeau. On peut constater facilement qu'elle a été altérée à une époque postérieure (entre 1630 et 1640), à l'édification du monument, pour des motifs que nous indiquerons au chapitre des seigneurs d'Argenteau de la maison de Mérode. En effet, la tablette de marbre, sur laquelle se trouve l'inscription, a été appliquée après coup et, sans aucun doute, sur l'inscription pri-

De ce mariage naquirent :

1° Jacques, qui suit.

2° Renaud, auteur de la *Branche de Ligny*.

3° Marguerite, décédée le 25 janvier 1538, mariée à Warnier de Gulpen, seigneur d'Olne et de la Rochette, haut-avoué de Fléron, par relief du 17 mars 1536, maréchal héréditaire du duché de Limbourg, décédé le 30 mai 1564, et enterré dans l'église de Foret, où l'on voit encore sa pierre sépulcrale, sur laquelle il est représenté, en costume de guerre, avec sa femme et leurs quatre quartiers respectifs (1) : *Argenteau, Schoonhoven, Trazegnies, Ligne ; Gulpen, Van der Smitzen, Wittem, Hulsberg.*

Il était fils de Renier de Gulpen, seigneur de Berneau, haut-avoué de Fléron, châtelain et drossart de Dalhem, et de Marie de Wittem, dame de la Rochette.

XIII. **Jacques II d'Argenteau, seigneur d'Argenteau, Hermalle, Chératte, Trembleur.** Il releva, une première fois, le 21 décembre 1520 (2), la seigneurie d'Argenteau, à la Cour féodale de Brabant, à la suite de la cession que son père lui en avait faite à l'occasion de son mariage avec Engelberte de Mastaing. Il fit une seconde fois relief et le dénombrement de la seigneurie, le 22 août 1531 (3).

Jacques II eut comme son père et son grand-père de grandes difficultés avec le prince-évêque et les Etats de Liége, au sujet de la juridiction criminelle, que les Liégeois voulaient s'attribuer dans la seigneurie d'Argenteau et Hermalle. Celle-ci, comme terre libre d'Empire, dépendait primitivement en appel, pour les causes en matière civile, du tribunal des Echevins de la ville impériale d'Aix-la-Chapelle.

mitive. Elle est au niveau de son encadrement en marbre rouge, lequel devrait nécessairement se trouver en saillie, comme celui qui entoure les armoiries accolées d'Argenteau et de Trazegnies, au côté opposé du monument. Les caractères gothiques de l'inscription, contrairement à l'usage général de la seconde moitié du XVIe siècle, sont gravés en creux, peu profondément, par une main grossière et mal habile, et font contraste avec le monument qui est d'une exécution très artistique.

(1) De Harenne, *Le château de la Rochette et ses seigneurs*, p. 92.

(2) *Cour féodale de Brabant*, reg. 130, fol. 280.

(3) *Archives du château d'Argenteau*, liasse 255. La plus grande partie de ces archives se trouve actuellement au dépôt de l'Etat à Liége.

Dans la suite, à une époque que nous n'avons pu déterminer exactement, mais antérieure à 1288, les seigneurs d'Argenteau permirent à leurs vassaux d'appeler des sentences de la Cour seigneuriale au tribunal des Echevins de la ville de Liége, qui faisait aussi partie de l'Empire et qui était beaucoup plus à proximité d'Argenteau et Hermalle qu'Aix-la-Chapelle. Cette tolérance, ainsi que le diplôme de Henri IV, du 25 juin 1070, furent la base des prétentions que les Liégeois élevaient sur Argenteau et Hermalle.

Ces juges, d'abord simplement délégués, s'érigèrent dans la suite en juges permanents au détriment des Echevins d'Aix-la-Chapelle, et le temps consacra leur usurpation. Mais ils ne s'en tinrent pas là ; dans la seconde moitié du XVe siècle, et surtout au siècle suivant, ils tentèrent de s'attribuer la juridiction d'appel ou de rencharge en matière criminelle, laquelle appartenait exclusivement au seigneur d'Argenteau (1).

Ce fut en 1524, que les difficultés prirent une tournure plus aigue, à la suite de l'enlèvement par les officiers de justice du prince-évêque de Liége, d'un habitant de Hermalle qui fut emprisonné à Liége (2).

Cet abus de pouvoir décida le mayeur et les échevins d'Argenteau à remettre la démission de leurs charges au seigneur d'Argenteau, le 30 avril 1524 (3).

Les difficultés continuèrent les années suivantes malgré les réclamations de Jacques II à l'Empereur et au Conseil souverain de Brabant. Ce dernier ajourna enfin le tribunal des Etats de Liége dit les *Vingt-Deux*, à comparaître devant lui, le 8 mars 1532 (4), mais les Liégeois firent la sourde oreille. L'empereur Charles-Quint et sa sœur, la reine de Hongrie, gouvernante-générale des Pays-Bas invitèrent, par leurs lettres du 20 juillet, du 19 et 25 septembre et du 5 octobre 1532, le prince-évêque à faire cesser les empiétements de ses sujets sur Argenteau et à envoyer des députés des *Vingt-Deux* à Bruxelles, pour examiner le litige avec les délégués de l'Empereur (5).

Le prince-évêque, tout en annonçant, le 9 octobre 1532, l'envoi de députés

(1) *Cour d'Argenteau et Hermalle*, reg. 24, fol. 108.

(2) *Cour d'Argenteau et Hermalle*, reg. des droits et privilèges, fol. 66, 73 et 74. Ce registre, qui se trouve aux archives de l'Etat à Liége, n'est pas inventorié. Nous le désignerons sous le nom de reg. aux droits et privilèges.

(3) *Ibidem*, fol. 49.

(4) *Ibidem*, fol. 95.

(5) *Ibidem*, reg. des droits et privilèges, fol. 98, 103 à 105.

qui n'allèrent pas à Bruxelles, fit rendre par les *Vingt-Deux*, contre le seigneur d'Argenteau, une sentence le 11 novembre (1), laquelle fut cassée le 24 décembre suivant, par le Conseil souverain de Brabant. Celui-ci assigna à nouveau les *Vingt-Deux* (2) pour le 26 février 1533; mais sans résultat. Le Conseil de Brabant fit alors saisir, aux mois de mars et d'avril, les biens des chanoines de Saint-Lambert et des membres du tribunal des *Vingt-Deux*, situés en Brabant et dans les pays d'Outre-Meuse.

Devant l'attitude énergique du gouvernement de Bruxelles, les Liégeois durent courber la tête; ils envoyèrent des députés auprès de la reine de Hongrie à Bruxelles. La sentence des *Vingt-Deux*, fut déclarée annulée et toute la procédure tenue en surcéance par décret du Conseil privé de l'Empereur du 3 juin 1533.

Les Liégeois obtinrent la restitution de leurs biens et le seigneur d'Argenteau resta, comme ci-devant, en possession de ses priviléges (3). Cela n'empêcha pas les Liégeois, ces incorrigibles brouillons, de recommencer peu d'années après à molester le seigneur d'Argenteau. Celui-ci dut faire défendre, le 18 décembre 1538, de faire œuvre de loi à aucune autre cour qu'à celle d'Argenteau et Hermalle, pour les biens gisants dans ces localités et, le 16 février 1539, il fit de même défense de s'adresser à l'Officialité de Liége, sauf pour les cas réservés à cette cour ecclésiastique du diocèse, ce qui lui valut, selon les habitudes du temps, l'excommunication majeure (4).

Il n'en fit pas moins saisir les biens d'un chanoine de Saint-Barthélemi de Liége, le 12 février 1539, et ceux de Jean delle Falloise, ancien bourgmestre de cette ville, le 3 mars 1540 (5).

La reine de Hongrie invita, le 24 décembre 1539, le prince-évêque de Liége et son official à lever sans délai l'excommunication lancée contre le seigneur d'Argenteau et ses sujets, menaçant de les y contraindre et défendant d'user d'indues procédures (6). Ces difficultés qui durèrent encore plusieurs années prirent fin, par un décret de l'année 1546, du Conseil souverain de Brabant, lequel, au nom de l'Empereur, décida que la Cour seigneuriale d'Argenteau

(1) *Cour d'Argenteau et Hermalle*, reg. des droits et priviléges, fol. 106.
(2) *Ibidem*, fol. 131.
(3) *Ibidem*, fol. 107, 115 et 118.
(4) *Ibidem*, fol. 133 et 135.
(5) *Ibidem*, reg. 27, 1539-1541.
(6) *Ibidem*, reg. des droits et priviléges, fol. 151 à 155 et 170.

TOMBEAU DE RENAUD VI, SEIGNEUR D'ARGENTEAU
ET DE MARIE DE TRAZEGNIES.
(ÉGLISE DE HERMALLE)

ressortirait dorénavant du Conseil de Brabant en matière civile et que l'appel aux Echevins de Liége, viendrait à cesser (1).

Quelques années plus tard, en 1570, un bourgeois de Liége, Pierre de Méan, tenta de réveiller le litige, en faisant assigner le greffier de Hermalle, devant les Echevins de Liége, mais Jacques II, ayant fait saisir les barques marchandes qui passaient devant Argenteau, les Echevins de Liége déclarèrent, le 25 mars 1570, ne plus vouloir attenter aux droits du seigneur d'Argenteau, tant que l'accord ne serait pas rétabli, entre le prince de Liége et le roi d'Espagne, duc de Brabant (2) lequel resta définitivement en possession d'Argenteau et Hermalle.

Les Liégeois ne manquèrent cependant pas, à l'occasion, de faire valoir leurs prétendus droits. En 1615, ils réclamèrent, mais en vain, du roi d'Espagne, Argenteau et Hermalle (3). Ils renouvelèrent, en avril 1658, leurs réclamations à la Diète de Francfort, mais il ne fut pas fait droit à leurs réclamations. Pendant les négociations de paix entre la France et l'Espagne en 1659, le prince-évêque de Liége avait envoyé le comte Guillaume de Furstenberg, pour assister à ces négociations et réclamer les territoires prétendument usurpés par le roi d'Espagne. Mais cet envoyé et un autre, qui continua les négociations en novembre 1662, échouèrent dans leurs tentatives, dont il ne fut plus question dans la suite.

Jacques II avait acquis, le 1er juin 1537, l'avouerie de Richelle près d'Argenteau, et en fit relief, le même jour, au chapitre de Notre-Dame d'Aix-la-Chapelle (4). Il acquit encore la seigneurie de Chératte au comté de Dalhem en engagère, le 10 juin 1560 (5), pour la somme de 5699 florins et celle de Trembleur le 20 juin suivant (6) ; il fit relief de ces deux seigneuries à la Cour féodale de Brabant, le 29 avril 1561 (7), et décéda dans les derniers mois de l'année 1572.

Jacques II avait épousé Engelberte de Jauche de Mastaing, décédée en 1587,

(1) *Cour d'Argenteau et Hermalle,* reg. 26, fol. 128.

(2) *Ibidem,* reg. 29, fol. 118.

(3) DARIS, *Histoire de Liége au XVIIe siècle,* t. I, p. 11 et t. II, p. 37 et 39; *Etat primaire de Liége,* reg. 16, p. 19.

(4) *Chartularium Beatæ Mariæ Aquensis,* manuscrit no 282, à la Bibliothèque royale de Berlin ; *Charte originale de Notre-Dame,* no 627, à Dusseldorf.

(5) *Chambre des comptes,* reg. 448, fol. 408, et reg. 13147, fol. 137.

(6) *Ibidem,* reg. 447, fol. 412 vo, carton 28.

(7) *Cour féodale de Brabant,* reg. 109, fol. 187.

fille aînée d'Adrien de Jauche de Mastaing, seigneur de Grobbendonck et de Sassignies, et d'Agnès de Cuinghien (1).

De ce mariage naquirent :

1° Renaud, mort jeune.

2° Florent, chevalier, seigneur d'Argenteau et Hermalle, par relief du 19 décembre 1572 (2), et prise de possession du 3 janvier 1573 (3), seigneur de Barges et de Renne (4), haut-avoué de Richelle. Nommé capitaine et gouverneur du duché et château de Bouillon, par commission du 22 décembre 1567, il prêta serment le 22 janvier 1568, au chapitre de Saint-Lambert, et donna sa démission le 23 juillet 1573 (5). Il décéda le 24 février 1581, et avait été marié, en premières noces, à Jacqueline de Berlo, dame de Waijenesse, par relief du 22 avril 1556 (6), fille d'Arnold de Berlo, comte de Hozémont, seigneur d'Ongnies, haut-avoué d'Ougrée et de Sclessin, bourgmestre de Liége, et de Marie de Cotereau, dame de Wayenesse.

En secondes noces (7), il épousa Anne de Barbançon dit de Villemont, dame de Renne, décédée en 1583, fille de Baudouin de Barbançon, chevalier, seigneur de Villemont, prévôt d'Arlon, et de Jeanne de Boulant, dame de Jeneffe, Aaz, Montjardin, Hermée, Fexhe, avoueresse d'Aywaille et Remouchamps, châtelaine héréditaire de la ville de Waremme.

Ces derniers cédèrent le 22 janvier 1568, la seigneurie de Jeneffe à Florent d'Argenteau et à sa femme (8).

3° Fançoise.

(1) *Cour féodale de Brabant*, reg. 129. fol. 50. Selon Butkens, t. II, p. 226, répété par Le Fort, t. I, p. 118, Jacques II, aurait épousé, en premières noces, Catherine Maillet. Nous n'avons rien pu trouver à l'appui de cette allégation, que nous tenons pour erronée. Catherine Maillet était peut-être la mère des enfants naturels de Jacques II.

(2) *Cour féodale de Brabant*, reg. 561, fol. 178 v°.

(3) *Cour d'Argenteau et Hermalle*, reg. 30, œuvres 1572-1574, fol. 177 v°.

(4) Renne était un fief relevant du comté de Logne, ainsi qu'il résulte d'une déclaration de Baudouin de Barbançon du 28 janvier 1547 (n. st.); *Communes luxembourgeoises*, t. III, p. 759.

(5) Bormans, *Conclusions capitulaires de Saint-Lambert.*

(6) De Raadt, *Les seigneuries du pays de Malines*, p. 89.

(7) Selon Le Fort, Florent d'Argenteau aurait épousé, en secondes noces, Isabelle de Gavre et, en troisièmes noces, Anne de Barbançon.

(8) Bormans, *Les seigneuries féodales du pays de Liége*, pp. 251 et 252.

4° Anne, religieuse profès à l'abbaye de Vivegnis près Liége, dont elle fut la première abbesse bénie. Elle décéda le 23 mars 1603 et fut enterrée dans le chœur de l'église, sous une pierre sépulcrale portant les quartiers : *Argenteau, Trasegniez, Mastaing, Cuynghem,* et cette inscription : *Hic jacet reverenda ac illustris domina Anna ab Argentea prima abbatissa benedicta hujus monasterii que digne prefuit 18 annis ; obiit autem 23 martii 1603. Requiescat in pace, amen.*

5° Jean, qui suit.

6° Catherine, dame de Chératte et de Trembleur (1), décédée le 29 mars 1570, (style de Cambrai) mariée par contrat de 1563 à Herman Scheiffart de Mérode, seigneur de Borgharen, par relief du 17 janvier 1544, et de Bornheim. En 1553, lors de la guerre entre l'empereur Charles-Quint et le roi de France, il prit part à la campagne, sous les ordres de Lamoral d'Egmont, prince de Gavre, et assista à la bataille de Saint-Quentin le 10 août 1557. Il était fils d'Ulrich Scheiffart de Mérode, seigneur de Bornheim, Borgharen, Neurath, Norvenich, Kellenberg, Sechtem, Dutzhoven et Bliesheim, et d'Ursule de Hompesch-Bolheim (2). Herman Scheiffart décéda à Argenteau, le 17 décembre 1592, et fut enterré à Borgharen, près Maestricht.

Jacques II laissa, en outre, quatre enfants naturels (3) :

1° Marie, mariée à Gauthier de Saulcy, seigneur d'Oupeye, Petit-Aaz et Vivegnis, fils d'Albert de Saulcy, seigneur des dits lieux, bourgmestre de Liége, et de Catherine Wilmart. Gauthier de Saulcy épousa, en secondes noces, Marie de Pontis et décéda en 1598.

2° Marguerite, légitimée par le roi d'Espagne Philippe II, en novembre 1555 (4), mariée, par convenances du 22 février 1568, à Antoine de Rouveroy, seigneur de Troisfontaines, fils d'Antoine de Rouveroy, seigneur de Troisfontaines, et de la Tour Belfroid à Wandre, et de Marie Hustin.

3° David, seigneur d'Omezée et de Lescluse. Il releva cette dernière sei-

(1) Elle avait reçu la seigneurie de Trembleur en dot à son mariage, et son père, Jacques II d'Argenteau, confirma cette donation par un codicille à son testament daté du 12 avril 1561, *Cour d'Argenteau et Hermalle,* reg. 29, fol. 224 v° et carton.

(2) HABETS, *De voormalige heerlijkheid Borgharen,* p. 58.

(3) *Cour d'Argenteau et Hermalle,* reg. 30, œuvres 1572-1574, fol. 75 ; LE FORT, 1re partie, reg. 21, fol. 50.

(4) LE FORT, reg. 20, fol. 129 et 130.

gneurie le 19 septembre 1596, par succession de Marie de Hamal (1). Il avait épousé Anne de Cabiliau, avec laquelle il testa le 31 décembre 1605 et décéda en 1606. Elle était fille de François Cabiliau, seigneur de Mullem, Audegoede, et d'Agnès de Saint-Genois, et décéda le 4 mars 1607, après avoir épousé, en secondes noces, Jean de Bousies, seigneur de Rouveroy et d'Escarmaing.

4o Jean, chanoine de Saint-Martin à Liége, décédé le 19 avril 1602 (2).

XIII. **Jean II d'Argenteau, seigneur d'Argenteau, Hermalle, Fontaine-l'Évêque,** etc., succéda à son frère Florent dans la seigneurie d'Argenteau, par relief du 13 avril 1581 (3), et dans l'avouerie de Richelle qu'il releva du chapitre de Notre-Dame, à Aix-la-Chapelle, le 7 juin 1584 (4). Il avait épousé vers 1560, Marie de Hamal, dame de Fontaine-l'Évêque, Anderlues, La Marche, Forchies, Lescluse, etc., veuve en premières noces de Jean de Rubempré, seigneur de Gosselies et d'Hériamont, colonel au service de l'Empire, et en secondes de Pierre de Trazegnies, chevalier, seigneur d'Arnemuyden, Dudzeele, Straeten, Amelincourt, Aubermont, Zullain, et fille de Jean de Hamal, seigneur de Monceaux, Suerbempde et de Kersbeeck, gentilhomme de la chambre de l'empereur Charles-Quint, gouverneur des ville et pays de Bois-le-Duc, membre de l'Etat-noble de Liége, et de Jacqueline de Hennin.

Jean d'Argenteau releva, le 7 décembre 1560, au nom de sa femme, l'usufruit de la seigneurie de Gosselies (5) et, le 2 février 1562, la seigneurie de Lescluse qu'il avait acquise en engagère du roi Philippe II (6).

En 1575, la seigneurie de la ville de Fontaine-l'Evêque lui échut, par sa femme, héritière d'Antoine de Croy, seigneur de Fontaine-l'Evêque, son cousin (7).

Ce fut ce seigneur d'Argenteau, qui fit frapper en or, en argent et en bronze

(1) *Cour féodale de Brabant,* reg. 109, fol. 65.

(2) Il habitait au Mont-Saint-Martin, à Liége, une maison claustrale, où un petit vitrail à ses armes et portant la date 1591, rappelait son souvenir ; Le Fort, *Epitaphes de la ville de Liége,* no 69.

(3) *Cour féodale de Brabant,* reg. no 499, 1631-1634, fol. 78.

(4) *Chartularium Beatæ Mariæ Aquensis,* no 282, à la Bibliothèque royale de Berlin.

(5) *Souverain bailliage de Namur, reliefs et transports,* reg. 52, 1551-1592, fol. 159 vo.

(6) Galesloot, *Cour féodale de Brabant,* t. I, p. 68, reg. no 109, fol. 65.

(7) Demanet, *Recherches historiques sur la ville et la seigneurie de Fontaine-l'Evêque,* dans les *Mémoires de la Société des sciences, arts et lettres du Hainaut,* 4e série, t. VIII, pp. 330 et 331.

Jean Seigneur d'Argenteau et d'Hermalle
(Médaille frappée en 1586)

la belle médaille que nous reproduisons ci-contre (1). Elle porte, d'un côté son effigie en buste, armé de toutes pièces, avec la légende : *Jean, Seigneur d'Argenteau, Hermalle,* et la date *1586.* Le revers de la médaille porte une femme représentant l'Espérance, tenant une ancre de la main gauche, accompagnée d'une grue, empoignant de sa patte gauche un caillou, emblème de la vigilance. Autour, on lit la vieille devise de la famille : *Plus que jamais Argenteau* (2).

(1) Van Loon a reproduit cette médaille dans : *Nederlandsche Historipenningen,* 1723, t. I, pp. 81 et 82.

(2) Plusieurs historiens, anciens et modernes, ont rapporté que Jean II, seigneur d'Argenteau, aurait pris part aux troubles du XVIe siècle et signé le *Compromis des nobles.*

Il n'en est rien ; Jean II n'était pas alors (1566) seigneur d'Argenteau ni d'Hermalle, dépendance d'Argenteau, dont on a aussi fait erronément une seigneurie particulière. Son père Jacques II, mourut seulement en 1572 et son fils aîné et successeur Florent en 1581. Ce fut donc quinze ans après le Compromis que Jean II devint seigneur d'Argenteau.

Te Water dans : *Historie van het verbond en de smeekschriften der Nederlandsche edelen* (t. I, p. 257) a confondu Jean II, avec son parent et homonyme Jean, seigneur d'Ochain en Condroz. La liste des confédérés, dressée par cet historien, porte le nom : *Johan van Argenteau, van Hermalle,* d'après les listes de Bor (*Nederlandsche oorlogen,* t. I, p. 54) et d'un manuscrit de Van Mieris.

Dans une note (t. II, p. 160), Te Water, de sa propre autorité, désigne encore cet *Argenteau* sous le nom de : *Johan van Argenteau van Hermalle* et le dit fils de Claude, seigneur d'Ochain et de Jeanne de Cotereau, ce qui pourrait être exact. Mais ensuite (t. III, p. 464 et t. IV, p. 425), il le dit fils de Jacques, seigneur d'Argenteau, et d'Engelberte de Jauche de Mastaing en s'appuyant sur Van Loon : *Nederlandsche Historipenningen,* 1725, t. I, p. 81 ; mais cette allégation n'a aucune valeur, puisque ce dernier écrivain se refère aussi à Bor, lequel nomme le signataire du Compromis : *Argenteau,* tout court.

C'est sans aucun doute l'inscription de la médaille, reproduite par Van Loon, qui a donné lieu à la confusion entre les deux Jean d'Argenteau.

Un autre écrivain, feu Rahlenbeek, qui n'était jamais en reste d'imagination, a raconté sérieusement (*Le protestantisme dans les pays de Limbourg et d'Outre-Meuse, Revue trimestrielle,* t. XI, p. 97) que Jean II, après avoir signé la requête des nobles confédérés et de retour au château de ses pères, avait fait frapper la médaille en commémoration de cet évènement. Mais Rahlenbeek a négligé d'examiner la médaille qui porte la date de 1586, vingt ans après le Compromis. Voilà comment il écrivait l'histoire.

Il est certain que Jean II, seigneur d'Argenteau, en 1581 seulement, n'a pas pris part au Compromis ; on ne trouve trace de lui, ni dans les écrivains contemporains, ni dans le Conseil des troubles ; il ne fut pas banni et ses biens ne furent pas confisqués.

En revanche, trois de ses parents du même nom ont été impliqués dans les troubles : Jean, seigneur d'Ochain, Conrad, seigneur de Ligny, et Denis, seigneur de Bossut-sur-Dyle. C'est un des trois, probablement le seigneur d'Ochain, qui fut un des premiers signataires du Compromis. Nous en parlerons à leurs branches respectives.

Jean d'Argenteau décéda le 11 août 1590, au château d'Argenteau, sans laisser de postérité. En lui s'éteignit la branche aînée de la famille.

Par son testament, qu'il avait fait conjointement avec sa femme le 4 janvier 1588, il institua sa nièce Ursule Scheiffart de Mérode, fille de sa sœur Catherine, pour son héritière universelle, et lui substitua, dans le cas où elle ne laisserait pas de postérité, son cousin germain Conrad d'Argenteau, seigneur de Ligny, et à son défaut, Charles, son fils aîné (1).

Marie de Hamal décéda le 3 août 1596, au château de Fontaine, et fut enterrée, sans doute, sous le monument qu'elle avait fait élever à son second mari dans l'église de Longueville, et qui portait cette inscription : *Cy gist noble et puissant s^r^ Pierre de Traseignies, en son tamps chlr. s^r^ d'Arnemuyde, d'Udezelle, la Longueville, Straete, Amelincourt, Cherisy, Aubencourt, Joulain, etc., qui trespassa le 28e juing 1557 et Madame Marie de Hamal, dame de Fontaine, Andrelue, la Marche, Forchie, Lescluse, sa noble espouse qui trespassa le... de... 15... Priez Dieu pour leurs ames* (2).

Marie de Hamal avait relevé la seigneurie de Lescluse le 21 février 1591 (3) et la laissa, ainsi qu'une rente de 500 florins, due sur la seigneurie de Haybes (4), par testament approuvé le 26 septembre 1596 (5), à David d'Argenteau, frère naturel de son mari.

(1) BUTKENS, t. II, p. 173.

(2) SAINT-GENOIS, *Monumens anciens*, t. I, p. 136.

(3) GALESLOOT, *Cour féodale de Brabant*, reg. n° 109, fol. 63.

(4) LAHAYE, *Le livre des fiefs de la prévôté de Poilvache*, p. 218.

(5) *Souverain bailliage de Namur, testaments*, 1550-1615, p. 55. Elle laissa, par le même testament, 4,800 florins au magistrat de la ville de Fontaine-l'Evêque, destinée à « nourir » assister et marier jeusnes filles vivantes en la crainte de Dieu, aussy a entretenir pauvres » orphelins et leur faire apprendre quelque mestier. » DEMANET, *loc. cit.*, p. 332.

SEIGNEURS D'ARGENTEAU

DES

Maisons de Mérode, de Claris et de Limburg-Stirum

Ursule Scheiffart de Mérode, dame d'Argenteau, Hermalle, Borgharen et Chératte, avoueresse héréditaire de Richelle. Elle releva la seigneurie d'Argenteau le 30 décembre 1590 (1), et celle de Chératte le 19 janvier 1591 (2), après la mort de son oncle, Jean II d'Argenteau, qui l'avait instituée son héritière universelle.

Le 18 juillet 1589, elle fut mariée dans la chapelle castrale d'Argenteau, à Jean-Philippe de Mérode, baron de Houffalise, par relief du 6 juillet 1592, seigneur de Bocarmé, Bury et Trélon, gentilhomme de la chambre du roi Philippe II, décédé au château d'Argenteau, le 5 février 1597, et inhumé dans l'église de Hermalle, au tombeau des seigneurs. Il était fils de Louis de Mérode, chevalier, baron et seigneur d'Houffalise, seigneur de Bury, Bitremont, etc., et de Louise de Blois, dame de Trélon, Bocarmé, etc.

Ursule Scheiffart de Mérode épousa, en secondes noces, à Argenteau, le

(1) *Cour féodale de Brabant*, reg. 499, fol. 78.
(2) *Ibidem*, reg. 109, fol. 187.

4 août 1602, Jean-Guillaume Schellart d'Obbendorff, baron de Dorrenwerth, seigneur de Gurtzenich, Geysteren, Meyel, Muggenhoven, Asselt, Erensteyn, Fanson, etc., avoué héréditaire de Lontzen, veuf, en premières noces, de Marguerite de Middachten et, en secondes noces, de Catherine de Golsteyn, dame de Muggenhovem, Meyel, Fanson, Gramptinnes, etc., et fils d'Adam Schellart d'Obbendorf, seigneur de Gurtzenich, Geysteren, Sproelant, Sistrum et Lullen, Asselt, Leewen, Schinnen, conseiller du duc de Juliers, et de Walrave de Rechteren dit de Voorst, dame de Dorrenwerth.

Il décéda au château d'Argenteau, le 20 avril 1619, et fut enterré dans l'église à Hermalle. Sa veuve décéda, le 16 janvier 1622, à Hermalle et y fut inhumée dans le tombeau des seigneurs.

Du premier mariage naquirent :

1o Herman-Philippe de Mérode, qui suit.

2o Louise de Mérode, née à Argenteau, le 9 octobre 1592 et baptisée le 12 du même mois, décédée célibataire le 11 décembre 1609.

Du second mariage sont issus :

3o Marie Schellart, née et baptisée à Argenteau, le 15 septembre 1603, y décédée le 13 novembre suivant et enterrée dans le tombeau d'Argenteau à Hermalle.

4o N. (Anne), baptisée à Argenteau, le 10 avril 1605.

5o Ursule Schellart, née et baptisée à Argenteau, le 28 août 1608, mariée, en premières noces, le 28 mars 1632, à Philippe d'Anneux, marquis de Wargny, baron de Crèvecœur, seigneur d'Abancourt, Rumilly, Warlu, châtelain et vicomte de Cambrai, premier pair du Cambrésis, gouverneur d'Avesne, mestre-de-camp au service de France et membre du Conseil de guerre, fils de Jean d'Anneux, baron de Crèvecœur, seigneur d'Abancourt, et de Charlotte de Glymes de Brabant. Elle épousa, en secondes noces, dans l'église de Sainte-Gudule à Bruxelles, le 29 mai 1664, Maximilien-Herman, comte d'Attems, chambellan de S. M. Impériale et conseiller intime de l'archiduc Léopold-Guillaume, gouverneur-général des Pays-Bays.

6o Jeanne, née et baptisée à Argenteau, le 9 août 1609, mariée dans l'église de Notre-Dame de la Chapelle à Bruxelles, le 28 novembre 1628, à Eugène de Brandenbourg, vicomte d'Esclaye, décédé le 4 novembre 1631, fils de Jean, baron de Brandenbourg, vicomte d'Esclaye, seigneur de Falmagne, Château-

Thierry, Durhance, Walzin, haut-avoué d'Anseremme, Hastière, gentilhomme de la chambre du roi Philippe II, et d'Adrienne de Berlaymont.

Herman-Philippe de Mérode, marquis de Trélon, comte de Bocarmé, seigneur d'Argenteau, Borgharen, Bury, Vosmaer, naquit au château d'Argenteau, le 20 juin 1590. Il fit le relief d'Argenteau et de Borgharen à la Cour féodale de Brabant, le 24 mai 1622 (1), après le décés de sa mère, Ursule Scheiffart de Mérode, et obtint, en 1626, l'érection en marquisat, de sa seigneurie de Trélon, dans le Hainaut français. Herman-Philippe de Mérode décéda subitement au château de Trélon le 3 avril 1627.

Il avait épousé, le 10 décembre 1617, Albertine, princesse et comtesse d'Arenberg, née le 28 mai 1596, décédée au mois de juillet 1652, fille de Charles, prince d'Arenberg, duc d'Aerschot, baron de Zevenbergen, seigneur d'Enghien, Mirwart, Naeldwyck, chevalier de la Toison d'or, maréchal héréditaire de Hollande, pair de Hainaut, amiral et capitaine-général de la mer, conseiller d'Etat d'épée, capitaine d'une bande d'ordonnance et gentilhomme de la chambre de l'archiduc Albert, etc., et d'Anne de Croy, duchesse d'Aerschot, princesse de Chimay, comtesse de Porcean, etc.

De ce mariage naquirent :

1° Albert, qui suivra.

2° Philippe-Antoine-Maximilien, dit marquis de Trélon, seigneur de Bitremont, colonel d'un régiment de cavalerie (Haut-Allemand) au service des Pays-Bas Espagnols, puis capitaine et chef d'une bande d'hommes d'armes d'ordonnance, fut tuteur des enfants mineurs de son frère aîné et mourut célibataire, à Bruxelles, le 18 février 1667 (2).

3° Alexandre-Guillaume-Ernest, capitaine de cavalerie au service Impérial, servit sous Piccolimini et fut tué pendant la guerre de Trente ans.

4° Louise, morte jeune.

5° Alexandrine.

6° Une fille, morte jeune.

Ce fut pendant le veuvage d'Albertine d'Arenberg, marquise de Trélon, qu'eut lieu en 1632 le mémorable siége de Maestricht par le prince Frédéric-Henri.

(1) Reg. n° 37, fol. 44 v°, et n° 499, fol. 78.

(2) GUILLAUME, *Histoire des bandes d'ordonnance*, p. 179.

La marquise de Trélon avait obtenu du prince d'Orange une sauvegarde pour elle, ses enfants, ses serviteurs et sujets, ses seigneuries et châteaux etc., par décret signé à La Haye, le 6 mai 1632, mais elle fut illusoire (1). Le prince d'Orange pour assurer la sûreté de ses communications par la Meuse, entre son armée et Liége, envoya, le 14 juillet 1632, le duc de Bouillon s'emparer du château d'Argenteau, dont la garnison, composée de soldats Espagnols et de vassaux de la seigneurie, arrêtait tous les bateaux, transportant des vivres au camp du prince, et qui après les avoir pillés, les coulait à fond (2).

Il n'y eut guère de résistance.

« La capitulation, dit Ernst (3), à qui nous empruntons ces détails, fut signée le même jour, à 8 heures du soir, par un nommé de la Thour (4), pour le duc de Bouillon, que le prince d'Orange avait chargé de le prendre. Il avait menacé de ne point donner quartier en cas de résistance, et de brûler les villages voisins en deça et au delà de la Meuse, parce que plusieurs habitants de ces endroits avaient renforcé la garnison. Pour éviter cette extrémité, elle trouva à propos de capituler avec ledit Duc, *à protestation,* porte l'acte de capitulation dont j'ai une copie, *de ne résilier à la neutralité à laquelle icelui chasteau a joui de tout temps* ».

En vertu de cette capitulation ledit Duc, au nom du prince d'Orange, « auroit l'entrée et la possession dudict chasteau pour le tenir et garder jusqu'à ce que la ville de Maestricht soit prinse ou déssiégée, promettant dans l'un et l'aultre desdicts cas, relivrer ladicte place et maison en mains de Madame la Marquise de Trélon ou ses commis, en mesme franchise, liberté et estat qu'elle estoit avant le jour présent, ou pour le moins s'employer de tout son pouvoir de faire advouer le présent article par Mgr. Excellentissime le Prince d'Oranje. Que ny à l'entrée, ny au sejour, ny au sortir de la garnison a mettre audict chasteau de la part de Mgr. Excellent. rien ne sera touché, emporté ou fait tort de maniere quelconcque aux biens, meubles, hardes, bagages, vivres, munitions, papiers, ny choses quelconcques qu'audict chasteau, basse-court, bestiaux et

(1) *Archives d'Argenteau,* liasse 255.

(2) COMMELYN, *Histoire de Frédéric-Henry de Nassau, prince d'Orange,* p. 162 ; AITZEMA *Saken van Staet en Oorlogh,* t. I, p. 1198.

(3) ERNST, *Tableau des suffragans,* fol. XXXVII.

(4) Ce nommé de la Thour, n'était autre que le duc de Bouillon lui-même, qui appartenait à la maison de la Tour d'Auvergne.

tous ustensils, armes, et touttes aultres choses qui se retrouveront soit à ladicte Dame et ses gens, ou aultres quelconcques ses subjets et circonvoisins, et aultres y soient appartenant, et qu'il sera libre tant à ladicte Dame, qu'a tous aultres y ayant tels biens que dessus, les en tirer et reprendre sans nul empeschement ». Il était encore stipulé que les gens d'affaires et les domestiques de la Marquise pourront y entrer, en sortir et y résider, pourvu qu'ils n'aient point d'armes. Enfin « que les mesmes exercices qui ont esté exercés ci-devant, au faict de la Religion, y seront continués aussi librement et pacifiquement que du passé, sans y estre permis aulcun scandal de la part de la garnison, auquel effect les mesmes prestres que devant, ou aultres y pourront entrer ». Le Duc promit en foi de Prince et sous sa signature de faire observer toutes les clauses, points et conditions (1).

Cette capitulation, ajoute Ernst, fait voir qu'alors Argenteau était encore regardé comme un château indépendant.

Argenteau fut occupé par une garnison Hollandaise, commandée par Melchior van Beveringh, capitaine d'une compagnie d'infanterie, mais, au mépris des engagements pris par le duc de Bouillon, les Hollandais, après la prise de Maestricht, le 22 août 1632, continuèrent à occuper la forteresse.

La marquise de Trélon, pour se débarrasser de ces hôtes incommodes, demanda au gouvernement des Pays-Bas Espagnols de neutraliser son château, et de l'exempter de garnison et de logement de gens de guerre. Le gouvernement de Bruxelles acquiesça, par décret du 18 septembre 1632, à cette demande, à condition que les Etats-généraux des Provinces-Unies, reconnaissent de même la neutralité d'Argenteau et que la garnison Hollandaise, sorte du château (2).

(1) La narration de la prise d'Argenteau d'après Aitzema, Commelyn et Ernst, infirme absolument celle de CAUMARTIN, insérée dans ses *Promenades aux environs de Visé*, p. 115. Cet écrivain a raconté, d'une manière émouvante, mais peu exacte, comment les Hollandais sous le commandement du lieutenant-général de Staekenbroeck avaient enlevé Argenteau par escalade, après la prise de Maestricht qui eut lieu le 22 août 1632, tandis que la place s'était rendue par capitulation, au duc de Bouillon dès le 14 juillet précédent. L'attaqne d'Argenteau par escalade était d'ailleurs impossible : les murailles du château et les tours s'élevaient sur l'extrême bord du rocher à pic, de près de 30 mètres de hauteur et leurs fondations, maçonnées sur le roc vif et dans ses interstices, formaient avec celui-ci une masse compacte qui ne laissait pas le moindre espace au pied des murailles pour y dresser des échelles.

(2) *Cour féodale de Brabant*, reg. 499, 1631-1634, fol. 75.

Mais les Hollandais ne furent pas de cet avis, et se maintinrent en possession de leur conquête.

La position d'Argenteau sur la Meuse, entre Liége et Maestricht, était trop importante pour que les Espagnols puissent la laisser au pouvoir des Hollandais.

Le marquis d'Aytona, gouverneur-général des Pays-Bas, qui avait rassemblé son armée au mois de juin 1634, traversa le pays de Liége, et envoya son avant-garde commandée par le marquis de Salados s'emparer d'Argenteau. La place fut investie le 30 juin et, après un bombardement de vingt-quatre heures, par huit canons et trois mortiers, elle dut capituler le 1er juillet à sept heures du matin. La garnison obtint les honneurs de la guerre et sortit avec armes et bagages, drapeaux déployés et tambours battant, mais son commandant le capitaine Junius, fils du secrétaire du prince d'Orange, fut mis aux arrêts, en arrivant à Maestricht, pour s'être trop pressé de capituler (1).

Albert de Mérode, marquis de Trélon, comte de Bocarmé, seigneur d'Argenteau, Borgharen, Houffalise, etc. (2), releva la seigneurie d'Argenteau,

(1) Bouille, *Histoire de Liége*, t. III, p. 210 ; Foullon, *Historia Leodiensis* etc. t. III, p. 117, et archives du château d'Argenteau.

(2) Albert de Mérode prenait encore le titre de prince de Montglion qui lui est aussi attribué dans plusieurs documents officiels sans aucune justification, et que la plupart des généalogistes, notamment Richardson (comte de Mirbach) et de Reiffenberg, lui ont conservé à tort dans la suite. Les premières mentions d'une prétendue principauté de Montglion, annexe ou dépendance de la seigneurie d'Argenteau, remontent vers 1637, pendant le veuvage d'Albertine d'Arenberg. C'était l'époque où sévissait avec rage, dans la noblesse, la manie des origines fantastiques et des titres imaginaires, qui était soigneusement entretenue par les hérauts d'armes et les généalogistes de fantaisie, qui en faisaient leur profit. Les plus illustres maisons n'y échappaient pas et entre autres une branche, aujourd'hui éteinte de la maison de Mérode, pour laquelle on inventa, tout d'une pièce, une ancienne principauté de Montglion, du nom d'une côte rocheuse, située au bord de la Meuse, entre Argenteau et Cheratte. On voulait, paraît-il, établir une base à une demande, qui n'aboutit pas, d'érection de la seigneurie d'Argenteau en principauté, et l'on n'hésita pas à faire falsifier, puis authentiquer des copies de trois documents du xve siècle, concernant des membres de la maison d'Argenteau, dans lesquels on avait ajouté à la suite des noms de Guillaume Ier d'Argenteau et de Jacques Ier son fils, le titre de prince de Montglion et même d'Argenteau (1). Pour donner une apparence encore plus probante à cette supercherie, on modifia l'inscription du mausolée de l'église de Hermalle ; on la remplaça par celle qui existe encore aujourd'hui et dont les termes, gravés d'une main barbare sur le marbre, coïncident parfaitement avec ceux des documents falsifiés et les confirment. Après

(1) De Reiffenberg a publié ces pièces dans son *Recueil héraldique et historique des familles nobles de Belgique*, page 62 et suivantes.

une première fois, après la mort de son père, le 24 mai 1631, et une seconde fois, le 24 décembre 1642 (1).

Il fut d'abord capitaine d'une compagnie de 300 hommes (Bas-Allemands), en garnison à Argenteau, charge qu'il résigna ensuite en faveur de son fils, encore enfant, lequel fut nommé à sa place par commission du 16 août 1647; ensuite, il devint gentilhomme de la chambre du roi d'Espagne, général de l'artillerie de l'armée des Pays-Bas Espagnols, capitaine des archers gardes-du-corps de la cour de Bruxelles, haut-forestier et grand-veneur de Flandre. Au mois de mars 1656, il fut nommé capitaine et chef d'une bande de quarante hommes d'armes et de quatre-vingts archers d'ordonnance, puis général de toutes les bandes d'ordonnance, qu'il commanda pendant la campagne de 1656, notamment à la bataille de Valenciennes, où il fut tué (2).

Albert de Mérode avait épousé, le 26 juillet 1636, Marie-Célestine, baronne héritière de Ray, en Franche-Comté, à qui son époux assura une constitution de 12,000 florins pour son douaire, sur la seigneurie d'Argenteau, dont elle fit relief le 9 mai 1637 (3). Elle était fille de Claude-François, baron de Ray, capitaine de 200 cuirassiers au service des Pays-Bas Espagnols, et de Claudine-Béatrice de Grammont.

De ce mariage naquirent :

1° Catherine, née à Bruxelles et baptisée à Sainte-Gudule, le 14 février 1639, morte jeune.

2° Françoise-Flore, née à Bruxelles et baptisée à Sainte-Gudule, le 17 mars 1640, morte jeune.

la mort d'Albert de Mérode, son fils aîné Léopold-Guillaume, marquis de Trélon, continua à porter le titre de prince de Montglion qui disparut avec lui et ne fut pas porté par les seigneurs d'Argenteau des maisons de Claris, de Limburg-Styrum et d'Argenteau, pas plus que par les membres des différentes branches de cette dernière maison, à l'exception cependant d'un chanoine fantasque du XVIIIe siècle, qui s'intitulait des *Princes de Montglion*. Nous n'insisterons pas plus longtemps sur ce sujet, que nous nous proposons de traiter plus amplement, dans un travail spécial, pour lequel nous avons réuni de nombreux documents.

(1) *Cour féodale de Brabant*, reg. 37, fol. 14, reg. 499, fol. 78 et *Archives du Château d'Argenteau*.

(2) *Papiers d'Etat et de l'Audience*, patentes militaires, t. IV, fol. 80 et 117, t. IX, 1646-1648, fol. 152; Archives générales du royaume.

(3) *Cour féodale de Brabant*, reg. 37, fol. 14 v°.

3o Marie-Célestine, chanoinesse régulière de Berlaymont à Bruxelles, fit profession le 4 décembre 1663 et décéda le 28 décembre 1718.

4o Marguerite, chanoinesse de Nivelles, le 20 janvier 1674.

5o Léopold-Philippe-Guillaume, qui suit.

6o Claude-François de Mérode, marquis de Trélon, après son frére aîné, comte de Bocarmé, baron de Ray, du chef de sa mère, seigneur de Membre, Vaimes, Tencé etc., grand-veneur et grand-forestier de Flandre. Il était capitaine d'une compagnie wallonne au terce du mestre-de-camp, comte de Solre, lorsqu'il donna sa démission, parce qu'il ne recevait pas d'avancement, priant le gouverneur-général de lui permettre « de servir le Roy avec une pique jusqu'a ce que S. E. le juge plus capable de posséder quelque emploie plus considérable...... pour servir comme son père qui a contribué par sa mort à la signalée journée de Valenciennes avecq la valeur qui est cognu à touts les généraux ». Il fut remplacé le 1er septembre 1674 (1), devint ensuite colonel et décéda en 1690.

Il avait épousé, le 30 avril 1677, Anne-Dieudonnée de Fabert, marquise d'Esternay, comtesse de Beaucignies, veuve de Louis de Comminges, marquis de Vervins, grand-maître de la cour du roi Louis XIV, et fille aînée d'Abraham de Fabert, maréchal de France, gouverneur de Sedan, et de Claudine-Richarde de Cleran.

Léopold-Philippe-Guillaume de Mérode, marquis de Trélon, comte de Bocarmé, baron de Ray, seigneur d'Argenteau, Baives, Wallens, Saint-Hilaire, Bougey, Conflandry, Mailly, etc., naquit à Bruxelles et fut baptisé à Notre-Dame de la Chapelle, le 15 octobre 1649. Il releva le château et la seigneurie d'Argenteau à la Cour féodale de Brabant, après la mort de son père, et mourut à Ath, noyé dans l'Escaut, le 5 mars 1674. Il avait été marié le 1er août 1661, à peine âgé de douze ans (2), à Michelle-Isabelle de Velasco y Salazar, née à Bruxelles et baptisée à Saint-Jacques-sur-Caudenberg, le 29 mars 1642, décédée le 22 juin 1695, fille de Jean de Velasco, comte de Salazar, marquis de Belvedère, chevalier de la Toison d'or, gouverneur de la citadelle d'Anvers, et d'Anne de Recourt, dame de Lens, Camblin, Hondecoutre, Wallon-Capelle, etc.

(1) *Patentes militaires,* t. XXII, fol. 257.

(2) *Cour d'Argenteau-Hermalle,* reg. 25, fol. 202 vo.

Il fut le dernier seigneur d'Argenteau de la maison de Mérode.

Son père avait emprunté plusieurs capitaux importants pour lesquels il avait hypothéqué le château et la seigneurie d'Argenteau et Hermalle (1). A sa mort, en 1656, il laissa une situation financière fort obérée, et ses créanciers hypothécaires, qui n'avaient, depuis plusieurs années, été payés des intérêts de leurs rentes et de leurs capitaux, harcelèrent le fils, pour obtenir le paiement des arriérés. Ils voulurent saisir et faire vendre Argenteau. Mais le marquis de Trélon s'opposa à la vente en conformité du fidéicommis établi par le testament de Jean d'Argenteau, qui prescrivait qu'Argenteau devait rester dans la famille. Les créanciers ayant soutenu que ce fidéicommis n'avait plus de valeur pour le marquis de Trélon, selon l'édit perpétuel d'Albert et Isabelle de 1611, celui-ci prétendit que l'édit n'était pas applicable à la seigneurie d'Argenteau, parce qu'elle était terre d'Empire, libre et indépendante.

La Chambre des comptes de Brabant consultée, déclara qu'Argenteau était un fief lige du marquisat du Saint-Empire d'Anvers, arrière-fief d'Empire, et avait des obligations et devoirs envers les ducs de Brabant : « *que de plus en 1410, le château avait été confisqué par Anthoine, duc de Brabant, et restitué dans la suite à Guillaume d'Argenteau.* La Cour féodale de Brabant, ensuite de ce rapport, déclara par sentence du 21 mars 1668, que la forteresse et la seigneurie d'Argenteau et Hermalle étaient fiefs de Brabant et non fiefs immédiats d'Empire.

A la suite de ce jugement, les créanciers réclamèrent la vente d'Argenteau, tandis que le marquis de Trélon s'efforçait d'obtenir la révision de la sentence de la Cour féodale (2). Après plusieurs années de procédures, la Cour féodale donna gain de cause aux créanciers et autorisa, par son décret du 29 juillet 1670 (3), la vente d'Argenteau, qui fut retardée cependant jusqu'au 7 novembre 1671. Après plusieurs remises, le château d'Argenteau, et la moitié seulement indivis de la seigneurie et du domaine d'Argenteau et Hermalle, furent vendues le 12 mars 1672, pour la somme de 100,600 florins, représentant le total des capitaux et intérêts arriérés dus aux créanciers hypothécaires, et acquis par ces

(1) GALESLOOT, *Inventaire de la Cour féodale de Brabant*, t. II, p. 51 et 52, reg. 507, 1669-1673, fol. 21, 56 et 70.

(2) *Cour féodale de Brabant*, reg. 507, pp. 51 et 52.

(3) *Ibidem*, reg. 154, fol. 650 à 658.

derniers : Léon-Alexandre van Hove, écuyer, capitaine au service d'Espagne; Corneille-Joseph van Hove, écuyer, frère du précédent; Alexandrine de Launay, veuve de Messire Mathias van Hove, conseiller fiscal de Brabant, et sa fille unique Eléonore van Hove; Augustin della Faille, secrétaire de S. M. au Conseil souverain de Brabant, et ses enfants; Ignace-Albert Heyns, écuyer, et ses frères et sœurs, héritiers de Sara van de Wouvere; Louis de Claris, écuyer, amman de la ville d'Anvers.

Peu après cette vente, les acquéreurs comparurent, le 24 mai 1672 (1), devant la Cour féodale et déclarèrent avoir renoncé au château d'Argenteau et à son pourpris en faveur du roi d'Espagne Charles II, représenté par Messire Philippe-Charles Espallart, conseiller au Conseil souverain de Brabant, chargé de la procuration du comte de Monterey, gouverneur-général des Pays-Bas, en date du 29 avril 1672. Le Roi n'intervenait pas dans le prix d'achat, mais devait laisser à la disposition des acheteurs un quartier au château pour leur logement ou celui de leurs commis. Le château et son pourpris devaient être séparés de la seigneurie et des terres d'Argenteau et Hermalle; il était convenu, en outre, que si les acheteurs acquéraient l'autre moitié de la seigneurie, les deux moitiés seraient réunies de nouveau en un seul fief, excepté le château qui resterait la propriété du roi d'Espagne, en qualité de duc de Brabant.

Le même jour, 24 mai 1672, Augustin della Faille, au nom de tous les acquéreurs fit relief de la moitié de la seigneurie d'Argenteau à la Cour féodale de Brabant (2).

Argenteau devenu forteresse de l'Etat, à cause de sa position dominant le cours de la Meuse, continua à être occupée par une compagnie d'infanterie au nom du roi d'Espagne, duc de Brabant, mais ce fut pour peu de temps.

L'année 1674 vit sa destruction. Au mois de mai, le roi de France Louis XIV, qui était en guerre avec l'Empire, l'Espagne et la Hollande, prescrivit au maréchal marquis de Bellefonds, de faire évacuer les villes de la Hollande, à l'exception de Grave et de Maestricht, par les garnisons françaises, et de les conduire dans le Brabant pour renforcer la principale armée commandée par le prince de Condé. Il avait ordre de s'emparer en passant du château d'Argenteau

(1) *Cour féodale de Brabant,* reg. 154, fol. 650 à 660, reg. 155, fol. 129, reg. 377, fol. 266 et 377, et reg. 378, fol. 65 et 75 v°.

(2) *Cour féodale de Brabant,* reg. 37, fol. 14 v°.

et du fort de Navagne sur la Meuse, près de Visé, postes occupés par les Espagnols.

Le maréchal de Bellefonds quitta le camp de Fauquemont le 16 mai au matin, et arriva dans l'après-midi devant Argenteau. Le même soir il fit encore ouvrir le feu contre la place avec deux pièces de canon et un mortier qui lui avaient été envoyés de Maestricht.

Le commandant M. de Palarme, sommé de capituler, remercia, en goguenardant, le maréchal de Bellefonds, de l'honneur qu'il lui faisait de venir le saluer avec des pièces de 24. Confiant dans la solidité et la situation de son poste, il ne ripostait presque pas au feu des assiégeants. Ce fut seulement après un bombardement continu de plus de trente heures, lequel n'avait d'ailleurs pas entamé sérieusement les murailles, que le commandant, menacé d'être pendu, consentit à capituler dans la nuit du 17 au 18 mai, à deux heures du matin (1). Mais il exigea que les bas-officiers et soldats de la garnison, au nombre de soixante, reconnaitraient par écrit, avoir employé la force pour lui faire rendre la place aux Français (2). Cet acte fut dressé par le notaire Charles Marchant, sur un tambour, au pied du rocher d'Argenteau, au moment du départ de la garnison pour Bruxelles.

M. des Carrières, résident du roi de France à Liége, écrivait à sa cour quelques jours après le siége : « On s'est estonné comme quoy celuy qui le deffendoit l'a rendu car on l'a trouvé comme imprenable et on a esté quasi plus en peine de scavoir après la composition comment la garnison espagnolle en descenderoit et celle du Roy y monteroit que de l'avoir soumis à l'obéissance de Sa Majesté » (3).

Après la prise du château, le maréchal de Bellefonds, en attendant les ordres de la Cour, y mit une garnison de cent hommes commandés par M. Des Loges, premier capitaine au régiment de Piémont (4).

Le 29 mai 1674, M. de Louvois écrivit, du camp devant Dôle, au prince de Condé, pour lui transmettre l'ordre du Roi de faire raser Argenteau et le fort

(1) *Lettres et rapports entre les officiers généraux et la Cour de France,* aux Archives du ministère de la guerre de France, reg. 398, nos 42, 44, 50, 64 et 66.

(2) *Archives du château d'Argenteau,* liasse no 255; Ernst, p. XXXIX.

(3) *Lettres et rapports, etc.*, reg. 398, no 64.

(4) *Ibidem*, nos 58 et 94.

de Navagne qui avait aussi été pris le 23 mai (1). Il écrivit le même jour au lieutenant-général, comte d'Estrades, gouverneur de Maestricht, pour le charger de l'exécution de cet ordre, lui recommandant particulièrement à l'égard d'Argenteau de « n'y laisser pas une pierre, l'une sur l'autre » (2). Le comte d'Estrades fit commencer immédiatement les trous de mine, mais le ciment des murailles, qui avaient dix-sept pieds d'épaisseur, était si dur, qu'on dut envoyer jusqu'à cinq fois de Maestricht des outils nouveaux aux mineurs (3). Enfin après de grandes difficultés les fournaux de mine étant prêtes, le comte d'Estrades y fit mettre le feu le 12 juin 1674, détruisant ainsi en peu d'heures la vieille forteresse six fois séculaire, dont il ne resta plus qu'un monceau de ruines informes.

Nous avons vu précédemment que les créanciers hypothécaires avaient pris possession en 1672 de la moitié de la seigneurie d'Argenteau, dont ils se disaient tous co-seigneurs, mais ils ne tardèrent pas à faire cession successivement de tous leurs droits à un seul d'entre eux, Louis-Antoine de Claris, comte de Clairmont, qui vers 1681 avait déjà acquis du marquis de Trélon, la seconde moitié de la seigneurie (4). Le comte de Clairmont devenu ainsi dans les premières années du XVIIIe siècle, seul et unique possesseur d'Argenteau, obtint encore vers le même temps, du roi d'Espagne, la rétrocession des ruines et de l'emplacement de la vieille forteresse devenue inutile, pour l'Etat, ce qui compléta la reconstitution de la seigneurie et du domaine d'Argenteau.

Louis-Antoine de Claris, comte de Clairmont, seigneur d'Argenteau, Hermalle, Meerbeck, Monteleon, naquit en 1645, fils de Louis-Roger de Claris, comte de Clairmont, chevalier de l'ordre de Saint-Jacques de Calatrava, conseiller d'Etat, et d'Anne-Marie de Meulenaere.

« Le comte de Clairmont, rapporte Gachard, à qui nous empruntons ces détails (5), avait été nommé par Charles II, en 1681, audiencier et premier secrétaire d'Etat aux Pays-Bas, après avoir successivement rempli les fonctions d'amman d'Anvers, de conseiller des finances, d'intendant de Cambrai et Cambrésis, ainsi que des provinces de Gueldre, de Limbourg et de Luxembourg.

(1) *Lettres et rapports, etc.,* reg. 398, n° 79.

(2) *Ibidem,* nos 98 et 101.

(3) *Ibidem,* nos 126, 137, 142 et 144.

(4) Malgré toutes nos recherches nous n'avons pu retrouver la date précise de cette vente.

(5) *Histoire de la Belgique au commencement du XVIIIe siècle,* p. 90.

La charge d'audiencier était l'une des plus importantes du gouvernement; le comte de Clairmont avait tout le talent qu'il fallait pour la remplir avec distinction. Il l'exerçait depuis une douzaine d'années lorsque, par des raisons qui ne sont pas connues, il eut le malheur de déplaire à Guillaume III. Le roi de la Grande-Bretagne était en ce temps-là tout-puissant à Madrid et à Bruxelles; il demanda que l'emploi du comte de Clairmont lui fût retiré : Charles II consentit à l'en éloigner, sans le destituer toutefois, et son fils, Louis-Philippe de Claris, marquis de Laverne, fut chargé de le suppléer ».

Clairmont quitta Bruxelles et voyagea pendant plusieurs années. Dans le cours de ses voyages, il forma des liaisons avec l'électeur palatin Jean-Guillaume de Neubourg, beau-frère de l'empereur Léopold, et avec son chancelier le baron de Wyser; il chercha à en profiter pour passer au service de l'empereur : Jean-Guillaume, qui l'avait pris en grande amitié, se montra disposé à favoriser ses prétentions (1). Cependant, après l'avénement de Philippe V, il fit des démarches pour être réintégré dans sa charge d'audiencier. Le marquis de Bedmar en référa à Versailles; personnellement il n'était pas contraire à la demande du ministre disgracié : « Je puis dire à Votre Excellence — manda-t-il à Torcy — que le » comte de Clairmont est homme d'esprit et de capacité, un peu emporté et » hautain et très difficile à s'accommoder avec les autres ministres. Je le crois » très bon serviteur du Roi. Je ne sais rien contre lui que d'avoir toujours » tâché d'être seul dans le ministère. » Mais le maréchal de Boufflers écrivit, » dans un sens tout opposé, au premier ministre de Louis XIV et fut plus écouté » de lui : « on avait dit au maréchal que M. de Clairmont avait beaucoup d'esprit » et de talent, mais malfaisant, incompatible et cabaleur, et, par-dessus cela, » qu'il était ennemi de M. de Bergeyck!!! (2) ».

Se voyant rebuté par le gouvernement de Louis XIV, Clairmont en revint à l'idée de servir l'empereur, quoiqu'il ne pût plus le faire sans prendre parti contre la France et contre l'Espagne, et il fut fortifié dans ce dessein par une lettre du baron de Wyser, qui, d'après les ordres de l'électeur palatin, le mandait à Dusseldorf. Il possédait les terres d'Argenteau et d'Hermalle situées, l'une

(1) On en a la preuve dans une lettre qu'il lui écrivit de sa main, le 27 octobre 1698, et qui est aux archives de l'office fiscal de Brabant.

(2) Lettre du 18 janvier 1702. (Archives des affaires étrangères, à Paris : reg. *Pays-Bas, deux premiers mois de* 1702.)

sur la rive droite, l'autre sur la rive opposée de la Meuse, entre Liége et Maestricht : sous prétexte de solliciter de l'électeur une sauvegarde pour ces deux terres, il se rendit à Dusseldorf au mois de juillet 1702, et y passa quatre jours, pendant lesquels il eut deux audiences du prince et plusieurs entrevues avec son chancelier.

A quelque temps de là, les Français arrêtèrent, dans le pays de Cologne, un courrier qui portait des dépêches à Vienne. Parmi ces dépêches était une lettre que le Sr Castelan, résident de l'empereur auprès de l'archevêque, adressait au comte de Kaunitz, pour le rendre attentif à ce qui s'était négocié en dernier lieu entre le comte de Clairmont et l'électeur palatin ; tout en rendant justice au mérite de Clairmont, ce résident trouvait des inconvénients à ce qu'on lui confiât la direction des intérêts de la cause impériale aux Pays-Bas ; à son avis, le comte de Sinzendorff devait lui être préféré, pour beaucoup de raisons qu'il exposait en détail.

Les dépêches interceptées furent adressées à Torcy, qui envoya à Bedmar la lettre du Sr Castelan, en l'invitant à s'assurer de la personne du comte de Clairmont, s'il était vrai que ses intentions fussent telles qu'elles paraissaient par cette lettre (1). Clairmont était revenu à Bruxelles ; Bedmar le fit arrêter et conduire à la citadelle d'Anvers. Le procureur général de Brabant reçut l'ordre d'informer contre lui ; le commandant général commit le conseil de la province pour lui faire son procès (2).

Dans ses interrogatoires Clairmont ne nia pas qu'il ne fût allé à Dusseldorf et qu'il n'eût vu l'électeur palatin et son chancelier : mais il soutint toujours qu'il n'avait eu d'autre but, dans ce voyage, que de demander, pour ses terres d'Argenteau et Hermalle, une sauvegarde, laquelle lui avait été accordée en effet, et d'obtenir de l'empereur, par l'entremise de Son Altesse Electorale Palatine, un acte de neutralité tel que celui qui avait été accordé au comte de Reckheim. On ne put recueillir d'autre preuve à sa charge que la lettre du résident impérial à Cologne.

Le conseil de Brabant, après avoir pris connaissance des informations faites par le procureur général, se prononça, à l'unanimité des voix, pour que le comte de Clairmont fût mis en liberté, mais avec interdiction de sortir de chez lui.

(1) Lettre du 10 août 1702. (Archives de l'office fiscal de Brabant.)

(2) Lettre du 2 septembre 1702. (*Correspondance du conseil de Brabant*, t. CXV.)

Bedmar fut « très scandalisé » de cette résolution ; les ministres français qui se trouvaient auprès de lui ne s'en indignèrent pas moins : « Il est inouï, » écrivit Bagnols au marquis de Torcy, qu'on donne à un accusé de crime » d'Etat la liberté de demeurer dans sa maison ; cette maison seroit le rendez- » vous des mécontents du pays, qui ne sont qu'en trop grand nombre. » Le commandant général ordonna au chancelier de Brabant de prescrire aux membres du conseil le secret sur ce qui avait été décidé par eux, et défendit qu'il y fût donné suite. La détention de Clairmont fut rendue plus rigoureuse ; pendant cinq mois il ne lui fut permis ni d'entendre la messe ni d'approcher des sacrements, et dans cet intervalle, étant tombé malade, il n'obtint pas sans peine qu'un médecin pût le visiter. En vain sa femme, son fils, ses parents et l'évêque d'Anvers lui-même firent des démarches à Bruxelles et à Versailles afin que le gouvernement laissât le cours libre à la justice ; on n'eut aucun égard à leurs prières (1). Clairmont se voyait même menacé incessamment d'être mis à la torture. Dans ces circonstances, il forma le dessein de s'évader, et, malgré la surveillance dont il était l'objet, il parvint à le réaliser au mois d'avril 1705, après trente mois de captivité (2). Il se refugia à la cour de l'électeur palatin, où il resta jusqu'après la bataille de Ramillies.

Après la conquête des Pays-Bas, il fut nommé le 21 juillet 1706, membre du Conseil d'Etat établi par l'Angleterre et les Etats-généraux des Provinces-Unies, pour gouverner le pays au nom du roi d'Espagne, Charles III, et en devint ensuite président par serment du 23 mars 1712 (3). Il remplit ses hautes fonctions jusqu'à sa mort arrivée à Bruxelles, le 27 mars 1715, et fut inhumé dans l'église des Augustins, où sa mémoire était rappelé en ces termes :

D. O. M. Domino D. Ludovico-Antonio de Claris Baroni, ac Comiti de Clairmont libero Domino de Argenteau, et Hermal : D. de Meerbeck, Monteleon dum vixit Antverpiæ Amano. Ærarii Regii Assessori Cameraci, Geldriæ Luxemburgi Provinciarum Administratori in Hollandiam Ablegato, a Concilio belli et Audienciario Civitatis, et Ditionis Tenera - mundanæ Summo Prætori in Concilio

(1) L'évêque d'Anvers avait saisi l'occasion de la victoire d'Eeckeren pour réitérer ses sollicitations auprès de Torcy. Ce ministre lui répondit, le 2 avril 1703, que « toutes instances seroient inutiles ». (Arch. des affaires étrangères, à Paris : reg. *Pays-Bas*, 1703 et 1704, *Suppl.*)

(2) *Mercure historique et politique*, t. XXXVIII, p. 570.

(3) Gachard, *Histoire de la Belgique au commencement du XVIIIe siècle*, pp. 341, 342, 392 à 394.

Status ad Belgii regimen erecto Consiliario Præsidi vita functo die XXVI. Martii MDCCXV posteri posuerunt. R. I. P.

D. O. M. et Dominæ D. Christinæ de Deckere Baronissæ ac Comitissæ de Clairmont liberæ Dominæ de Argenteau et Hermal. D. de Meerbeeck, Monteleon ejus conjugi defunctæ die X Februarii MDCCXIII.

Le comte de Clairmont avait épousé Christine de Deckere, dame de Boortmeerbeeck et de Monteleon, qui décéda le 10 février 1713.

Par leur testament, du 30 octobre 1710, les deux époux érigèrent la seigneurie d'Argenteau et ses dépendances, Hermalle, etc., en fidéicommis, qui s'éteignit en la personne de Marie-Elisabeth de Claris, marquise de Laverne, leur arrière petite-fille, décédée en 1780.

De leur mariage naquit un fils unique :

Louis-Philippe de Claris, comte de Clairmont, marquis de Laverne de Rodes, du chef de sa femme, né le 30 mars 1671, conseiller à la chambre des finances de Flandre, en place de son père, en 1676, conseiller maître à la Chambre des comptes en 1680, qui fut successivement audiencier, mais sans la séance dans les conseils, par acte du 20 septembre 1687, et confirmé dans cette charge, par patentes du 4 septembre 1690, et serment prêté le 11 juin 1691, en mains du président du Conseil privé, membre du Conseil de guerre, trésorier et garde des chartes de Brabant, en 1691. Il fut revoqué de ses différentes charges sous le gouvernement du roi Philippe V, d'Anjou, mais rétabli dans ses fonctions après la bataille de Ramillies en 1706, par les Alliés, et décéda à Bruxelles, avant son père, le 27 mai 1714.

Il avait été marié, dans la chapelle particulière de l'évêque de Gand, le 6 mars 1695, à Anne-Françoise, marquise héritière de Laverne de Rodes, né en 1675, décédée le 22 juillet 1725, fille de Ferdinand, marquis de Laverne de Rodes, général de bataille au service d'Espagne, feld-maréchal-lieutenant des armées Impériales, qui fut emporté par un boulet de canon au siége de Szegedin, dans la guerre contre les Turcs en 1686, et de Madeleine de Steenberghe.

De ce mariage naquit :

Louis-Ferdinand-Joseph de Claris-Valincourt, marquis de Laverne de Rodes, comte de Clairmont, seigneur immédiat d'Argenteau, Hermalle, Meerbeck et de Monteléon, né le 25 février 1696, chambellan de l'empereur

Charles VI, licencié ès lois à l'Université de Louvain, le 17 janvier 1715, grand-bailli de Termonde, conseiller d'Etat d'épée en 1735, lieutenant des fiefs de la Cour féodale de Brabant, par lettres patentes du 24 décembre 1740.

Au mois de mars 1715, il succéda à son grand-père Louis-Antoine, dans la propriété de la seigneurie d'Argenteau, qu'il releva à la Cour féodale de Brabant, le 6 mars 1720.

Il aurait bien voulu rendre Argenteau indépendant du duché de Brabant et l'incorporer, comme fief immédiat de l'Empire, au cercle de Westphalie. Dans ce but il s'était fait délivrer par la Chambre héraldique des Pays-Bas, une attestation qui est trop curieuse, pour que nous ne la reproduisions pas ici :

Nous soussignez Seigneur de Lodelinsart et de Castillon, Conseiller de l'Empereur et Roij exerçant l'état de premier Roij d'armes en ses Paijs-Bas et de Bourgogne ; et André François Jaerens Ecuier Roy et Heraut d'armes ordinaire de sa Majesté Imperiale et Catholique en ses dits-Paijs Bas à titre de ses Pays Province et Duché de Luxembourg et Comté de Chinij, deservant l'office de Roij et Heraut d'armes à titre des Paijs Province et Duché de Limbourg : étants requis de la part de Messire Louis Ferdinand Joseph de Claris, Marquis de la Verne, Comte de Clairmont, Libre Baron d'Argenteau et Hermalle, Seigneur de Monteleon, Grand Bailli de la Ville et Pays de Terremonde etc. de lui donner l'etiquet des honneurs, distinctions et prérogatives qui peuvent lui competer dans sa libre Terre d'Argenteau ancienne Principauté et Fief immédiat de l'Empire présentement uni au Paijs et Duché de Brabant. Certifions et déclarons qu'au dit Messire Louis Ferdinand Joseph de Claris Marquis de la Verne etc. dans sa libre Terre d'Argenteau competent et appartiennent tels honneurs, distinctions et prérogatives attribuées selon l'usage et étiquet aux Princes Comtes et hauts Vassaux immédiats de l'Empire exerçants authorité supreme, par puissance Vicaire de l'Empereur, et qu'en signe de cette representation immediate convient de placer le portrait de Sa Majesté Imperiale et Catholique dans quelque Chambre principale du chateau sous un Dais avec un fauteuil tourné ; qu'au surplus le dit Messire Louis Ferdinand Joseph de Claris Marquis de la Verne, ne peut s'attribuer les mêmes honneurs, distinctions et prerogatives ni extendre le Titre de Principauté dans le Paijs et Duché de Brabant sans Lettres patentes ou Acte confirmatoire de sa dite Sacrée Majesté Impériale et Catholique : En tesmoing de ce Nous avons signé cette et muni de nos Seels à la réquisltion du dit Messire Louis Ferdinand Joseph de Claris, Marquis de la Verne etc. pour s'en servir et valoir la et ainsi qu'il appartiendra. Fait au Quartier heraldicq au Palais de Bourgogne à Bruxelles Ville de Cour au Duché de Brabant le vingtième jour du mois de Decembre en l'an mil sept cent vingt huit. JOSEPH VAN DEN LEENE et A. J. JAERENS (1).

Le marquis de Laverne s'était trompé d'époque; le procureur général de Brabant ayant dirigé contre lui une action du chef de crime de lèze-majesté, ses tentatives restèrent infructueuses et il n'en fut plus question dans la suite.

Pendant la campagne de 1747 contre la France, le duc de Cumberland, commandant en chef de l'armée alliée, établit le 9 octobre de cette année son quartier-général au château d'Argenteau, et délivra, le même jour, une attestation au marquis de Laverne, déclarant que c'était par nécessité de guerre qu'il n'avait pu tenir compte de la neutralité d'Argenteau (2).

Le 14 novembre de la même année, le marquis de Laverne, établit sa femme, comme régente de la seigneurie d'Argenteau et Hermalle, qui lui avait du reste été assignée, pour son entretien et son douaire (3).

Il décéda à Bruxelles, le 6 janvier 1773, fut inhumé à Wixhoux.

Il avait épousé au palais de Nassau, en la ville de Siegen, par contrat du 14 juillet 1731 et religieusement le 26 juillet suivant, Marie-Anne, princesse de Hohenlohe-Bartenstein, chanoinesse de Thorn, dame de la Croix étoilée, née le 4 août 1701, fille de Philippe-Charles, prince de Hohenlohe-Bartenstein, grand-juge de l'Empire, à Wetzlar, et de Sophie-Léopoldine, princesse de Hesse-Rheinfelz.

Elle fit son testament le 9 mai 1753, lequel fut ouvert par la Cour d'Argenteau-Hermalle, le 22 septembre 1758, après sa mort arrivée le 16 du même mois (4).

De leur union naquirent :

1° une fille, née le 5 janvier 1735, décédée le même jour.

2° Marie-Elisabeth-Walburge-Anne-Louise-Françoise, qui suit.

3° un fils, né le 15 décembre 1737, décédé le même jour.

(1) *Archives du château d'Argenteau.*

(2) *Cour d'Argenteau-Hermalle,* reg. 40, fol. 165.

(3) *Ibidem,* reg. 39, fol. 212.

(4) *Ibidem,* reg. 40, fol. 707.

Marie-Elisabeth-Walburge-Anne-Louise-Françoise de Claris-Valincourt, marquise de Laverne de Rodes, comtesse de Clairmont, dame d'Argenteau, Hermalle et Monteleon, naquit à Bruxelles, le 27 novembre 1736, et fut baptisée dans la paroisse de Notre-Dame de la Chapelle, le 29 novembre suivant, ayant pour marraine, l'archiduchesse Marie-Elisabeth, gouvernante-générale des Pays-Bas. Elle succéda à son père dans tous ses titres et seigneuries, et prit possession de celle d'Argenteau-Hermalle, le 28 avril 1773 (1).

Elle avait épousé, au château d'Argenteau, par contrat du 16 octobre 1751 (2), et religieusement le lendemain, Charles-Auguste-Joseph, comte immédiat et régnant de Limburg-Styrum, Bronckhorst et Globen, seigneur de Walsch, Schital, Kleinfurwistz et Mockrauw en Bohême, grand-juge héréditaire du duché de Gueldre, chambellan de S. M. I. et R. Ap., etc., né le 14 janvier 1727 et décédé le 15 février 1760, fils de Chrétien-Othon, comte immédiat et régnant de Limburg-Styrum, Bronckhorst, et de Louise-Julienne, comtesse de Globen.

Marie - Elisabeth - Walburge de Claris - Valincourt fit son testament le 16 avril 1777 (3), et décéda le 16 février 1780, laissant une fille unique :

Marie-Anne-Bernardine-Louise-Françoise, comtesse de Limburg-Styrum, Bronckhorst et Globen, dame d'Argenteau, Hermalle, Walsch, etc., née au château d'Argenteau, le 15 décembre 1758, et fut baptisée le même jour dans la chapelle castrale. Les cérémonies du baptême furent complétées dans l'église de Richelle, le 13 février 1759. Elle fut élevée à Presbourg en Hongrie, au couvent de la Visitation, sous la protection de l'impératrice Marie-Thérèse, qui favorisa et décida son mariage (4), qui eut lieu à Presbourg, par contrat du 25 avril 1779 (5), et religieusement le lendemain, dans l'église collégiale de Saint-Martin, avec Joseph-Louis-Eugène, comte d'Argenteau et de Dongelberg, seigneur d'Ochain, Pair, Rouxmiroir, Avenne, premier pair de Montaigu, né à Huy, et baptisé dans l'église de Saint-Denis, le 29 octobre 1740, membre de l'Etat-noble de Liége le

(1) *Cour d'Argenteau-Hermalle*, œuvres, reg. de 1773-1780, p. 57.

(2) *Ibidem*, reg. 39, fol. 753; *Cour féodale de Brabant*, reg. 117, fol. 262.

(3) *Ibidem*, reg. aux œuvres de 1780-1788, fol. 8.

(4) *Correspondance secrète entre Marie-Thérèse et le Cte de Mercy-Argenteau*, t. III, p. 274; *Etat civil de Richelle.*

(5) Original aux archives d'Argenteau; dans cet acte, elle est nommée Marie-Josèphe-Louise-Françoise-Antoinette-Julienne.

27 avril 1765, après preuves des huit quartiers : *Argenteau, Longueval, Salmier, Havreck ; Dongelberg, Berlaymont, Trazegnies, Wissocq*, chambellan de S. M. I. et R. Ap. en 1780.

Joseph-Louis-Eugène, comte d'Argenteau, releva et prit possession officiellement de la seigneurie d'Argenteau, le 29 mars 1780 (1), où il fit, avec son épouse, sa joyeuse entrée le 27 août de la même année (2). Dernier seigneur d'Argenteau, il décéda au château d'Ochain, le 12 juin 1795, et fut inhumé le surlendemain dans le caveau de l'église de Clavier.

Marie-Anne-Bernardine-Louise-Françoise de Limburg-Styrum mourut à Liége, à l'hôtel d'Argenteau, le 13 novembre 1808, et fut inhumée à Clavier.

(1) *Cour d'Argenteau-Hermalle*, œuvres, 1780-1788, fol. 47.

(2) De Theux, *Bibliographie Liégeoise*, col. 668.

BRANCHE

D'ARGENTEAU DE LIGNY

Renaud d'Argenteau, chevalier, seigneur de Ligny, Tongrinne, Keumignies et Bossut-sur-Dyle** (1), était le second fils de Renaud VI, seigneur d'Argenteau, et de Marie de Trazegnies.

Il épousa, en premières noces, Jeanne de Namur, dame de Dhuy et d'Elzée, chanoinesse d'Andenne vers 1525, après avoir prouvé les quartiers : *Namur, Dongelberg, Wittem, Duras; Han dit Mathis, N..., Warisoulx, Hognoul,* fille de Philippe de Namur, seigneur de Dhuy et de Laittre, et de Marguerite Mathis. Elle releva la seigneurie de Dhuy le 23 décembre 1528, et celle d'Elzée, le 19 janvier 1529 (2).

Jeanne de Namur décéda le 14 novembre 1534 et fut enterrée dans l'ancienne église de Dhuy, où l'on voyait sa pierre sépulcrale portant, avec ses quatre quartiers, l'inscription suivante : *Cy gist noble demoiselle Jehanne fille*

(1) La seigneurie de Ligny, située en Brabant-Wallon, relevait, ainsi que ses annexes, les seigneuries de Keumignies et de Tongrinne, de la Cour féodale d'Aerschot; Le Roy, *Grand théâtre profane de Brabant*, p. 50. Le château était déjà en ruine à la fin du siècle dernier et la ferme fut brûlée par les Français, le jour de la bataille de Ligny, l'avant-veille de celle de Waterloo.

(2) *Souverain bailliage de Namur*, reliefs et transports, reg. 50, 1528-1534, fol. 16 et 17.

de noble homme Ph^{es} de Namur, seigneur de Dhuy, espeuse de noble homme Regnault d'Argenteau qui trepassa le XIIII jour de novembre l'an XVe XXXIIII (1).

Renaud d'Argenteau épousa, en secondes noces, Françoise de la Haye, dame de Ligny, Tongrinne, Keumignies, Bossut-sur-Dyle, par relief du jour de Sainte-Madeleine 1535, fille de François, chevalier, seigneur de la Haye à Gouy, de Ligny, de Bossut-sur-Dyle, et de Jeanne de Facuwez. Renaud d'Argenteau releva Bossut, le 25 mai 1540 (2) ; Françoise de la Haye, fit relief d'un fief à Fleurus, le 24 juillet 1535 (3), et épousa, en secondes noces, Michel Renard, seigneur de l'Escailles, qui renouvela, au nom de son épouse, le relief des seigneuries de Ligny, de Keumignies et de Tongrinne, le 26 mai 1558.

En 1547, Renaud d'Argenteau fit don à l'église de Bossut d'un vitrail, sur lequel il était représenté avec sa seconde femme, accompagnés de leurs armes et bannières et de cette inscription : *Renard d'Argenteau, seigneur de Ligny, Tongrinne, Bossuyt. Mademoiselle Françoise de la Haye, espeuse dudit seigneur, anno 1547.*

Du premier mariage de Renaud d'Argenteau, naquit :

1° Jeanne, décédée en bas-âge, le 27 janvier 1533, et enterrée dans l'ancienne église de Dhuy, sous une pierre portant sculptées une figure d'enfant et cette inscription : *Cy gist Jenne d'Argenteau qui trespassa l'an XV^c XXXIII le XXVII janvier* (4).

Du second mariage sont issus onze enfants, parmi lesquels nous citerons :

2° Conrard, qui suit.

3° Denis, auteur du *Rameau de Velaine.*

4° Marguerite mariée, par convenances du 2 mai 1562 (5), approuvées le 16 mai 1567 (6), à Lancelot de Marbais, seigneur de Marbais, par relief du 30 janvier 1559, Villers-la-Ville, Bry, Walgnée, Marby, etc., fils de François,

(1) *Annales de la Société archéologique de Namur*, t. X, p. 69, et t. XIII, p. 259. *Cour de Dhuy*, œuvres 1724-1752.

(2) *Cour féodale de Brabant*, reg. 21, fol. 103 v°.

(3) *Souverain bailliage de Namur*, reliefs, reg. 51, fol. 11.

(4) *Annales de la Société archéologique de Namur*, t. XIII, p. 259.

(5) *Conseil de Namur*, convenances, liasse des Etats, aux archives de l'Etat à Namur.

(6) *Souverain bailliage de Namur*, convenances et testaments, reg. de 1550-1615, fol. 20.

PIERRE TOMBALE DE CHARLES D'ARGENTEAU

(ÉGLISE DE LIGNY)

seigneur de Marbais, et d'Hélène de la Bricque. Lancelot de Marbais, pendant les troubles qui agitèrent les Pays-Bas, dans la seconde moitié du XVIe siècle, se rangea du parti du prince d'Orange et fut un des principaux chefs de l'armée avec laquelle celui-ci envahit les provinces méridionales en 1568. Ses biens, notamment la seigneurie de Marbais, furent saisis et confisqués, le 9 mars de cette même année, et lui-même fut banni du pays par le duc d'Albe (1); mais après le départ de ce dernier, il fut amnistié par son successeur, don Louis de Requesens, grand commandeur de Castille, en 1575 (2). Il n'en continua pas moins à rester hostile au gouvernement de Philippe II et reconnut, en 1576, l'autorité des Etats généraux qui s'étaient emparés du gouvernement des Pays-Bas, après la mort de Requesens. Sa terre de Marbais fut de rechef séquestrée, le 21 décembre 1585 et donnée en jouissance, le 4 octobre 1591, à l'un de ses parents, Antoine de Marbais, seigneur de Moerkerke et de Saintes, bailli de Hal, par Alexandre Farnèse, duc de Parme, gouverneur général des Pays-Bas. Lancelot de Marbais mourut en 1592, sans laisser de postérité (3).

5o Jean, prieur de l'abbaye de Baurain, de l'ordre de Saint-Benoît, décédé à Douai, le 2 octobre 1617 (4).

6o Isembart, religieux à l'abbaye de Saint-Bertin, de l'ordre de Saint-Benoît, en 1600.

7o Charles, LVe abbé de Berghes-Saint-Winnoc, comte de Wormhoudt (5). Né à Ligny vers 1555, il entra dans l'ordre de Saint-Benoît, à l'abbaye de Berghes-Saint-Winnoc, dont il devint abbé mîtré, par lettres patentes du roi d'Espagne, Philippe II, le 28 mars 1592, et fut sacré, par l'évêque d'Ypres en l'église de Saint-Pierre à Berghes, le 10 mai suivant (6). Il gouverna cette importante abbaye pendant trente-trois ans et décéda le 26 mars 1625, après avoir fait reconnaître quelques jours auparavant, le 20 du même mois, pour son coadjuteur, son neveu Charles d'Argenteau qui lui succéda.

Il fut enterré dans le chœur de l'église abbatiale devant le maître-autel, le 28 mars 1625, sous une pierre sépulcrale portant cette inscription :

(1) POULLET, *Correspondance du Cardinal de Granvelle*, t. II, p. 290.
(2) GACHARD, *Correspondance de Philippe II, sur les affaires des Pays-Bas*, t. III, p. 513.
(3) *Annales de la Société archéologique de Namur*, t. XII, p. 214.
(4) DE LAPLANE, *Les abbés de Saint-Bertin*, t. II, p. 151.
(5) *Gallia Christiana*, t. V, p. 339.
(6) PRUVOST, *Chronique et cartulaire de l'abbaye de Berghes-Saint-Winnoc*, t. II. p. 457.

Carolus hic jacet Argenteau cognomine dictus;
Is quotus est pœses conspice praes VL habet.
Sexaginta annis habitum portasse probatur,
Quinquaginta tribus prœsbiter ipse fuit.
AnnIs Iste seneX tantVs tot VIXerat abbas
Quot primum numeras flebile carmen habet.
CVMqVe pIVs peteret raDIantia spIrItVs astra
Condidit hoc tumulo corpus inane nepos (1).

8° Hélène.

9° Laurent, nommé aussi Renaud, à sa confirmation. Son frère Conrard releva sa succession le 16 mars 1582 (2).

XIV. **Conrard d'Argenteau, chevalier, seigneur de Ligny, Tongrinne, Keumignies et de la Haye à Gouy**, par relief du 9 juin 1567. Conrard d'Argenteau fut mêlé au début des troubles du XVIe siècle dans les Pays-Bas; il signa, un des premiers, le célèbre *Compromis des nobles* et assista même à la réunion des confédérés qui eut lieu à Saint-Trond en juillet 1566. Mais lorsqu'il s'aperçut des intentions réelles des confédérés, il quitta immédiatement Saint-Trond, où il n'était resté que deux jours, et rentra à Ligny.

Il s'adressa ensuite à Marguerite de Parme pour lui exprimer ses regrets et implorer sa bienveillance.

Après l'arrivée du duc d'Albe, il lui adressa en juillet 1568 une requête pour obtenir des lettres d'abolition et de grâce, que le terrible duc apostilla à Bois-le-Duc le 19 août de la même année; il n'en fut pas moins ajourné par le procureur-général devant le Conseil des troubles et le 6 septembre il fut autorisé à faire citer des témoins en sa faveur. Son affaire ne paraît pas avoir eu de suites fâcheuses pour lui (3).

Il acquit, le 9 avril 1600, de Louis d'Eynatten la tour et fief de Ligny, dont il fit relief le 16 novembre 1606 (4), et décéda le 16 octobre 1609 (5) à Ligny, où il avait fondé son anniversaire.

(1) PRUVOST, *Chronique et cartulaire de l'abbaye de Berghes-Saint-Winnoc*, pp. 484 et 507.
(2) BORMANS, *Fiefs de Namur*, p. 565.
(3) *Conseil des troubles*, reg. n° 5, fol. 258; archives générales du Royaume.
(4) *Souverain bailliage de Namur*, reliefs, reg. 53, fol. 177 v°.
(5) *Registre des fondations de l'église de Ligny*, fol. 19 v°.

Il avait épousé Jeanne de Juppleu, dame de Noirmont (1), Baufau et Blanmont, par relief du 16 août 1567, fille de Guillaume de Juppleu, seigneur des dits lieux, et de Jeanne de Hosden. Elle vivait encore le 29 octobre 1625 (2).

De ce mariage naquirent :

1o Charles, qui suit.

2o Conrard, chevalier, seigneur de Noirmont et de Blanmont, capitaine d'une compagnie de deux cents gens de pied, au régiment liégeois de *T'Serclaes-Tilly*, au service des archiducs Albert et Isabelle, par commission donnée à Bruxelles, le 5 août 1602 (3). Envoyé au fameux siége d'Ostende avec son régiment, dont il devint sergent-major (lieutenant-colonel), il fut grièvement blessé, le 13 juin 1603, à la défense du fort Sainte-Eugénie, et ensuite emporté par un boulet de canon, le 28 mai 1604 (4).

Conrard d'Argenteau fut enterré dans l'église de Ligny sous une pierre sépulcrale, aujourd'hui détruite, qui le représentait en costume de guerre, accompagné de ses huit quartiers et de cette inscription, dont Le Fort nous a conservé le texte : *Icy repose Messire Conrard d'Argenteau, chevalier, seigneur de Noirmont et de Blanmont, fils second à Messire Conrard d'Argenteau, chevalier, seigneur de Ligny et à Madame Jenne de Juppleu, lequel estant capitaine et sergent-major d'un régiment wallon laissat la vie devant Ostende pour le service de Dieu et des Altezes l'an de salut 1604 le 28 de may. Prié Dieu pour luy* (5).

3o Anne mariée, par contrat du 19 mai 1598, à Lancelot d'Yve, chevalier, seigneur de Saint-Martin et de Goyet (6), mayeur de la haute-cour de Feixhe, fils de Henri d'Yve, chevalier, seigneur d'Yve, Neufville, Saint-Martin et Taviers,

(1) Noirmont était une seigneurie avec château, dans la mairie de Mont-Saint-Guibert, relevant en partie du duché de Brabant et en partie de la seigneurie de Grand-Leez. Elle fut érigée en baronnie par le roi d'Espagne, Philippe IV, le 2 mai 1658; Le Roy, *Théâtre profane de Brabant*, pp. 27 et 67.

(2) Bormans, *Fiefs de Namur*, XVIIe siècle, p. 65.

(3) *Patentes militaires*, reg. I, fol. 43 et reg. II, 1601-1603, fol. 140, aux archives générales du royaume.

(4) De Bonours, *Le mémorable siége d'Ostende*, Bruxelles, 1628, pp. 386 et 548; De Montpleinchamp, *Histoire de l'archiduc Albert*, p. 326.

(5) Le Fort, *Epitaphes de diverses provinces*, reg. 71, à Liége.

(6) *Souverain bailliage de Namur*, reliefs, reg. 53, 1592-1613, fol. 135.

lieutenant-gouverneur de la ville et du comté de Namur, et de Catherine de Senzeilles, dame de Goyet. Il décéda en 1616 et sa veuve releva l'usufruit de la seigneurie de Saint-Martin, le 16 mai de cette année (1).

4o Louis, mort jeune et enterré à Ligny au mois d'août 1585.

XV. **Charles d'Argenteau, chevalier, seigneur de Ligny, Tongrinne, Keumignies, Blanmont, Noirmont.** Il releva les trois premières seigneuries le 5 juin 1610 et la tour à Ligny, le 8 mai 1610 (2). Capitaine d'une compagnie de cuirassiers au service de l'Empire, il servit dans plusieurs campagnes contre les Turcs, en qualité de lieutenant du sergent de bataille de l'empereur Rodolphe. Il assista en 1621, à la pompe funèbre de l'archiduc Albert où il conduisait avec Henri de Berlaymont, seigneur de la Chapelle, le cheval de bataille caparaçonné aux armes d'Autriche (3).

Charles d'Argenteau avait épousé, en premières noces, Jeanne de Nassau, qui décéda au château de Ligny au mois de février 1625 et fut enterrée dans l'ancienne église paroissiale de Ligny où se voyait récemment encore sa pierre tombale, aujourd'hui détruite, que nous reproduisons ci-contre. Elle était fille de René de Nassau, seigneur de Corroy, et de Catherine de Namur. En secondes noces, il épousa dans l'église de Velaine, le 6 juin 1628, sa cousine Anne-Alexandrine d'Argenteau, fille de Jacques d'Argenteau, seigneur de Bossut-sur-Dyle, Grand-Leez et Velaine, et de Charlotte de Hertaing, dame du Vivier, de Peissant et de Vaux.

Il ne laissa d'enfants d'aucun de ses deux mariages et par testament, daté du 6 juin 1647 (4), il institua son neveu Lancelot d'Yve, fils de sa sœur Anne, son héritier, à condition de prendre les armes d'Argenteau, mais avec la réserve que s'il n'avait pas d'enfants, la succession retournerait à celle de ses nièces, sœurs de Lancelot, qui épouserait un membre de la famille d'Argenteau. La seigneurie de Ligny ne pouvait en aucun cas sortir de la maison d'Argenteau. Il mourut le 23 avril 1650 et fut enterré dans l'ancienne église de Ligny, démolie

(1) *Cour de Ligny-Tongrinne*, œuvres, 1615-1617, aux archives de l'Etat à Namur.

(2) Bormans, *Fiefs de Namur*, XVIIe siècle, p. 27.

(3) *Pompa funebris optimi potentissimique principis Alberti Pii archiducis Austricæ, etc.*, Bruxelles, 1623, p. 46. Le seigneur de Ligny y est nommé, par erreur, Philippe d'Argenteau, c'est Charles qu'il faut lire.

(4) *Souverain bailliage de Namur*, reg. 252, fol. 26.

Pierre tombale de Jeanne de Nassau

(Eglise de Ligny)

en 1893. Sa pierre tombale a été conservée dans la nouvelle église et porte les huit quartiers suivants : *Argenteau, La Haye, Trazegnies, Faque, Juppleu, Hosden, Sombeeck et Senzeilles.*

RAMEAU DE VELAINE

XIV. **Denis d'Argenteau, seigneur de Bossut-sur-Dyle,** par relief du 17 juin 1553 (1), était le deuxième fils de Renaud d'Argenteau et de Françoise de la Haye. Il entra d'abord, le 20 juin 1551, dans l'ordre de Saint-Benoît, à l'abbaye de Saint-Bertin (2), mais il se retira comme novice et épousa Jeanne de Velaine, dame de Velaine et de Boulart en Flandre, avoueresse d'Hanret, par relief du 14 mars 1583 (3), fille de François, seigneur de Velaine, et de Catherine de Lonchin.

Denis d'Argenteau, comme son frère, prit aussi part au *Compromis des nobles;* ses biens furent confisqués et lui-même fut banni des Pays-Bas. Il ne put rentrer et obtenir la main-levée du séquestre, mis sur ses biens, que le 16 septembre 1574, à la suite de l'amnistie générale, accordée cette même année, par Philippe II (4).

Denis d'Argenteau et Jeanne de Velaine firent le 10 juillet 1600, au château de Velaine, leur testament conjonctif, qui fut approuvé au Conseil de Namur, le 7 mai 1601 et dans lequel sont énumérés leurs enfants (5) :

1° Jacques, qui suit.

2° François, seigneur de Velaine et de Keumignies, mort avant 1607.

3° Charles, LVIe abbé de Berghes-Saint-Winnoc, comte de Wormhoudt, sei-

(1) *Cour féodale de Brabant*, reg. 21, fol. 103; la seigneurie de Bossut-sur-Dyle, aujourd'hui commune du canton de Wavre, relevait du duché de Brabant et comprenait la juridiction sur Bossut et Doiceau avec château, cours échevinale et féodale, etc.; LE ROY, p. 109.

(2) DE LAPLANE, *Les abbés de Saint-Bertin*, t. II, p. 149.

(3) *Souverain bailliage de Namur*, reliefs, reg. 52, fol. 349 v°.

(4) GACHARD, *Correspondance de Philippe II, sur les affaires des Pays-Bas*, t. III, p. 511, *Appendices*, XII.

(5) Archives de l'Etat à Namur, *Fonds testaments*; *Archives du château d'Argenteau*, liasse 225.

gneur de Boulart en Flandre, naquit au château de Velaine et entra en 1608 dans l'ordre de Saint-Benoît à Berghes-Saint-Winnoc. Après avoir été coadjuteur de son oncle, Charles d'Argenteau, il lui succéda après sa mort, dans la charge d'abbé, et fut béni le 1er mai 1625, par Antoine de Hennin, évêque d'Ypres (1). Charles d'Argenteau décéda à l'abbaye de Berghes-Saint-Winnoc, le 24 novembre 1660, et fut enterré le lendemain dans le chœur de l'église abbatiale auprès de son prédécesseur (2).

4o Jean, haut-avoué d'Hanret, seigneur de Velaine, après le décès de son frère François. Il releva le fief de Noville-sur-Méhaigne, le 23 juillet 1608, ensuite du testament de son frère Charles, qui se fit religieux (3).

5o Denis, mort célibataire.

6o Jeanne, religieuse à Argenton.

7o Anne, chanoinesse de Moustier, mariée à Charles de Hylle, seigneur de Farciennes, par relief du 22 juin 1583, et d'Agimont, par relief du 20 juillet 1607 (4), décédé le 15 avril 1639, veuf d'Agnès Huyn d'Amstenraedt, et fils de Jean de Hylle, seigneur de Farciennes et d'Othée, et d'Angèle de Affaytadi. Anne d'Argenteau et son époux firent, le 28 juillet 1615, le retrait de la seigneurie de Bossut-sur-Dyle, vendue l'année précédente par Jacques d'Argenteau (5).

8o Catherine, chanoinesse de Moustier. Elle testa le 1er avril 1631 et mourut à Moustier vers 1641 (6).

9o Françoise, sous-prieure à Argenton.

XV. **Jacques d'Argenteau, seigneur de Velaine, Grand-Leez et Bossut-sur-Dyle,** naquit à Bruxelles et fut baptisé à Sainte-Gudule, le 25 janvier 1579. Il fut émancipé par son père, le 17 juillet 1597 (7) et épousa Charlotte de Hertaing, dame du Vivier, de Peissant et de Vaux, fille de Jean de Hertaing, seigneur du Vivier, Ancrevaux, Baracq, et de Jeanne, dame de Peissant.

(1) Pruvost, *Chronique et cartulaire de l'abbaye de Berghes-Saint-Winnoc*, 1875, t. II, pp. 486 et 487.

(2) *Ibidem*, p. 537.

(3) Bormans, *Fiefs de Namur*, XVIIe siècle, p. 20, reg. 53, fol. 209.

(4) Bormans, *Les seigneuries féodales du pays de Liége*, pp. 15 et 169.

(5) Galesloot, *Inventaire des archives de la Cour féodale de Brabant*, t. I, p. 331.

(6) Barbier, *Le chapitre noble de Moustier-sur-Sambre*, p. 42 en note.

(7) Bormans, *Fiefs de Namur*, p. 597, reg. 53, fol. 51 vo.

Jacques d'Argenteau releva la seigneurie de Bossut-sur-Dyle, le 5 janvier 1601 et la vendit, le 30 juillet 1614 (1), à Renier le Roy ; le même jour il acquit la seigneurie de Grand-Leez, d'Ernest, comte de la Marck et de Schleyden, baron de Lummen, etc. (2). Il releva ensuite le fief de Noville-sur-Méhaigne, le 14 septembre 1611 (3) et décéda, le 9 septembre 1624 ; il fut enterré dans l'église de Grand-Leez et son cœur fut placé dans un monument à Velaine.

De ce mariage naquirent :

1° Conrard, seigneur de Grand-Leez, Vivier, Walhain, décédé avant 1676 et enterré à Grand-Leez. Il épousa, en premières noces, Marie de Thiennes, fille de Jean-Baptiste de Thiennes, baron de Montigny, seigneur de Willersies, Neufville, Sart, l'Escagne, et d'Hélène de Lannoy, dame de Moulin, Fresne et Loos ; en deuxièmes noces, à Linsmeau, le 23 juillet 1645, Marie-Anne d'Argenteau d'Esneux, fille de Jean d'Argenteau, comte d'Esneux, seigneur de Dongelberg, Linsmeau, Lavoir, Pietrain, etc., et d'Anne Patton, sa seconde femme ; enfin, en troisièmes noces, Marguerite-Aldegonde d'Yve. Elle décéda au château de Longchamps, le 5 septembre 1693 et fut enterrée auprès de son mari à Grand-Leez, fille de Lancelot d'Yve, seigneur de Saint-Martin et de Goyet, et d'Anne d'Argenteau, de Ligny.

2° Nicolas, chevalier, seigneur de Ligny et de Velaine qu'il acquit, le 9 avril 1638, en nouvelle engagère avec la seigneurie de Boignée du roi d'Espagne, Philippe IV, pour 6,500 livres de 40 gros (4). Le 21 avril 1638, sa mère lui fit don de son usufruit sur la seigneurie de Velaine qu'il releva ensuite, le 28 janvier 1651, sur Sombreffe, Balastre, etc. (5). Il épousa Catherine Ruichrock van de Werve, dame de Corbais, née à Bruxelles et baptisée à Sainte-Gudule, le 22 décembre 1617, fille unique de Josse Ruichrock van de Werve, seigneur de Corbais, et de Caroline Hinckaert, dame d'Ohain. Il n'eut pas d'enfants et laissa, par son testament de 1681, tous ses biens à sa nièce

(1) *Cour féodale de Brabant,* reg. 21, fol. 103 v°.

(2) Bormans, *Les seigneuries féodales*, p. 355 ; De Chestret, *Histoire de la maison de la Marck*, p. 226.

(3) Bormans, *Fiefs de Namur*, XVIIIe siècle, p. 30.

(4) Archives départementales du Nord à Lille, reg. de chartes, n° 75, fol. 12 ; *Bulletin de la Commission royale d'histoire*, 3e série, t. V, p. 173.

(5) *Souverain bailliage de Namur,* reg. 57, fol. 202 v°.

Marguerite-Claire-Thérèse d'Argenteau, épouse de Jean-Hubert de Corswarem, baron de Longchamps, vicomte de Sainte-Gertrude, etc.

3° François, seigneur de Saint-Waast, marié à Robertine Ruychrock van de Werve, fille de Philippe Ruychrock van de Werve, seigneur de Regelstadt, et de Marguerite de Lalaing. Le 11 janvier 1669, il reçut d'Angelique de Hylle, chanoinesse de Moustier, sa cousine germaine, les droits qu'elle avait à l'avouerie d'Hanret, et les céda à Jean-Claude de Namur (1).

4° Anne-Alexandrine, mariée dans l'église de Velaine, le 6 juin 1628, à Charles d'Argenteau, seigneur de Ligny, Keumignies, Tongrinne, Blanmont et Noirmont, capitaine d'une compagnie de cuirassiers au service de l'Empire, et lieutenant du sergent-général de bataille de l'empereur Rodolphe, dans les guerres contre les Turcs en Hongrie, décédé à Ligny le 23 avril 1650, veuf de Jeanne de Nassau, et fils de Conrard d'Argenteau, chevalier, seigneur de Ligny et de Tongrinne, et de Jeanne de Juppleu. Elle épousa, en secondes noces, Florent de Minet, capitaine au régiment (Haut-Allemand) d'*Arenberg*, au service du roi d'Espagne, mort à Namur, fils de Jean-Baptiste de Minet, bailli de Fleurus, et de Marguerite de Corty (2).

5° Charles, qui suit.

XVI. **Charles d'Argenteau, seigneur de Ligny, Velaine, de Peissant, de Sobermont, d'Emery, etc.**, décédé le 12 octobre 1695, marié à Antoinette-Charlotte-Anne de Guines dit de Bonnières de Souastre, décédée le 28 février 1660 et enterrée dans le caveau de la chapelle des seigneurs de Souastre en l'église de Sainte-Madeleine à Arras, fille de Philippe-Albert de Guines dit de Bonnières, chevalier, seigneur de Souastre et de Maisnil (3), gouverneur de Binche, membre du Conseil de guerre de S. M. Catholique, et de Marie de Beaufort de Boileux, dame de Vendegies, Beaurain, Erquenne (4).

Il fut enterré dans l'église de Sainte-Waudru à Mons, sous une pierre sépulcrale portant ses seize quartiers et ceux de sa femme, ainsi que cette inscription : *Icy dessous repose le corps de Haut et puissant Noble et très Illustre seigneur Charle*,

(1) Bormans, *Fiefs de Namur*, xviie siècle, p. 172.

(2) De Villermont, *Esquisses Namuroises du xve siècle*, Bruxelles 1868, p. 120.

(3) Demanet, *Histoire de la ville de Binche*, t. 8, p. 37, des *Bulletins de la Société des sciences, des arts et des lettres du Hainaut.*

(4) *Fragmens généalogiques* (par Dumont), t. II, p. 117.

Baron d'Argenteau, Seig^r de Ligny, Velaine, Tongrinne, Bogniez, Geronvillers, Keumice, Keumiotte, La Cornaille, Vieux-Maison, Peissant, Ancre, Salliermont, Lameries, Ewart, Vivier, Vieux Baracq et autres lieux, chef et dernier de la branche aînée de cette Illustre Maison qui de haute et puissante dame Madame Antoinette-Caroline de Guines de Bonnier Souastre son espouse a laissé à Madame Claire-Thérèse d'Argenteau, enfant unicque et héritière des terres cy dessus, espouze de haut et puissant très noble et très Illustre seigneur Jean-Hubert, comte de Corswarem et de Nyel, libre Baron de Longchamps, viscomte de Saint-Gertrude, Pair du comté de Namur, seigneur de Granlez, Faux, Leuze, descendus en droite ligne masculine et légitime des souverains Comtes de Looz, Duc de Hasbaye, lesquelles en mémoire de leur dit seigneur père ont ordonné le présent épitaphe, après sa mort arrivée le 12 8bre 1693, agé de 78 ans. Madame son espouse gist à Arras. Amis lecteur, priez Dieu pour le repos de leurs ames.

Ils laissèrent :

1° Charles-Nicolas, né en 1650 et baptisé dans l'église de Velaine, le 5 septembre 1652.

2° Marguerite-Claire-Thérèse, dame de Ligny, Tongrinne et Keumignies, par relief du 20 octobre 1681, de Velaine et de Boignée, par relief du 25 avril 1682 (1). Elle avait hérité ces diverses seigneuries de son oncle, Nicolas d'Argenteau, et décéda le 11 juillet 1698. Elle avait été mariée, par contrat de mariage passé à Gembloux, et religieusement dans la chapelle castrale de Longchamps, le 6 mars 1673, à Jean-Hubert de Corswarem, baron de Longchamps, seigneur de Faux et de Leuze, vicomte de Sainte-Gertrude, membre de l'état-noble de Namur, décédé le 11 août 1705, fils d'Hubert de Corswarem, baron de Longchamps, par lettres patentes du 19 février 1652, et d'Isabelle van den Broeck, dame de Bousval. Marguerite-Claire-Thérèse d'Argenteau éleva des prétentions sur la seigneurie d'Argenteau, lorsqu'elle fut aliénée par la maison de Mérode-Trélon, mais sans résultat (2).

3° Antoinette-Charlotte-Philippe, mariée à son oncle, Dominique-Patrice de Guines dit de Bonnières de Souastre, comte de Nieurlet, par lettres patentes

(1) *Souverain bailliage de Namur*, reg. 61, fol. 73 v° ; LE ROY, *Trophées profanes de Brabant*, p. 129.

(2) *Velaine, histoire et administration* ; liasse de 1588-1756, aux archives de l'Etat à Namur.

du 16 novembre 1669, seigneur de Griboval, Tannay en Buskeure, Bolisel, Boilleux, Leauwette, Marcastel, etc., chevalier de l'ordre de Saint-Jacques, né le 27 avril 1636, décédé à Saint-Omer, le 13 juin 1712 (1). Elle décéda sans enfants et son mari épousa, en secondes noces, Marie-Madeleine de Mestre dit de la Tour.

(5) *Fragmens généalogiques* (par Dumont), t. II, p. 117.

BRANCHE

D'ARGENTEAU D'ESNEUX

Jean **d'Argenteau, chevalier, comte et seigneur d'Esneux**, était le second fils de Guillaume Ier, seigneur d'Argenteau, et de Marguerite de Rochefort. Il succéda à son oncle Jean, dans la seigneurie d'Esneux, vers 1461 ou 1462. Son père Guillaume Ier, qui avait été l'héritier de son frère Jean, lui avait fait sans aucun doute, abandon de ses droits sur la seigneurie d'Esneux. Il est le premier seigneur d'Esneux qui porta le titre de comte dans un acte des Echevins de Liége de l'an 1465 : « damoiseal Jehan d'Argeteal cont d'Asseneu » (1).

La seigneurie d'Esneux, qui faisait partie du duché de Limbourg, était, au témoignage de Théodore de Rye, un ancien comté remontant à l'époque reculée de la féodalité et dont les propriétaires auraient laissé tomber le titre en désuétude. Ce généalogiste rapporte au sujet de Jacques de Clermont, seigneur d'Esneux, mort en 1295, que ses enfants « avoient tenu Esseneux sur Ourte en titre de comté, mais le temps abolit le titre, la seigneurie estant depuis venue en la maison d'Argenteal y est demeurée jusques à nostre temps et ont ceux de ceste maison repris le titre de comte » (2).

(1) *Echevins de Liége,* œuvres, reg. 30.

(2) *Traicté des maisons nobles du Pays de Liége,* p. 38.

Quoiqu'il en soit, il est établi que depuis 1465, les seigneurs d'Esneux de la maison d'Argenteau, étaient en possession du titre de comte, qu'ils portèrent jusqu'à leur extinction au milieu du XVIIIe siècle.

Jean d'Argenteau, comme ses deux frères, Jacques Ier, seigneur d'Argenteau, et Guillaume, seigneur d'Ochain, prit part dans les rangs de l'armée de Charles-le-Hardi, duc de Bourgogne, à la campagne de 1468, contre les Liégeois. Mais il n'y fut pas heureux; se trouvant à Tongres, avec le prince-évêque Louis de Bourbon et Guy de Brimeu, il fut fait prisonnier par les Liégeois, dans la surprise de nuit du 10 octobre 1468, et conduit, ainsi que ses frères, à Liége. Il ne recouvra la liberté qu'après la prise de cette ville par Charles-le-Hardi (1).

Jean d'Argenteau, en qualité de seigneur d'Esneux, fit renouveler les hommages des fiefs, dépendant de la Cour féodale d'Esneux, le 28 juin 1477 (2). Il décéda en 1511 et fut enterré dans l'église d'Esneux, sous une pierre sépulcrale, que son fils Guillaume y avait fait ériger.

Jean d'Argenteau avait épousé, en premières noces, par contrat du 18 décembre 1468, Marie de Spontin (3), fille de Gilles de Spontin, seigneur de Poulseur, et de Marie de Weysme, dame de Poulseur et de Renastein.

En secondes noces, il épousa Catherine Vilain, dame d'Orsmael et de Steen, fille d'Hector Vilain dit de Gand, chevalier, seigneur de Steevorde, et de Catherine de Duras, avec laquelle il vendit le 17 octobre 1477, les seigneuries d'Orsmael et de Steen, à Jean de Hertoghe, qui en fut investi le 22 octobre suivant, par l'archiduc Maximilien et Marie de Bourgogne (4).

Du second mariage de Jean d'Argenteau avec Catherine Vilain, naquirent :

1° Guillaume, qui suit.

2° Catherine, religieuse à l'abbaye noble de Forest, près Bruxelles (5).

Il laissa, en outre, un fils naturel, Balthazar, qui était échevin et homme de fief de la Cour féodale d'Esneux en 1477 (6).

(1). THEODORUS PAULI, *De cladibus Leodiensium,* p. 211, rapporte, par erreur, que Jean d'Argenteau aurait été tué par les Liégeois.

(2) *Cour d'Esneux*, œuvres, reg. 57, 1477-1576.

(3) Acte original aux archives d'Argenteau.

(4) GALESLOOT, *Cour féodale de Brabant,* t. I, p. 25, reg. 28, fol. 225.

(5) Selon Butkens, Jean d'Argenteau aurait laissé deux filles religieuses à Forest.

(6) *Cour d'Esneux*, reg. 57, œuvres, 1477-1576.

XII. **Guillaume d'Argenteau, chevalier, comte et seigneur d'Esneux**, est cité déjà en cette dernière qualité dans un acte du 8 novembre 1490, par lequel Henri de Wittem, seigneur de Bautersem, reconnaît que Guillaume d'Argenteau et d'autres seigneurs ont répondu pour lui d'une somme de 4,000 florins du Rhin, qu'il devait du chef de sa rançon à Henri de Hompesch, maréchal du duc de Juliers (1). Quelques années plus tard, en 1498, on le trouve avec les seigneurs de la Chapelle, de Villers-aux-Tours et de Baugnée, demandant au duc de Limbourg d'être exempt des aides et impositions qu'il était d'ancien usage de lever à l'avénement d'un nouveau prince (2). Enfin le 3 octobre 1509, il fit relief de la seigneurie d'Esneux, dont il était en possession depuis près de vingt ans, avant la mort de son père, lequel sans doute lui avait fait abandon de tous ses biens à l'occasion de son mariage (3).

Il avait épousé, en premières noces, Marie d'Alsteren, fille de Guillaume d'Alsteren, seigneur de Bautersem et de Hamal, et de Catherine de Wittem.

En secondes noces, il fut marié, par contrat du 11 janvier 1519, à Madeleine de Dongelberg dit de Longchamps, dame de Wynes, par relief du 5 octobre 1526 (4), et de Noville-sur-Méhaigne par partage du 25 mars 1534 (5), veuve de Jean de la Malaise, seigneur de Dongelberg et de Lavoir (6), et fille de Raes de Dongelberg, seigneur de Longchamps, et de Françoise de Saint-Amadour.

Guillaume d'Argenteau décéda vers 1543 et fut inhumé dans un caveau de la chapelle dite d'Argenteau en l'église d'Esneux, sous une pierre sépulcrale sur laquelle il était réprésenté, armé de toutes pièces, entre ses deux femmes. Cette pierre, qui existe encore aujourd'hui, porte ses armoiries et cette épitaphe :

« *Cy gist noble home Messire Jeha. Dargetaij cont et s*[r] *d'Asseneu q. tresp. la. XV*[c] *XI. Et y gist Guillame so. fils cont et sig*[r] *du dit Asseneux fondat*[r] *de ceste chapelle q. tresp*[a] *la. XV et . . . . et Madame Marie d'Alsterm so. espeuz, fille à Mesire Guillame s*[r] *de Hamal et Madalene sa seconde espeuz, fille à Mesire Rasse s*[r] *de Longchamps, lequel trespa. . . .* » (7).

(1) Galesloot, t. I, p. 294, reg. 346, fol. 164.
(2) Simonis, *La seigneurie et comté d'Esneux.*
(3) *Cour féodale de Limbourg,* reg. 1 ; archives de l'Etat à Liége.
(4) Bormans, *Fiefs de Namur,* p. 439.
(5) *Stock d'Ochain,* fol. 351.
(6) Butkens, t. I, p. 660.
(7) Cette pierre tombale, un peu fruste, existe encore aujourd'hui dans l'église d'Esneux.

Du premier mariage est issu :

1o Jean, qui suit.

Du second mariage naquit :

2o Marie, qui testa le 2 juin 1597, mariée à Jean d'Eynatten, seigneur de Bolland et de Julemont (1), fils de Jean d'Eynatten, seigneur de Gulpen, Margraten et Neubourg, membre de l'Etat noble du pays de Liége, et de Marie de Brandenbourg, dame de Bolland et de Julemont.

XIII. **Jean d'Argenteau, comte et seigneur d'Esneux, seigneur de Dongelberg, Lavoir et Noville-sur-Méhaigne,** naquit dans les dernières années du xve siècle, ainsi qu'il résulte d'un acte du 12 septembre 1516, par lequel il fut émancipé par son père (2).

Par convenances du 20 octobre 1533, il épousa Françoise de la Malaise, dame de Dongelberg, par relief du 14 décembre 1518 (3), et de Lavoir, par reliefs du 22 mai 1519 et du 20 septembre 1535 (4), fille de Jean de la Malaise, seigneur de Dongelberg et de Lavoir, et de Madeleine de Dongelberg dit de Longchamps (5), épouse, en secondes noces, de Guillaume d'Argenteau, père de Jean.

Jean d'Argenteau, qui avait reçu la seigneurie d'Esneux à son mariage, en fit relief, avec le consentement de son père, à la Cour féodale de Limbourg, le 14 octobre 1536 (6). Il était déjà mort en 1543, probablement avant son père.

Françoise de la Malaise releva l'usufruit de la seigneurie d'Esneux le 7 mai 1544, et décéda en 1571, après avoir épousé, en secondes noces, Wauthier de Marneffe.

Jean d'Argenteau et Françoise de la Malaise laissèrent de leur union :

1o Guillaume, qui suit.

2o Françoise, marié à Winand de Brialmont, fils d'Albert Winand, échevin d'Esneux (7).

(1) Butkens, t. II, p. 226.
(2) *Cour d'Esneux*, reg. no 36.
(3) *Cour féodale de Brabant*, reg. 21, fol. 122.
(4) *Ibidem*, reg. 21, fol. 189.
(5) Butkens, *Trophées de Brabant*, t. I, p. 660 et 661.
(6) *Cour féodale de Limbourg*, reg. 1.
(7) Galesloot, *Inventaire des archives de la Cour féodale de Brabant*, t. II, p. 345.

O Henrotte, delt

PIERRE TOMBALE DE JEAN D'ARGENTEAU, COMTE D'ESNEUX

(ÉGLISE D'ESNEUX)

3º Marie, chanoinesse de Nivelles, reçue en 1536, avec les quartiers suivants: *Argenteau, Vilain de Gand, Alsteren, Wittem; Malaise, Smael de Boesbergh, Longchamps, Saint-Amadour.* Elle décéda le 28 décembre 1548 et fut enterrée dans la collégiale de Nivelles, sous une pierre sépulcrale portant son effigie et ses quatre quartiers, avec cette inscription : « *Chi gist noble da^e mad^le Marie d'Argenteaul chanoniesse en son temps de ceste église qui trespassa le 28 de décembre l'an 1548. Pries Dieu pour son ame* » (1).

4º Anne mariée, en premières noces, par contrat du 14 juin 1562, à Jacques de Gulpen, seigneur d'Outrelawe à Berneau, Rembievaux, Crouwey, décédé le 22 janvier 1564, fils de Guillaume de Gulpen, seigneur d'Outrelawe, Rembievaux, Longchamps, et d'Anne Bonant, dame de Longchamps.

Il releva le 16 juin 1562 au nom de sa femme, et comme fondé de pouvoirs de Jeanne d'Argenteau, sœur de sa femme, les droits qu'elles pouvaient avoir sur Esneux et, le 25 mai 1564, Anne d'Argenteau releva l'usufruit de ces mêmes biens. Elle épousa, en secondes noces, Gaspar de Vos, seigneur de la Malaise, fils de Jean de Vos, seigneur de Chetissa et de la Malaise, et de N. Lochon.

5º Jeanne, morte célibataire.

XIV. **Guillaume d'Argenteau, comte et seigneur d'Esneux, seigneur de Dongelberg, Lavoir, Noville, etc.** Il releva Esneux à la Cour féodale de Limbourg, le 4 juin 1543 (2), et épousa en 1548, Jeanne d'Autel, dame de Sterpenich, fille de Jean d'Autel, seigneur d'Autel, Sterpenich, Vogelsang, et de Jeanne de Cotereau-Puisieux.

Guillaume d'Argenteau, au nom de sa femme, et son beau-frère Georges d'Autel, procédèrent le 24 octobre 1549, au partage de la succession de leur respectif beau-père et père, Jean d'Autel ; le premier eut entre autres biens la seigneurie de Sterpenich et le second celle d'Autel (3).

Guillaume d'Argenteau décéda en 1561 et sa veuve releva l'usufruit pour elle et la propriété pour ses enfants du comté d'Esneux le 4 juillet de la même année (4) et celui des seigneuries de Dongelberg et de Lavoir le 23 mai 1571,

(1) *Annales de la Société archéologique de Nivelles*, t. IV, p. 430.

(2) *Cour féodale de Limbourg*, reg. 1.

(3) *Chartes de la famille de Reinach*, nº 2912, Archives du grand-duché de Luxembourg.

(4) *Cour féodale de Limbourg*, reg. 1.

après la mort de sa belle-mère Françoise de la Malaise (1). Le 16 juin 1613, elle renonça en faveur de son petit-fils Jean d'Argenteau à tous ses usufruits et décéda l'année suivante (2).

De ce mariage naquirent (3) :

1° Jean, qui suit.

2° Florent, auteur du *Rameau de Fologne.*

3° Renard, capitaine, décédé avant 1583.

4° Jacques, décédé avant 1583.

5° Marie-Marguerite, dame de Waijenesse (4), mariée par contrat passé au château d'Esneux le 18 août 1577 (5), à Jean de Berlo, comte de Hozemont, vicomte de Looz, seigneur de Braives, Ciplet, Fologne, Keerbergen, haut-avoué de Sclessin, Moxhe et Moxheron, fils de Guillaume de Berlo, seigneur de Keerbergen et de Swyveghem, et de Jeanne de Mérode.

Jean de Berlo reçut les seigneuries de Braives et de Ciplet, et la haute-avouerie de Moxhe et de Moxheron, en donation de sa tante Marguerite de Mérode, le 29 octobre 1576 (6) et en fut investi le 4 février 1577 (7). Il releva la seigneurie de Keerbergen le 18 juillet 1573 et celles de Fologne et de Ten Winckel le 11 juillet 1584, par suite du décès de son frère Guillaume (8).

Jean de Berlo et Marie-Marguerite d'Argenteau, par leur testament du 15 juin 1599, passé devant le notaire Lapide (van den Steen) à Liége (9), léguèrent, notamment le vicomté de Looz et les seigneuries de Fologne et de

(1) *Cour féodale de Brabant*, reg. 21, fol. 122 et 189 v°.

(2) *Cour d'Esneux*, reg. 18.

(3) Les trois enfants survivants procédèrent le 9 septembre 1583 au partage des biens de leurs parents; *Cour d'Esneux*, reg. 11.

(4) La seigneurie de Waijenesse sous Rymenam consistait en un château et domaine important avec cour féodale, cens, rentes, etc., et avait été léguée à Marie-Marguerite d'Argenteau par son parent Jean de Berlo, seigneur de Sclessin; DE RAADT, *Les seigneuries du pays de Malines*, Gand, 1889, p. 86 à 92, 107 et 108; *Chambre des comptes de Brabant*, reg. 17838 et 17839; *Cour féodale de Malines*, reg. 2, p. 16, 62, 112, reg. 10, p. 20 et reg. 11, p. 154.

(5) *Cour féodale de Brabant*, reg. 361, fol. 451 v°.

(6) BORMANS, *Les seigneuries féodales du pays de Liége*, p. 83.

(7) *Cour féodale de Brabant*, reg. 361, fol. 411.

(8) *Idem*, reg. 363, fol. 47.

(9) *Cour de Sclessin*, reg. de 1647, DARIS, *Notices sur les églises du pays de Liége*, t. IV, p. 150, t. X, p. 33; *Cour féodale de Malines*, reg. 6, p. 61.

Ten-Winckel, à leur neveu et filleul Florent d'Argenteau, fils de Florent, auteur du *Rameau de Fologne.*

Après le décès de son époux, en 1605, Marie-Marguerite d'Argenteau releva, le 25 novembre de la même année, l'usufruit de la seigneurie de Keerbergen, et ceux des seigneuries de Braives, Ciplet et Fologne le 2 septembre suivant (1). Elle fit un nouveau testament le dernier février 1629 et mourut peu après (2).

XV. **Jean d'Argenteau, comte et seigneur d'Esneux, seigneur de Dongelberg et de Lavoir.** Sa mère Jeanne d'Autel avait relevé le comté d'Esneux le 4 juillet 1561 (3), et lui-même fit relief des seigneuries de Dongelberg et de Lavoir le 23 mai 1571, après la mort de sa grand'mère Françoise de la Malaise (4). Il prit une grande part aux guerres dont les Pays-Bas furent le théâtre sous le règne de Philippe II. Après la mort de Requesens, on le trouve d'abord colonel d'un régiment d'infanterie au service des Etats-généraux confédérés, qui s'étaient emparés du gouvernement des Pays-Bas. Rallié ensuite au parti royal sous don Juan d'Autriche, il se cantonna dans la principauté de Liége, qui était neutre, et y commit tant de déprédations que le prince-évêque, pour les faire cesser, dut menacer le comte d'Esneux de saisir les biens qu'il possédait dans la principauté (5). Nommé gouverneur de la ville de Ruremonde, par commission du 2 mai 1580, d'Alexandre Farnèse, duc de Parme, il en remplit les fonctions jusqu'au 26 avril 1582 (6).

Le prince Ernest de Bavière ayant été élu électeur de Cologne, en place de Gebhard Truchses de Waldbourg, qui avait apostasié et s'était allié aux princes protestants d'Allemagne, il fut obligé de lever et d'organiser une armée pour se mettre en possession de son électorat. Le comte d'Esneux entra au service de ce prince; il leva un régiment d'infanterie et une compagnie de cavalerie qu'il commanda pendant la campagne de 1584, au cours de laquelle il fut tué (7).

(1) *Cour féodale de Malines*, reg. 3, fol. 76.
(2) *Cour féodale de Brabant*, reg. 373, fol. 966.
(3) *Cour féodale de Limbourg*, reg. 1.
(4) *Cour féodale de Brabant*, reg. 21, fol. 122 et 189.
(5) Bouille, *Histoire de la ville et pays de Liége*, t. II, p. 493-495.
(6) Nettesheim, *Kroniek der Stad Roermond van 1562-1638*, dans les *Publications de la Société historique et archéologique dans le duché de Limbourg*, t. X, p. 229.
(7) Bormans, *Conclusions capitulaires de la Cathédrale*, 3 août 1583.

Ernest de Bavière, par deux actes du 12 novembre 1584, reconnut devoir à la veuve du comte d'Esneux les sommes respectives de 3000 florins d'or et de 1300 florins d'or, employées aux levées faites pour le service de l'Electeur et de son chapitre. Ces sommes furent hypothéquées sur la gabelle d'Andernach (1).

Il avait épousé Eve de Hoensbroeck, dame de Linsmeau, par relief du 5 septembre 1565, et de Piétrain (2), fille de Jean de Hoensbroeck, seigneur des dits lieux, et d'Anne de Ghoor de Weyer. Elle épousa, en secondes noces, William Patton, colonel d'un régiment écossais au service des Etats-généraux, des Provinces-unies ensuite au service de Philippe II.

Le comte d'Esneux fut père de :

1° Jean, qui suit.

2° Guillaume, né dans le chariot de voyage de son père, au retour de celui-ci de Ruremonde à Esneux, au mois de juin 1582, et baptisé par le chapelain militaire dans l'église de Richelle près Argenteau.

XVI. **Jean d'Argenteau, comte d'Esneux, seigneur de Dongelberg, Lavoir, Linsmeau, Piétrain, Wylre, Sprimont, Orp-le-Grand, etc.**, Il releva les seigneuries de Dongelberg et Lavoir à la Cour féodale de Brabant, le 3 septembre 1587 (3), et le comté d'Esneux à Limbourg, le 9 janvier 1615, après le décès de sa grand'mère Jeanne d'Autel (4).

En 1621, il assista à la pompe funèbre de l'archiduc Albert d'Autriche, où il menait le cheval de bataille aux armes de Bourgogne (5). Il devint seigneur gagiste de Sprimont le 7 août 1626 (6), et acquit ensuite du roi d'Espagne Philippe IV, les seigneuries d'Orp-le-Grand, Marez, Pellaines, etc., le 27 juillet 1648, et celle de Noduwez, le 6 octobre de la même année, avec tous les droits de haute, moyenne et basse justice (7).

(1) Galesloot, *Cour féodale de Brabant*, t. II, p. 17.

(2) Linsmeau et Piétrain, seigneuries de Brabant, près de Jodoigne, aujourd'hui communes de l'arrondissement de Nivelles; Le Roy, *Théâtre profane de Brabant*, pp. 16, 17, 130 et 144.

(3) *Cour féodale de Brabant*, reg. 21, fol. 122 et 189.

(4) *Cour féodale de Limbourg*, reg. 3.

(5) *Pompa funebris optimi potentissimique principis Alberti Pii archiducis Austriæ, etc.* Bruxelles, 1623, p. 45.

(6) *Recueil des parties engagées du domaine de Brabant, Lembourgh et Luxembourg ès années 1626 et 1630*, fol. 57, manuscrit de la Bibliothèque royale.

(7) *Cour féodale de Brabant*, reg. 113, fol. 52 et 60.

Jean d'Argenteau épousa, en premières noces, en 1600, Gertrude van der Gracht, chanoinesse d'Andenne, reçue vers 1580, avec les quartiers : *Gracht, Baenst, Thiant, Ghistelles ; Berlo, Cortenbach, Rommerswael, Lier* (1). Elle était fille d'Antoine van der Gracht, seigneur de Bovincoven, Beaulieu, Schardau et Walle, gentilhomme de bouche de l'empereur Rodolphe, et de Gertrude de Berlo, dame d'Eeckhoven, et décéda à Malines, le 19 juin 1604.

Il épousa, en secondes noces, à Bruxelles, en l'église de Sainte-Gudule, le 2 octobre 1613, Anne Patton, dame de Ferathrie en Ecosse, née à Bruxelles et baptisée à Sainte-Gudule, le 14 juillet 1597, décédée à Esneux, le 14 août 1641, fille d'Archibald Patton, colonel d'infanterie au service du roi d'Espagne, et d'Anne de Rubempré.

Jean d'Argenteau, mourut à Liége, le 22 février 1650, et fut inhumé, auprès de sa seconde femme en l'église d'Esneux ; le 20 juillet 1639, il avait fait avec cette dernière, le partage de leurs biens entre leurs enfants, devant la Cour féodale de Brabant.

Du premier mariage de Jean d'Argenteau naquirent :

1° Jean-Guillaume, cavalier dans la compagnie de cuirassiers de don Juan Verdugo, puis dans celle du prince de Barbançon, ensuite capitaine au terce d'infanterie liégeoise du même prince, au service du roi d'Espagne, par commission du 14 février 1622 (2). Il prit part pendant la guerre de Trente ans, aux campagnes du Palatinat des années 1622 et 1623 sous don Gonzalve de Cordoue et assista, en septembre et octobre de cette dernière année, au siége et à la prise de la ville de Lipstat. Rentré au printemps de 1624, dans les Pays-Bas, il servit avec son régiment dans l'armée d'Ambroise Spinola et prit part au siège de la ville de Breda, qui capitula le 5 juin, après onze mois d'investissement. Il fut tué au siége de Bois-le-Duc, par les Hollandais, en 1629 (3).

2° Antoine, seigneur de Dongelberg et de Lavoir, par reliefs faits le 14 février 1651, en son nom, par son frère Guillaume-Ulrich, qui avait été nommé son curateur par le Conseil souverain de Brabant, le 4 avril 1650 (4).

(1) MISSON, *Le chapitre noble de Saint-Begge à Andenne*, p. 239.

(2) *Papiers d'Etat et de l'Audience*, patentes militaires, 1617-1629.

(3) GUILLAUME, *Histoire de l'infanterie wallonne, sous la maison d'Espagne*, p. 159; *Histoire des bandes d'ordonnance des Pays-Bas*, p. 189; DU CORNET, *Histoire générale des guerres de Savoie, de Bohême, du Palatinat et des Pays-Bas*, 1616-1627, t. II, pp. 118 et 205.

(4) *Cour féodale de Brabant*, reg. 21, fol. 122 et 189.

Il obtint, le 1er septembre 1629, l'investiture de la seigneurie et du château de Waijenesse, dont il ne put prendre possession de son vivant, mais qui revint dans la suite à son frère Guillaume-Ulrich (1). Il fit son testament à Tirlemont, le 26 décembre 1631, en faveur de son frère consanguin Guillaume-Ulrich, et à défaut de celui-ci, en faveur de ses frères, Claude, Henri et Jean, et mourut le 22 octobre 1654 (2).

3o Barbe, religieuse au couvent de Gabbecq, à Tirlemont.

Du second mariage sont issus :

4o Jean, qui suit.

5o Guillaume-Ulrich, qui suivra après son frère Jean.

6o François, page de Ferdinand, duc de Bavière, électeur de Cologne et prince-évêque de Liége, puis capitaine de cuirassiers au service d'Espagne, tué devant Lillers en 1659. Il laissa deux enfants naturels, nés en 1652 et 1654.

7o Claude.

8o Henri, capitaine de cavalerie au service d'Espagne, tué accidentellement par un de ses soldats, devant Stenay, le 7 mars 1650.

9o Marie-Anne, mariée à Linsmeau, le 23 juillet 1645, à son parent Conrard d'Argenteau, seigneur de Grand-Leez, veuf de Marie de Thiennes.

10o Eve-Anne-Marie, mariée à Esneux, le 12 mai 1650, à Philippe-Conrard de Boetzelaer, baron de Tassignies, fils de Thierry de Boetzelaer, baron de Tassignies, seigneur d'Aldeghem et de Morialmé, et de Jeanne-Iolande de Mérode de Petershem, chanoinesse de Thorn.

11o Louise-Isabelle, née à Esneux et baptisée le 14 juin 1629, mariée à Philippe-Albert, baron de Pallant, seigneur de Bousse, lieutenant-colonel de cavalerie au service du prince de Condé, fils d'Ernest, baron de Pallant, seigneur de My, Feroz, Petit-Bomal, Juzaine, etc., chambellan du prince-évêque Ferdinand de Bavière, et d'Anne-Françoise Waltgraeff de Cortils (3).

12o N..., religieuse à l'abbaye des dames nobles du Val-Notre-Dame près Huy.

XVII. **Jean d'Argenteau, comte d'Esneux,** par relief du 23 octobre 1656 (4), seigneur d'Orp-le-Grand, Marez, Pellaines, né en 1614, colonel d'un régiment

(1) De Raadt, *Les seigneuries du pays de Malines,* p. 94.

(2) *Cour d'Esneux,* œuvres, reg. 39, 1695-1701, fol. 9.

(3) *Geschichte der Herren, Freiherren und Grafen von Pallant.* Berlin 1873, p. 105.

(4) *Cour féodale de Limbourg,* reg. 5, fol. 47 vo.

d'infanterie wallonne au service d'Espagne, décéda au château de Linsmeau, le 13 juillet 1659; marié en 1639 à Isabelle de Thiennes, dame d'honneur de l'archiduchesse Isabelle, décédée à Linsmeau, des suites de couches, le 27 mars 1650, fille de Thomas de Thiennes, baron de Heuckelom et de Brouck, seigneur de Rumbeke, de Castre, Berthe, etc., et d'Anne de Renesse, dame de Piershil.

De leur union naquirent :

1° Elisabeth-Albertine, née au château de Linsmeau et baptisée le 10 août 1640, mariée par contrat du 5 février 1664 et sacramentellement dans l'église de Linsmeau, le 24 mars suivant, à Engelbert, comte de Bryas, marquis de Molinghen, baron de Morialmé, seigneur de Bristel, Traisneau, Grossart, Betonval, Hernicourt, Saint-Martinglise, Gauchain, Lannoy, etc., premier pair de Liége, grand-bailli héréditaire des bois du Hainaut, chevalier de Malte, capitaine de cavalerie au service d'Espagne, fils de Charles, comte de Bryas, baron de Morialmé, seigneur de Bristel, Traisneau, Gauchain, Grossart, Lannoy, Betonval, gouverneur de Marienbourg, du Conseil de guerre de S. M. Catholique, et d'Anne-Philiberte de Liere d'Immerseele.

Engelbert de Bryas hérita du marquisat de Molinghen, par la mort de son oncle, Ghislain de Bryas, marquis de Molinghen, par lettres patentes du 20 juin 1645, chevalier de Calatrava, commandeur de Malinos et de la Guarota, général de la cavalerie légère aux Pays-Bas, du Conseil de guerre de S. M. Catholique et gouverneur de Luxembourg et de Venlo.

2° Jean-Renard-Ignace, né à Linsmeau, le 20 novembre 1642, baptisée le 30 du même mois et décédé le 10 juin 1648.

3° Guillaume-François, né à Linsmeau, le 3 novembre 1644, et baptisé le 6 suivant.

4° George-François, comte d'Esneux, par relief du 2 septembre 1659 (1), seigneur de Linsmeau, de Piétrain, de Wylre (2), né à Linsmeau, le 2 décembre 1645 et baptisé le 6 du même mois. Il fut émancipé par décret du Conseil souverain de Brabant du 2 septembre 1663, entra l'année suivante dans l'ordre des récollets à Louvain et décéda à Bruxelles en 1682.

5° Louis-Conrard, qui suivra.

6° Thomas, né le 24 mars 1650, à Linsmeau et décédé le même jour.

(1) *Cour féodale de Limbourg,* reg. 5, fol. 62.

(2) *Cour d'Esneux*, reg. 59, œuvres 1643-1679.

XVIII. **Louis-Conrard d'Argenteau, comte d'Esneux, seigneur de Linsmeau, Piétrain, Op-le-Grand, Wylre**, naquit au château de Linsmeau et fut baptisé le 27 juillet 1647. Il releva le comté d'Esneux à la Cour féodale de Limbourg, le 21 novembre 1667 (1), mais en prit seulement possession le 13 mai 1669; il décéda le 13 septembre 1678.

Louis-Conrard d'Argenteau avait épousé à Bruxelles, en l'église de Saint-Jacques-sur-Caudenberg, le 19 janvier 1678, Ghisberte-Jeanne de Locquenghien, baronne de Melsbroeck, par reliefs du 30 septembre 1671 et du 18 décembre 1713 (2), née à Bruxelles et baptisée à Notre-Dame de la Chapelle, le 5 juillet 1655, décédée à Bruxelles, le 13 septembre 1731, fille de Jacques de Locquenghien, baron de Melsbroeck, sergent-major de la ville de Bruxelles, et de Caroline-Eléonore van der Linden.

De ce mariage naquit une fille unique :

Charlotte-Jacqueline-Louise-Thérèse, née posthume à Bruxelles, le 18 octobre 1678, baptisée le 8 novembre suivant à Saint-Jacques-sur-Caudenberg, dccédée à Bruxelles, le 24 juillet 1710, et enterrée dans l'église des Brigittines. Elle avait été mariée à Saint-Jacques-sur-Caudenberg, le 27 avril 1700, à Thomas Bruce, comte d'Ailesburg et d'Elgin, vicomte Bruce de Ampthill, baron Bruce de Whorleton, Skelton et Kinglos, pair d'Angleterre et d'Ecosse, premier gentilhomme de la chambre des rois Charles II et Jacques II, gouverneur des provinces de Bedford et de Huntington, décédé le 16 décembre 1741, fils de Robert Bruce, deuxième comte d'Elgin et premier comte d'Ailesburg, et de Diane Grey (3).

(1) *Cour féodale de Limbourg*, reg. 5, fol. 88.

(2) Melsbroeck, seigneurie relevant du Brabant, fut érigée en baronnie par le roi d'Espagne Philippe IV, le 17 mars 1659, en faveur de Charles de Locquenghien, chevalier, seigneur de Roosbeeck, Nederbutsel, Wickenhorst, Roelandt, etc., Butkens, *Trophées de Brabant*, supplément, t. IV, p. 86.

(3) Le comte d'Ailesbury, un des principaux partisans de Jacques II, roi d'Angleterre, dut émigrer à la suite de la déposition de son souverain et passa environ quarante années à Bruxelles. En reconnaissance de l'hospitalité qu'il y avait reçue, il fit élever sur la place du Grand Sablon la belle fontaine que l'on y admire encore aujourd'hui.

Elle est surmontée d'un groupe de marbre blanc, sculpté par Bergé, représentant Minerve assise et tenant un médaillon avec les portraits de Marie-Thérèse et de l'empereur François Ier. Le piédestal porte, avec les armoiries du donateur, les inscriptions d'un côté : *Thomas Bruce Comes Aylesb. M. Brit. Par. hospitio apud Bruxellas XL annis usus jucundo et salubri de suo poni testamento jussit anno MDCCXL ;* de l'autre : *Undecim vero post annis pace ubique*

Leur fille unique : Marie-Thérèse-Charlotte Bruce, baronne de Melsbroeck, par relief du 13 octobre 1731, née le 12 janvier 1697, morte le 30 novembre 1736, fut mariée, le 17 juin 1722, à Maximilien-Emmanuel, prince de Hornes et du Saint-Empire, comte de Beaucignies, de Houtekercke et de Bailleul, baron de Boxtel, Lokeren, Lesdain et de Saint-Martin, seigneur de Piermont, de Lestrein, d'Estrelles, etc., chevalier de la Toison d'or, grand-écuyer et grand-veneur du prince Charles de Lorraine, conseiller d'Etat intime actuel, etc., né à Bruxelles, le 31 août 1695, mort le 12 janvier 1763.

XVII*bis*. **Guillaume-Ulrich d'Argenteau, comte d'Esneux, seigneur de Dongelberg, Lavoir, Linsmeau, Piétrain, Sprimont et Florzé,** né en 1615, membre de l'Etat-noble de Limbourg.

Il acquit, tant pour lui que pour son père, le 21 octobre 1645, de Jean-Baptiste Larchier, pour la somme de 18,000 florins, la seigneurie du ban de Sprimont que celui-ci avait acquise le 9 septembre 1644 (1), du roi d'Espagne, et succéda en 1654, à son frère Antoine, dans la possession des seigneuries de Dongelberg, qu'il releva le 16 octobre 1656, et de Lavoir.

Le 18 septembre 1655, il avait relevé avec son parent Florent d'Argenteau, comte de Noville, vicomte de Looz, seigneur de Fologne, Braives, Ciplet, Momalle, etc., la seigneurie de Waijenesse à la Cour féodale de Malines, et en fit cession le 27 mars 1659, pour acquitter le prix des château et terre de Florzé qu'il avait achetés le 28 juin précédent, il vendit, le 22 juillet de la même année encore, la seigneurie et le château de Dongelberg, à Jacques-Philippe de Dongelberg, chevalier, qui obtint l'érection de cette seigneurie en baronnie en 1662.

Dongelberg passa ensuite dans la branche d'Argenteau d'Ochain, par le mariage de Béatrice de Dongelberg, dernière héritière de cette maison, avec Philippe-Louis, comte d'Argenteau, seigneur d'Ochain.

Guillaume-Ulrich d'Argenteau devint comte d'Esneux, par succession de son neveu Louis-Conrard d'Argenteau et en fit relief à la Cour féodale de Limbourg,

terrarum firmata Joannes Bruce hœres erigi curavit, Francisco Lotharingo Rom. Imperium et Maria Theresia Caroli VI, F. Regna paterna fortiter vindicata feliciter et gloriose tenentibus Carolo Lothar. Belgii gubernatore.

(1) *Cour féodale de Limbourg*, reg. 15.

le 2 mars 1679 (1). Il en prit officiellement possession le 19 janvier 1679 et, par actes du 23 juillet et du 18 septembre 1700, il céda le comté et seigneurie d'Esneux, avec les biens d'Esneux et de Hestreux, en indivis, à ses deux fils Claude-Renard-Ignace et Louis. Il décéda au château de Florzé le 13 mai 1706, âgé de 91 ans, et fut inhumé dans le caveau de l'église d'Esneux.

Il avait épousé au mois d'octobre 1658, Anne-Catherine de Waha, dame de Vecquemont, chanoinesse de Moustier (2), fille de Florent de Waha, seigneur de Vecquemont et de Godinne, et de Jeanne-Françoise d'Argenteau; elle décéda à Florzé, le 18 avril 1722, âgée de 82 ans et fut enterrée le lendemain auprès de son mari, en l'église d'Esneux.

De ce mariage naquirent (3) :

1° Jean, tué en septembre 1681, à Statte près de Huy, dans un duel au pistolet, par son parent Charles-Ernest d'Argenteau, seigneur d'Avenne et enterré à Linsmeau. Il avait été émancipé par acte du 26 août 1681 (4).

2° Claude-Renard-Ignace, né en 1660, comte d'Esneux, par prise de possession du 31 juillet 1706 et relief du 9 décembre 1706 (5), seigneur de Linsmeau et de Pietrain, décédé célibataire au château d'Esneux le 27 juillet 1724 et enterré le lendemain dans le caveau de l'église. Par son testament du 23 juin 1721 (6), il institua son frère cadet Jean-Louis, son héritier universel et, par un codicille du 16 mai 1724, il lui substitua, dans le cas où il n'aurait pas laissé d'enfants légitimes, ses frères Louis et Guillaume; à leur défaut, sa succession devait être dévolue à Jules-Ferdinand de Rahier de Fraipont, son neveu. Il laissa un fils naturel nommé, comme lui, Claude-Renard-Ignace, qui naquit à Liége et fut baptisé à Notre-Dame aux Fonts, le 20 janvier 1686. Celui-ci entra dans les ordres, mourut diacre et fut enterré dans le caveau des comtes d'Esneux le 21 septembre 1721.

3° François-Corneille, mort avant son père.

4° Louis, seigneur de Florzé et de Sprimont, par relief du 9 février 1707 (7). Capitaine au régiment des gardes-à-cheval de S. A. Electorale de Cologne,

(1) Reg. 5, fol. 106.
(2) Barbier, *Le chapitre noble de Moustier-sur-Sambre*, p. 35.
(3) *Cour d'Esneux*, reg. 36, fol. 135.
(4) *Ibidem*, reg. 36, fol. 22.
(5) *Cour féodale de Limbourg*, reg. 6, fol. 23.
(6) *Cour d'Esneux*, œuvres 1717-1727.
(7) *Cour féodale de Limbourg*, reg. 6, fol. 24.

prince-évêque de Liége en 1689, il fit les campagnes de 1688 à 1697, contre la France. Le 1er juin 1691, il se trouva à la défense de la ville de Liége, attaquée et bombardée par le maréchal de Boufflers, qui échoua dans son entreprise, et le 15 juillet 1693, au combat livré près de Tongres, par le maréchal de Luxembourg, à la tête de la Maison du roi, au corps de cavalerie de Liége, de Lunebourg et de Hanovre, commandé par le prince de T'Serclaes-Tilly; celui-ci, quoique très inférieur en nombre, parvint à se retirer sous le canon de Maestricht, grâce à la bonne contenance du régiment des gardes-à-cheval et d'un autre régiment de cavalerie Liégeoise, qui couvrirent la retraite.

Deux ans plus tard, en 1695, le comte d'Esneux se trouva au siége et à la prise de Namur par les alliés, sous les ordres de Guillaume III, roi d'Angleterre. Major du régiment des gardes-à-cheval, au début de la guerre de la succession d'Espagne, à laquelle l'Electeur de Cologne prit part comme allié de la France, il assista, le 30 juin 1703, à la bataille d'Eeckeren et le 18 juillet 1705, à la prise des lignes d'Heylissem, par les alliés, ainsi qu'à la bataille de Ramillies le 23 mai 1706, où la cavalerie Electorale et Française fut culbutée et fort maltraitée par la cavalerie des alliés.

Il devint ensuite lieutenant-colonel et chambellan de l'Electeur de Cologne; membre de l'Etat-noble du duché de Limbourg, il fut député de cet ordre aux Etats de Limbourg, du 5 décembre 1715 au 4 août 1718, et du 4 août 1720 au 23 août 1723. Il assista en cette qualité à l'inauguration de Charles VI, empereur d'Allemagne, comme duc de Brabant et de Limbourg, à Bruxelles, le 11 octobre 1717, et décéda célibataire à Florzé, le 24 juin 1727, âgé de 62 ans.

5o Guillaume-Ignace, seigneur de Godinne au comté de Namur et de Linsmeau, né et baptisé à Florzé en 1673. Les cérémonies baptismales furent complétées dans l'église de Sprimont, le 25 avril 1688; mort célibataire en 1733 (1).

6o Antoine-Louis, seigneur de Lavoir, né et baptisé à Florzé en 1675. Les cérémonies du baptême furent complétées dans l'église de Sprimont, le 25 avril 1688. Il entra comme cornette au régiment de dragons du baron *de Roost*, au service du prince-évêque de Liége vers 1691 et passa ensuite dans la compagnie de son frère Louis, au régiment des gardes-à-cheval. Au début de la guerre de la succession d'Espagne, il était capitaine au régiment de

(1) Il avait eu deux enfants naturels, nés à Sprimont, un fils et une fille, en 1698 et 1699.

Notaff, gardes-dragons au service de l'Electeur de Cologne et assista, le 30 juin 1703, comme son frère Louis, à la bataille d'Eeckeren, le 18 juillet 1705, à la prise des lignes d'Heylissem, et le 23 mai, à la bataille de Ramillies. Il décéda au château de Lavoir, le 8 août 1710.

Par contrat de mariage, signé à Moustier, le 4 février 1709 (1), il avait épousé Anne-Eugénie de Berlaymont, née le 29 juillet 1684, chanoinesse de Moustier, décédée à Lavoir, le 11 novembre 1738 et inhumée dans le chœur de l'église paroissiale, sous une pierre sépulcrale portant ses huit quartiers et ceux de son mari. Elle était fille de Florent-Henri-Louis-Alexandre de Berlaymont, seigneur de la Chapelle et de Custine, et de Marie-Philippine de Cotereau-Puisieux, marquise d'Assche, comtesse de Wideux. Ils firent leur testament conjonctif au château de Lavoir, le 22 avril 1711, par lequel ils laissèrent tous les droits qu'ils pouvaient avoir sur le comté d'Esneux, à leur neveu, Jules-Ferdinand de Rahier (2). Elle releva l'usufruit de la seigneurie de Lavoir à la Cour féodale de Brabant, le 29 janvier 1728 (3).

7° Archibald, capitaine aux gardes de Joseph-Clément de Bavière, électeur de Cologne en 1702, mort pendant la guerre de la succession d'Espagne, avant 1706.

8° Jean-Louis, qui suit.

9° Anne-Marie-Philippe, fille aînée, chanoinesse de Moustier, par réception du 14 juin 1670, après avoir prouvé les quartiers: *Argenteau, Hoensbroeck, Patton, Rubempré; Waha, Mérode, Argenteau, Groesbeeck* (4), mariée en 1682, à Godefroid de Rahier, seigneur de Villers-aux-Tours, Yzier, Preisch, etc., député ordinaire de l'Etat-noble de Limbourg, décédé en 1704 (ou 1714), fils de Gilles de Rahier et de Marguerite de Fraipont. Elle décéda le 29 janvier 1699 et fut enterrée à Esneux.

10° Claudine-Geneviève-Thérèse-Renarde, chanoinesse de Moustier, par réception du 14 juin 1670, vivait encore en 1729.

11° Anne-Marguerite, morte avant 1706.

(1) GALLESLOOT, *Inventaire des archives de la Cour féodale de Brabant*, t. I, p. 108, reg. 116, fol. 217.

(2) *Ibidem*, t. I, p. 350, reg. 382, fol. 151. Réalisé à la Cour féodale de Brabant, le 15 février 1720 et, à la Cour d'Esneux, le 28 mai 1736.

(3) Reg. de 1725-1729, fol. 134.

(4) *Chapitre de Moustier-sur-Sambre*, archives de l'Etat, à Namur.

XVIII. **Jean-Louis, comte d'Argenteau d'Esneux, comte d'Esneux, seigneur de Piétrain et de Sprimont.** Il prit possession du comté d'Esneux, le 22 août 1724 (1), et en fit relief le 14 septembre 1724, à la Cour féodale de Limbourg ; entré au service de Joseph-Clément de Bavière, électeur de Cologne et prince-évêque de Liége, il fit les campagnes des dernières années du XVIIe siècle, contre la France, en qualité de cornette au régiment du comte de Lannoy (2). Pendant la guerre de la succession d'Espagne, il devint cornette, puis lieutenant des gardes-du-corps archers de S. A. Electorale, avec rang de lieutenant-colonel au régiment des gardes-à-pied, et assista, comme ses deux frères qui précèdent, aux batailles d'Eeckeren, d'Heylissem et de Ramillies, ainsi qu'à toutes les campagnes jusqu'en 1712.

En 1717, lors du voyage du Tzar de Russie, Pierre-le-Grand, dans le pays de Liége, et pendant tout son séjour en juin et juillet à Spa, le comte d'Esneux fut chargé de l'accompagner et commanda la compagnie des gardes-du-corps et le détachement d'infanterie Liégeoise de service auprès du souverain russe (3).

Nommé capitaine des gardes-du-corps archers en 1719, avec rang de colonel au régiment des gardes-à-pied, il fut élevé dans la suite aux grades de brigadier général et enfin de général-major ; il était, en outre, chambellan et conseiller d'Etat de l'électeur de Cologne, Joseph-Clément de Bavière, et membre de l'Etat-noble de Limbourg, dont il fut député ordinaire aux Etats du duché, du 18 mars 1726 au 1er juillet 1728, du 11 juillet 1736 au 11 août 1738, et du 1er octobre 1740 au 2 octobre 1742.

Jean-Louis d'Argenteau testa le 23 février 1730 et décéda au château d'Esneux, le 26 avril 1742 ; il fut le dernier de sa maison, inhumé dans le caveau de l'église paroissiale (4), et en lui s'éteignit la branche d'*Esneux*.

Il avait épousé en 1724, Marie-Anne de Metternich de Mullenarck, dame de Vernich et de Zivel, qui releva l'usufruit du comté d'Esneux, le 11 août 1742 (5), et décéda à Cologne, le 3 mars 1787. Elle était fille de Charles-Gaspar-Hugues, baron de Metternich de Mullenarck, seigneur de Zivel, Vernich, etc., et de Sophie-Thérèse de Metternich.

(1) *Cour d'Esneux*, reg. 42, œuvres 1717-1726 ; *Cour féodale de Limbourg*, reg. 6, fol. 52.
(2) *Etats de Liége*, reg. 87, journées du Tiers-Etat, 1694-1699.
(3) A. Body, *Pierre-le-Grand aux eaux de Spa*, p. 23, 28, 39 et 48.
(4) *Cour d'Esneux*, reg. 63, œuvres 1738-1753.
(5) *Cour féodale de Limbourg*, reg. 6, fol. 98.

RAMEAU DE FOLOGNE

XV. **Florent d'Argenteau, seigneur de Sterpenich, Champs, Momalle, Bergilers, Noville** (1) **et Noville-sur-Méhaigne,** par relief du 2 mai 1586, pair du comté de Namur, était le second fils de Guillaume d'Argenteau, comte d'Esneux, seigneur de Dongelberg, Noville-sur-Méhaigne, etc., et de Jeanne d'Autel, dame de Sterpenich. En 1581, il était capitaine d'une compagnie d'infanterie wallonne, en garnison à Ruremonde, dont son frère Jean était gouverneur (2). Il fut ensuite capitaine au régiment wallon du baron de Hautepenne, puis au régiment bas-allemand du même seigneur, dont il devint lieutenant-colonel, et fut tué au siége de l'Ecluse en juin 1587 (3).

Il avait été marié à Marguerite d'Oyenbrugge de Duras, dame de Momalle, Ridderherck, Bergilers, fille de Jean d'Oyenbrugge, comte de Duras, seigneur de Budingen, Graesen, Ridderherck, Thinne, et de Jeanne de Mérode, dame de Momalle, Ridderherck, Bergilers, dont un fils unique qui suit.

Elle épousa, en secondes noces, par contrat passé le 3 juillet 1590, en l'hôtel de Catherine d'Oyenbrugge, dame de Bredam, Bergilers, etc., à St-Trond, Adrien de Mailly, seigneur de Fouchaucourt, en Bourgogne.

XVI. **Florent-Jérôme d'Argenteau, vicomte de Looz, seigneur de Fologne** (4), **Braives, Ciplet, Sterpenich, Momalle, Ridderherck** (5), **Bergilers, Noville** (comté), membre des Etats-nobles de Liége en 1613, de Luxembourg en 1616, et de Namur, pair du comté de Namur, capitaine d'une compagnie de deux cents gens de pied au service du roi d'Espagne, par commission du mois de

(1) Noville, commune du canton de Hollogne-aux-Pierres, était avant 1794, une petite seigneurie, avec ancien titre de comté, relevant de la cour féodale de la haute avouerie de Hesbaye.

(2) *Kroniek der stad Roermond van 1562-1638*, dans les *Publications de la Société historique dans le duché de Limbourg*, t. X, p. 229.

(3) STRADA, *Histoire de la guerre des Pays-Bas.* Sterpigni corruption de celui de Sterpenich.

(4) Fologne, seigneurie franche de Brabant, près Tongres, était aussi comprise au nombre des terres appelées par les états-généraux des Provinces-unies, *Terres de Rédemption.*

(5) Par relief du 27 octobre 1628, *Cour féodale de Liége*, reg. 96, 1626-1630, f. 244; reg. 107, 1673-1678, f. 282 v°.

mai 1631 (1). Il hérita de ses oncle et tante, Jean de Berlo, vicomte de Looz, seigneur de Fologne, etc., et Marie-Marguerite d'Argenteau, qui testèrent en sa faveur en 1599, le vicomté de Looz et les seigneuries de Fologne, Ten-Winckel, Braives et Ciplet, l'avouerie de Moxhe et de Moxheron.

Il épousa, au château d'Auvillers, par contrat du 26 novembre 1613, Anne de Brandenbourg, dame de la Grange et de Moxholter, fille de Pierre-Ernest de Brandenbourg, Meissenbourg, seigneur de la Grange, et de Christine-Marie de Mercy, fille de Jean de Mercy, seigneur de Mercy et de Clemarain, gouverneur et prévôt de Thionville.

Ils firent leur testament conjonctif le 9 avril 1636 (2), et laissèrent de leur mariage :

1° Jean-François, qui suit.

2° Pierre-Ernest, mort célibataire.

3° Florent-Jérôme, mort sans alliance.

4° Christophe-Albert, seigneur de La Grange, Fontoy, Auvillers, Sterpenich, Schondorf, Autel, Meisenbourg, Haucourt, etc., membre de l'Etat-noble et assesseur du siége des nobles de Luxembourg (3), décédé le 15 février 1697, marié, par contrat du 4 mai 1661 (4), à Odile-Dorothée Huart, dame d'Autel en partie (4), née à Luxembourg, le 9 janvier 1616, y décédée le 3 juillet 1678, veuve, en premières noces, de Jean, baron de Reichling, colonel de cavalerie au service de l'Empire, et en secondes noces, de Jean-Gaspar dit Gerard, baron de Beck, seigneur de Wiedimb, Heringen, Beaufort, conseiller de courte-robe au Conseil de Luxembourg, colonel d'un régiment haut-allemand au service d'Espagne, du Conseil de guerre, tué devant Aire, le 8 novembre 1662, et fille de Jean-Gaspar Huart, chevalier du Saint-Empire, seigneur de Berg, président du Conseil de Luxembourg, et d'Hélène de Cymont.

5° Anne-Marguerite, chanoinesse du chapitre de Poussay en Lorraine, mariée à Thionville, par contrat du 10 juillet 1646 (5), à Florimond, comte d'Allamont, baron de Chaufour, seigneur de Champ, Neuville, Preutin, Breux, Juvigny,

(1) *Patentes militaires*, reg. 977. 1631-1635, fol. 156.

(2) Original à Argenteau, avec sceaux.

(3) Registres du *Siége des nobles*, archives Grand-ducales à Luxembourg.

(4) *Chartes de Reinach*, nos 4042 et 4099 ; archives de Luxembourg.

(5) Original à Argenteau.

Juppecourt, Quincy, etc., général de l'armée du duc de Lorraine, colonel de ses gardes-à-cheval et gouverneur de Pont-à-Mousson, fils de François d'Allamont, seigneur de Chaufour, Champ, Neuville, etc., prévôt de Luxembourg, et de Madeleine de Nettancourt. Elle testa au château de Preutin, le 22 décembre 1684 (1). et fut enterrée dans la chapelle de Sainte-Croix dans l'église de Preutin, auprès de son mari et de sa fille, qui l'avaient précédée dans la tombe.

De cette alliance naquit une fille unique : Marie-Chrétienne d'Allamont, mariée à Pierre Ernest, baron de Mercy, fils de l'illustre François, baron de Mercy, feld-maréchal des armées impériales, le héros de Nordlingen, et de Madeleine de Flachsland, dont nous parlerons ci-après.

6o Madeleine-Henriette, chanoinesse de Poussay.

7o Christine-Marie, mariée à Gaspar, baron de Mercy, général-major et colonel de cavalerie au service de l'Empire, mort sans enfants, à la bataille de Fribourg.

XVII. **Jean-François d'Argenteau, vicomte de Looz, comte de Noville, seigneur de Fologne, Momalle, Herck, Braives et Ciplet, haut-voué de Moxhe et Moxheron.** Colonel d'un régiment de cuirassiers au service de l'Empire, il fut reçu à l'Etat-noble du pays de Liége, le 22 novembre 1639 (2). Il releva la seigneurie de Ridder-Herck, le 25 février 1638 (3), et prit possession du vicomté de Looz, le 9 novembre de l'année suivante.

Le 8 avril 1652, il fit relief des seigneuries de Braives et Ciplet (4), et le 9 novembre 1656, il acquit les droits d'Anne-Guillemine de Nassau, veuve de Lancelot d'Ive, à la terre de Ligny, que son mari avait acquis d'Alexandrine d'Argenteau, douairière de Ligny. Il releva la tour de Ligny et un fief à Fleurus, le 5 mars 1659 (5), mais il ne paraît pas avoir été en possession réelle de ces seigneuries et fiefs.

Pendant la guerre civile qui désola la cité de Liége au milieu du XVIIe siècle, il soutint l'autorité du prince Ferdinand de Bavière contre les Grignoux et fut chargé le 18 juillet 1649, par l'Etat-noble, d'accompagner, en qualité de com-

(1) Original à Argenteau.
(2) MISSON, *Notice sur l'Etat-noble de Liége.*
(3) *Cour féodale de Liége*, reg. 105, 1665-1669, p. 247.
(4) BORMANS, *Les seigneuries féodales de Liége*, p. 83.
(5) *Souverain bailliage de Namur*, reg. 58, 1653-1661, p. 236 et 238.

missaire-général, l'armée qui allait assiéger la ville de Liége (1). Il commandait, en outre, les milices de la Campine qui assistèrent au siége ; cela ne l'empêcha pas l'année suivante de s'opposer, avec sept autres membres de l'Etat-noble, à la construction d'une citadelle, de lever des troupes et de s'allier, avec le duc de Lorraine, contre le prince-évêque, mais bientôt il se réconcilia avec ce dernier (2).

Il décéda à Liége, le 3 novembre 1673, d'un coup mortel qu'il avait reçu dans une querelle qui dégénéra en rixe, avec le comte d'Arberg de Vallengin, et fut enterré dans l'église de Fologne.

Nous empruntons le récit de sa fin tragique à l'ouvrage du chevalier de Harenne : « *Le château de la Rochette et ses seigneurs* » (3).

« Le 2 novembre 1673, Jean-François d'Argenteau, comte de Noville, vicomte de Looz, seigneur de Fologne, Momalle Sterpenich, etc., colonel de cavalerie au service Impérial, se trouvait à Liége pour assister aux assemblées de l'Etat-noble et était logé à l'auberge portant l'enseigne du Mouton blanc, rue du Pont d'Avroy, lorsqu'il reçut la visite, vers dix heures du matin, du comte Albert d'Arberg, alors âgé de dix-huit ans, accompagné de cinq ou six hommes. Ce dernier lui présenta un papier à signer ; sur le refus du vicomte de Looz, quelques gros mots furent échangés et le comte d'Arberg lui porta un coup de poignard au bas-ventre.

Le vicomte de Looz mit l'épée à la main, en porta un premier coup au comte d'Arberg, blessa deux de ses compagnons et les poursuivit jusque dans la rue, où il reçut une nouvelle blessure.

Le maître du logis et des bourgeois étant accourus, on s'empara du jeune comte et de deux personnes de sa suite, dont l'une était son secrétaire. Pendant ce temps, le vicomte, ne croyant pas avoir reçu de blessures graves, rentrait à l'auberge, s'aperçut alors seulement que les intestins lui sortaient du ventre, et, ne se faisant aucune illusion sur son sort, se disposa à la mort.

Il fit appeler le notaire, Jean Woot de Trixhe, qui reçut son testament, par lequel il instituait sa femme son héritière universelle, et mourut le lendemain, à trois heures de relevée, laissant cinq enfants. Sa femme Agnès-Ernestine,

(1) Daris, *Histoire de la principauté de Liége au XVIIe siècle*, t. I. p. 270.

(2) Bouille, *Histoire de la ville et pays de Liége*, t. III, pp. 303, 307 et 308.

(3) Page 176. Voir aussi Burdo, manuscrit nº 1152, à l'Université de Liége.

comtesse de Rivière d'Aerschot et du Saint-Empire, arriva deux heures après le décès de son époux.

Le comte d'Arberg avait été conduit dans la maison de l'avocat Fiss, vis-à-vis de l'église de la Madelaine, tandis que les deux autres prisonniers étaient enfermés dans la tour de l'Official.

On eut peine à persuader au peuple, dont le vicomte de Looz était très aimé, que ce meurtre avait pour cause des affaires privées, et que la politique y était complètement étrangère. A cette époque, Liége était en pleine effervescence ; le pays était encombré de soldats, et l'assassinat de la Ruelle, quoique remontant à 1637, était encore présent à la mémoire du peuple. Il s'en fallut de peu que ce meurtre n'amenât une émeute.

Le 4 du même mois, par ordre des échevins, le comte d'Arberg fut transféré dans la tour de l'Official, et le procès commença à la requête de la vicomtesse de Looz.

Le corps de son mari, après avoir été exposé pendant trois jours, fut embaumé et porté aux Dominicains ; mais les amis et parents du comte d'Arberg avaient employé toutes leurs influences pour le soustraire au châtiment qui l'attendait.

Le 8 novembre, arriva à Liége un trompette du gouverneur des Pays-Bas, suivi bientôt d'un autre, tous deux porteurs de dépêches concernant cette affaire qui embarrassa singulièrement les échevins et les membres du Conseil privé.

Enfin, par ordre du prince-évêque, le 25 décembre, à deux heures du matin, le comte d'Arberg fut emmené de sa prison et conduit par un arveau situé sous la maison du peintre Bertholet au rivage d'Avroy, où on fit passer l'eau au comte et on le mena par des jardins en lieu écarté, où il trouva une escorte de soixante soldats étrangers, destinés à faciliter sa fuite.

A la suite de cette affaire, on publia une gravure qui représentait un homme couché sur un lit, avec cet inscription au bas du dessin : « Mr J. F. viscomte de Looz, assasiné par M. Valengin d'Elslo, fils du comte Valengin d'Arbert, dans son auberge en la ville de Liége, le 2 novembre 1673, y estant mandé de S. A. S. Prince de Liège, à la journée d'Estat pour le bien publicq. » (1).

(1) Nous avons corrigé le texte de l'inscription tirée du manuscrit Burdo, par celui rapporté par Le Fort, (1re partie, t. I, fol. 133 v°) qui est plus exact.

Jean-François d'Argenteau avait épousé, par contrat du 1er février 1637, Agnès-Ernestine, comtesse de Rivière d'Aerschot, née le 8 août 1617, fille de Henri, comte de Rivière d'Arschot et de Heers, seigneur d'Horpmael, Jesseren, Wimmertingen, Senghien, gentihomme de l'Etat-noble de Liége, bourgmestre de la Cité de Liége, et de Catherine de la Douve Neuféglise, dame de Stalle et de Rivière en partie, baronne de Hauteville en Picardie.

Agnès-Ernestine de Rivière, releva l'usufruit de la seigneurie de Braives le 1er juin 1674 (1), et épousa, en secondes noces, Pedro Medrano de Herrera y Leiva, capitaine au service d'Espagne (2).

Du premier mariage sont issus :

1° Henri-François, vicomte de Looz, comte de Noville, seigneur de Fologne, Braives, et Ciplet dont il fit relief le 1er juin 1674 (3), haut-avoué de Moxhe et de Moxheron. Né en 1637, il fut reçu gentilhomme de l'Etat-noble de Liége le 6 août 1660, et décéda célibataire en 1678, instituant son frère Robert-Ernest, son héritier.

2° Gaspar, seigneur de Momalle né en 1638, gentilhomme de l'Etat-noble de Liége, par réception du 6 août 1660, capitaine au terce du mestre de camp de Fariaux, infanterie, au service d'Espagne par commission du 5 octobre 1661 (4), décédé le 18 septembre 1668, célibataire.

3° Robert-Ernest, qui suit.

4° Pierre-Ernest, mort sans laisser de postérité.

5° Charles-Alexandre, capucin.

6° Marie, née le 16 septembre 1642, décédé en 1643.

7° Antoinette.

XVIII. **Robert-Ernest, baron d'Argenteau, vicomte de Looz, seigneur de Fologne, Ten-Winckel, Momalle, Herck (5), Braives, Ciplet, avoué de Moxhe et de Moxheron,** gentilhomme de l'Etat-noble du pays de Liége en 1660, marié par contrat passé au château d'Elderen, le 14 octobre 1689, réalisé à la Cour

(1) Bormans, p. 83. *Les seigneuries féodales du pays de Liége.*

(2) Galesloot, *Inventaire des archives de la Cour féodale de Brabant,* t. II, p. 390.

(3) Bormans, *Les seigneuries féodales du pays de Liége.*, p. 83 ; il est appelé à tort, Jean-François, dans le relief de la seigneurie de Ridderherck le 5 novembre 1667. Voir reg. 105, fol. 247 v° de la *Cour féodale de Liége.*

(4) Patentes militaires, reg. XVII, fol. 106.

(5) Par relief du 22 janvier 1676, *Cour féodale de Liége*, reg. 107, 1673-1678, fol. 282 v°.

féodale de Brabant, le 30 janvier 1690 (1), à Anne-Agnès de Renesse, chanoinesse de Maubeuge, décédée en 1729, fille de Georges-Fréderic de Renesse, baron d'Elderen, Masny, Cortessem, Assendelft, seigneur de Hern, Schalkhoven, Wintershoven, Wasmes, Roucourt, Tewarde, Vesignon, Basse-Motte, Oostmalle, Molhain, Vireux, gentilhomme de l'Etat-noble de Liége, gouverneur et souverain officier de la ville et château de Stockhem, et d'Anne-Marguerite de Bocholt, dame de Moll, Balen, Dessel, etc.

Robert-Ernest d'Argenteau releva la seigneurie de Herck, le 22 janvier 1676, à la Cour féodale de Liége, et fut mis en possession du vicomté héréditaire ou châtellenie de Looz, le 25 mars 1685 (2).

Le 25 mai 1689, le prince Maximilien Henri de Bavière, le nomma commissaire-général pour les affaires militaires pendant la guerre entre la France et l'Empire, à laquelle la principauté de Liége dut prendre part (3). Il mourut le 27 février 1690, sans laisser de postérité, et légua tous ses biens à son cousin sous-germain, Florimond-Claude, comte de Mercy, alors lieutenant-colonel, commandant le régiment de Lorraine et aide-de-camp-général de l'Empereur, puis feld-maréchal des armées Impériales, tué à la bataille de Parme, le 29 juin 1734. Celui-ci releva la seigneurie de Braives, le 17 décembre 1699, et la vendit avec celle de Ciplet et la haute-vouerie de Moxhe et de Moxheron, le 9 février 1711, à Marie de Stockhem, veuve de Gérard-Martin de Charle, conseiller au Conseil ordinaire de la principauté de Liége (4).

Anne-Agnès de Renesse décéda à Fauquemont, le 10 septembre 1729, après avoir épousé, en secondes noces, Gérard-Ernest, baron Hoen de Cartils, seigneur de Vieux-Fauquemont, Schaloen et de Schinnen-sur-Guele, membre de l'Etat-noble de Liége, le 18 mai 1691, qui releva pour sa femme l'usufruit de Braives, le 8 mars 1698, et décéda à Fauquemont, le 31 mai 1709. Il était fils de Jean-Renier Hoen de Cartils, et de Jeanne-Marie de Merwyck de Kessel.

(1) Galesloot, *Cour féodale de Brabant*, t. I, p. 100, reg. 115, fol. 119 v°.

(2) Ce fut de son temps que la ville de Looz fit rebâtir l'Hôtel de ville, et fit placer sur la façade Nord, les armoiries du vicomte ou châtelain héréditaire, avec cette inscription : *1686, Robert-Ernest, baron d'Argenteau, Herck, Moumal, vicomte héréditaire de Looz, comte de Noville, s^r de Foulongne, Stewinckel, Braive, Ciplet, Cuchigny, Ville-devant-Orval, Pouchoul, Haut-voué de Moxhe et Moxheron, etc. faict le 18bre.*

(3) *Conseil privé de Liége*, Dépêches 1687-1691.

(4) Bormans, 84.

BRANCHE

D'ARGENTEAU D'OCHAIN

Guillaume d'Argenteau, chevalier, seigneur d'Ochain et d'Outrelawe à Berneau, était fils de Guillaume Ier, seigneur d'Argenteau, et de Marguerite de Rochefort. D'abord chanoine, avant 14 ans, de Notre-Dame à Aix-la-Chapelle, il renonça à sa prébende en faveur de son frère Warnier (1), et épousa, par contrat signé devant Jean de Selve (Saive), notaire Impérial, le 22 mars 1453, et réalisé à la Cour de Herstal, le 11 juillet de la même année (2), Marie de la Rivière, dame de Wavre, en 1460 (3), fille de Charles de la Rivière, seigneur de Heers, Hermalle, Horpmael, Wimmertingen, etc., et de Marie de Haccourt, dame de Hermalle sous Huy (4), Ehein, et Wavre en partie.

Peu après son mariage, en 1454, il eut des démêlés avec un certain sire d'Haberding, qui l'enleva et le retint prisonnier, mais nous n'avons pu découvrir la cause, ni les suites de cet évènement qui fit beaucoup de sensation à Liége (5).

Guillaume d'Argenteau, par acte du 23 juillet 1457, renonça à tout droit qu'il

(1) Le Fort, reg. I, fol. 48.

(2) *Stock d'Ochain*, fol. 29.

(3) De Borman, *Notice historique sur la seigneurie de Heers*, p. 26, ; Galesloot, *Cour féodale de Brabant*, t. II, p. 195, n° 595.

(4) Bormans, *Les seigneuries féodales du pays de Liége*, p. 222.

(5) A. de Veteri Busco, *Amplissima collectio*, t. IV, p. 1225.

pouvait avoir sur la terre et seigneurie de Lorcez, mouvant en fief du chapitre de Malmédy (1).

Le 15 janvier 1461, il acquit à Liége, en la maison d'Everard de Vervenholt, doyen de Saint-Jean-Evangéliste, les terre, forteresse, hauteur et seigneurie d'Ochain en Condroz, mouvant en fief du comté de Montaigu, pour la somme de six mille florins du Rhin, à l'effigie des quatre Electeurs, de son cousin Henri de Horne, chevalier, seigneur de Perwez, Duffel, Gheel, Osterloye, Waelen, etc., et le même jour il fut investi de la seigneurie par Louis de La Marck, comte de Montaigu, seigneur de Neufchâteau, Rochefort et Agimont, assisté des hommes de fief et pairs de la Cour féodale de Montaigu (2).

Henri de Horne donna quittance absolue du prix de vente d'Ochain, le 6 juin 1461 (3).

En 1461, il acquit de Renard, abbé du Val-Saint-Lambert, le fief de Moge (4), qui avait été saisi sur son oncle Jean d'Argenteau, seigneur d'Esneux, par l'abbaye du Val-Saint-Lambert, en 1457 (5). Mais en 1504, l'abbaye voulut annuler cette vente; après douze ans de procès une sentence arbitraie du 29 juillet 1516, attribua le fief de Moge au Val-Saint-Lambert, moyennant paiement de 800 florins d'or, à Jean d'Argenteau, fils de Guillaume précité (6).

Guillaume d'Argenteau vendit la maison et chapelle de Sart, près de l'église de Basse-Wavre, à Jean, seigneur de Spontin et de Wavre, lequel porta de deux à cinq le nombre de messes qui se disaient toutes les semaines dans la chapelle de Notre-Dame du Sart (7 février 1494) (7).

Guillaume d'Argenteau se trouva mêlé, comme ses frères Jacques et Guillaume, dont il a été question précédemment, à la guerre entre Charles-le-Hardi, duc de Bourgogne et les Liégeois, en 1468, et tomba entre les mains de ces derniers, à la prise de Tongres, pendant la nuit du 10 octobre 1468, mais il fut délivré peu de jours après par les Bourguignons (8).

(1) *Cartulaire de Stavelot et Malmédy*, B, 204, a fol. 32 v°, aux archives royales de Dusseldorf.

(2) *Stock d'Ochain*, fol. 30.

(3) *Ibidem*, fol. 308.

(4) *Charte originale du Val-Saint-Lambert*, n° 1582.

(5) *Ibidem*, n° 1332.

(6) *Ibidem*, n°s 1663 et 1668.

(7) WAUTERS ET TARLIER, *Géographie et histoire des communes belges*, t. II, Wavre, p. 24.

(8) A. DE VETERI-BUSCO, *Rerum leodiensium, Amplissima collectio*, t. IV, col. 1335.

Quelques années plus tard, il reçut à Ochain, son beau-frère, Rase de la Rivière, chevalier, seigneur de Heers, Horpmael, Neerlinter, Heppignies, Jesseren, qui s'était rendu célèbre dans l'histoire du pays de Liége, sous les noms de Rase de Heers ou de Linter. Ennemi déclaré de la maison de Bourgogne et du prince-évêque Louis de Bourbon, Rase de Heers fut banni après la prise de Liége et passa dix ans d'exil en France. Guillaume d'Argenteau parvint à le réconcilier, au mois de septembre 1477, avec Louis de Bourbon, mais ce fut pour peu de temps, Rase de Heers étant venu à mourir le 26 octobre suivant (1).

Guillaume d'Argenteau le suivit de près dans la tombe et décéda le 21 février 1478. Il fut enterré dans le chœur de l'église des Frères-Mineurs à Huy, sous une pierre sépulcrale sur laquelle il était représenté armé de toutes pièces, accompagné de sa femme et de son fils Jean, qui suivra, avec cette inscription : *Chi gist noble vaillant et honore seig^r mes. Guillame d'Argenteau, chlr. seigneur d'Oxhens et de la Rivier, q. trepassa lan MCCCCLXXVIII, de février le XXI jour et ausy noble et honnorée dame Marie de la Riviere son espeuze qui trespassa lan MCCCCIIII ^xx et III en septemb le VII jor. Chi gist noble et honnore seig^r Jehan d'Argenteau escuier à son vivant s^r d'Oxhens, de la Riviere et bailly de Condro, qui trespassa l'an 1524, le 15 de novembre.*

De son mariage avec Marie de la Rivière, Guillaume d'Argenteau laissa :

1° Jean, qui suit.

2° Jeanne, mariée en 1479, à Rase de Corswarem, seigneur de Niel, fils d'Arnould de Corswarem, et de Jeanne de Jauche, sa première femme. Il épousa, en secondes noces, Catherine de la Malaise, et décéda en 1504.

3° Françoise, dame d'Outrelawe, à Berneau, mariée à Argenteau, par contrat du 27 janvier 1488, réalisé devant les Echevins de Liége, le 4 juin 1499 (2), à Thierry de Gulpen, seigneur de Rembievaux, décédé le 18 juin 1510, veuf d'Agnès de Berlo, dame d'Avionpuits, et fils de Frambach de Gulpen, seigneur à Berneau et de Rosmel, et de Marie delle Smet.

4° Marie.

5° Cécile, carmélite à Maestricht en 1499. Elle avait fait profession à Saint-Quirin à Huy, et devint ensuite supérieure du couvent des Dames Blanches

(1) A. DE VETERI-BUSCO, *Rerum leodiensium, Amplissima collectio*, t. IV, col. 1362 et 1365.

(2) *Echevins de Liége.* Grand-greffe, convenances et testaments, 1496-1501, fol. 266. Elle apportait en dot, la seigneurie et château d'Outrelawe à Berneau, près Visé.

à Louvain, dont elle fut la principale bienfaitrice (1). Le 13 mai 1514, elle renonça à Huy, en faveur de son frère germain, Jean d'Argenteau, à tous les droits qu'elle pouvait avoir à l'héritage de ses parents (2).

XII. **Jean d'Argenteau, chevalier, seigneur d'Ochain, Pair, de Rivière et de Wignée, haut-avoué de Méhaigne, premier pair de Montaigu.** Il était grand-bailli de Condroz et gentilhomme de l'Etat-noble du pays de Liége et signa en cette dernière qualité, la *Paix de Donchery*, qui fut confirmée le 5 mai 1492 (3); deux ans après en 1495, il était bourgmestre de Liége (4).

Jean d'Argenteau épousa, en premières noces, Marie le Perilleux de Rochelée, veuve de Robert de Saive, échevin de Wanze, et fille de Hubin le Perilleux de Rochelée, seigneur de Montjoie et avoué d'Amay, et de Marie de Viron. En secondes noces, il fut marié à Anne de Dongelberg, dame de Longchamps et de Wignée (5) veuve de Thierry Bonnant, chevalier, seigneur de Brumagne, haut-voué de Méhaigne, par acquisition du 18 juin 1475 (6), grand-mayeur de Namur (7), et fille de Raes de Dongelberg, seigneur de Longchamps et de Wignée, et de Françoise de Saint-Amadour.

Jean d'Argenteau releva, au nom de sa seconde femme, le 20 septembre 1509, la seigneurie de Wignée, et l'usufruit de la haute-vouerie de Méhaigne et du fief du Val-à-Boveche, qui appartenaient ces deux derniers au premier mari de sa femme, Thierry Bonnant (8). Il acquit, ensuite, la propriété de la haute-vouerie de Méhaigne, le 13 juillet 1517, de Philippe Bonnant, fils du premier mariage de sa femme (9). Il releva encore, au nom de sa femme, l'usufruit de

(1) *Le Guide fidèle contenant la description de la ville de Louvain*, 1743-1744, suite, p. 15.

(2) *Cour d'Ochain*, farde D, Archives de l'Etat à Liége.

(3) De Ram, *Analecta Leodiensium*, p. 859.

(4) *Recueil héraldique des bourgmestres de Liége.*

(5) Par transport de son père le 13 juin 1495, Bormans, *Fiefs de Namur*, xve siècle, p. 374. Wignée, nommé aussi Crolcu, était une cour foncière, située à Leuze, dans le comté de Namur.

(6) *Souverain bailliage de Namur*, dénombrements des fiefs.

(7) *Stock d'Ochain*, fol. 71.

(8) Bormans, *Fiefs de Namur*, xvie siècle, p. 410.

(9) *Souverain bailliage de Namur*, reliefs et transports, reg. 49, 1486-1528, fol. 308 et 310, Bormans, p. 423. La haute-vouerie de Méhaigne avec château, terres, bois, cens, etc., était une seigneurie foncière relevant du comté de Namur, mais en 1635, Claude d'Argenteau,

la seigneurie de Brumagne, le 5 juin 1518, et testa au château d'Ochain, le 11 novembre 1524 et : « pour conserver, dit-il, mon présent testament et faire sortir effect en assistant ma dite espeuse et mon petit-fils Glaude, ie eslu trés illustres, trés hault et trés puissant prince, mon trés redoté seigneur, monseigneur le cardinal archevesque de Valence, évesque de Liége, duc de Buillon, conte de Looz, priant Sa noble Grace en volloir prendre la charge et faire ensi que j'ay la parfaicte fiance et pour memoire de ce que ie suis son petit sujet et serviteur je ly laisse unc dawiet d'argent le milleur que j'ay, etc. » (1).

Il décéda au château d'Ochain, le 15 novembre 1524, et fut enterré sous la pierre sépulcrale de ses parents dans l'église des Frères-Mineurs à Huy.

Anne de Dongelberg, par son testament du 15 juin 1530, approuvé par le Conseil de Namur, le 26 juin 1535, légua la seigneurie de Longchamps, à sa fille Anne Bonnant (2). Elle fut enterrée auprès de son mari dans l'église des Frères-Mineurs.

Du premier mariage naquirent :

1° Marie, dame d'Ohet (3), mariée par contrat passé *en la maison et hostelerie delle hommè savage en Huy*, le 18 avril 1520, et réalisé devant les échevins de Liége, le 28 avril 1525 (4), à Jean de Berlaymont dit de Floyon, seigneur de Gesves, Engis et Hautepenne, grand-bailli de Hesbaye, fils de Jean de Berlaymont dit de Floyon, seigneur de Hautepenne, grand-bailli de Hesbaye, et de Josine de Juppleu, dame de Gesves. Il releva le 21 avril 1525, *la maison, fortresse, haulteur et seigneurie, terres, rentes et appartenances dudit Oxhen*, à la Cour féodale de Montaigu, au nom de sa femme (5), quoiqu'il fut stipulé dans le contrat de mariage, que la seigneurie d'Ochain devait rester aux enfants du second mariage de Jean d'Argenteau. Il décéda le 1er janvier 1526 (n. st.) et fut enterré dans l'église des Frères-Mineurs à Huy.

arrière petit-fils de Jean d'Argenteau acquit, en engagère de Philippe, roi d'Espagne, comte de Namur, la seigneurie du village de Méhaigne, avec haute, moyenne et basse justice, moyennant la somme de 5000 florins, pour la relever de même que la seigneurie foncière du comté de Namur, GALLIOT, *Histoire du comté de Namur*, t. IV, p. 129.

(1) *Stock d'Ochain*, fol. 71.

(2) *Ibidem*, fol. 120.

(3) *Stock d'Ochain*, fol. 164, La seigneurie d'Ohet, dépendait de la prévôté de Poilvache, dans le comté de Namur.

(4) *Ibidem*, fol. 66; *Echevins de Liége*, convenances et testaments, 1521-1529, fol. 79.

(5) *Cour de Marcourt-Montaigu*, fiefs, 1525-1586, fol. 17, archives de l'Etat à Arlon.

Marie d'Argenteau releva l'usufruit des seigneuries de Hautepenne et d'Engis, le 9 mars et le 1er juillet 1528 (1), et celui de la seigneurie de Gesves, le 15 avril de la même année (2). Elle disputa à son frère consanguin, Claude d'Argenteau, la seigneurie d'Ochain, mais après plusieurs années de procès, elle renonça, le 18 mai 1534, à tout droit qu'elle pouvait avoir sur Ochain, moyennant 8000 florins de Brabant (3).

Marie d'Argenteau épousa, en secondes noces, par contrat du 16 juin 1528, Jean Cottereau, baron de Jauche, seigneur d'Assche, Herck et Wideux, etc. (4), guidon héréditaire de Brabant, lieutenant des fiefs de Brabant en 1558, par lettres patentes de juin, échevin de Bruxelles en 1533, bourgmestre en 1534, puis grand-bailli de Termonde, décédé le 17 septembre 1561, fils de Jean Cottereau, seigneur de Puisieux et de Tournelle, grand-bailli de Termonde, puis margrave d'Anvers et amman de Bruxelles en 1504, et de Marguerite de Wideux, dame de ce lieu, Herck et d'Assche.

Marie d'Argenteau décéda le 12 octobre 1555 et par son testament, fait à Bruxelles, le 29 juin 1555, elle légua la seigneurie d'Ohet, à son neveu Jean, et à sa nièce Marguerite d'Argenteau, en réservant l'usufruit à son mari. Elle laissa, en outre, une rente de 500 Carolus d'or, à sa nièce Marguerite, à condition qu'elle renonçerait à tous ses droits sur la seigneurie d'Ochain en faveur de son frère Jean.

Jean de Cotereau, épousa, en secondes noces, Catherine de Brandenbourg, dame de Gentinnes, Steenockerzeel et Humelghem, qui décéda le 12 janvier 1621, et fut enterrée dans le chœur de l'église d'Assche. Elle était fille de Thierry, seigneur de Brandenbourg, et de Catherine de Liedekerke.

Du second mariage naquirent :

2° Claude, qui suit.

(1) Bormans, *Les seigneuries féodales du pays de Liége*, p. 199.

(2) Lahaye, *Le livre des fiefs de la prévôté de Poilvache*, p. 179.

(3) *Stock d'Ochain*, fol. 119, 125 et 345; *Siége des nobles*, sentences, archives Grand-ducales à Luxembourg.

(4) Ce fut dans l'hôtel de la famille de Cotereau, appelé la *maison de Jauche*, que se logea le duc d'Albe à son arrivée à Bruxelles, le 22 août 1567 et nullement à l'hôtel de Culembourg comme l'avancent à tort Strada et d'autres historiens. Ce fut là que furent arrêtés les comtes d'Egmont et de Hornes, le 9 septembre 1567; Wauters, *Histoire de Bruxelles*, t. I, p. 412 et t. III, p. 389; *Ædes Jaceæ*, Heuterus, Austriac. L. XVIII c 3.

XIII. **Claude d'Argenteau, chevalier, seigneur d'Ochain, Pair, Wignée, haut-avoué de Méhaigne,** qu'il releva le 11 octobre 1525 (1), premier pair de Montaigu.

Il fit relief de la seigneurie d'Ochain, le 15 août 1535 (2), et décéda le 21 avril 1554. Il épousa Jeanne de Cottereau, décédée le 5 août 1544, veuve de Jean d'Autel, seigneur d'Autel, de Sterpenich et de Vogelsanck, et sœur de Jean de Cottereau, époux de Marie d'Argenteau, dont nous avons parlé ci-dessus.

Ils furent enterrés dans l'église de Clavier, sous une pierre sépulcrale portant leurs seize quartiers et cette épitaphe : *Chi gist noble s*[r] *Claude d'Argenteau s*[r] *d'Oxhen, Wingnée et Croleu, haut-voué de Méhaingne qui trespassa le XXII jour d'avril en l'an XV*[c] *LIIII et noble dame Jehanne de Cotreau, son espeuse qui trespassat le V jour d'aoust l'an XV*[c] *XLIIII* (3).

De leur mariage naquirent :

1° Claude, mort enfant et enterré dans l'église de Clavier, sous cette épitaphe : *Chy gist noble enffans Glaude fis de noble homme Glaude d'Argenteau, s*[r] *d'Ochen engendré de noble Da*[e] *Jehenne de Couttreau son espeuze trespassa l'an . . . .*

2° Jean, qui suit.

3° Marguerite, dame d'Ohet, en partie.

XIV. **Jean d'Argenteau, chevalier, seigneur d'Ochain, Pair, Wignée** (4), **Avennes, haut-avoué de Méhaigne** (4), **premier pair de Montaigu.** Au décès de son père, il était encore mineur et son mambour François Fauvillon dit de Liége, releva, en son nom, la seigneurie d'Ochain, le 3 octobre 1554, à Rochefort (5).

Il prit une part active aux troubles du milieu du XVIe siècle dans les Pays-Bas, et fut un des premiers signataires du célèbre *Compromis des Nobles*

(1) BORMANS, *Fiefs de Namur*, XVIe siècle, fol. 437 ; *Souverain bailliage*, reliefs et transports du 24 juin 1486 au 21 février 1528.

(2) *Stock d'Ochain*, fol. 127 v°.

(3) Sa pierre sépulcrale porte la date de sa mort au 22 avril, mais tous les documents écrits sont unanimes pour la fixer au 21 avril, *Cour d'Ochain*, fardes S et V aux archives de l'Etat à Liége.

(4) Par reliefs du 22 mai 1556, BORMANS, *Fiefs de Namur*, 497.

(5) *Cour de Marcourt-Montaigu*, fiefs 1525-1586, fol. 69, à Arlon. *Cour d'Ochain*, farde D.

avec Henri de Brederode, dont il fut un chaud partisan (1); après l'arrivée du duc d'Albe il dut s'exiler, mais il ne prit pas les armes en 1567, comme Brederode et plusieurs confédérés des provinces septentrionales des Pays-Bas, contre le gouvernement royal.

Traduit au commencement de l'année 1568, devant le *Conseil des Troubles*, qui venait d'être établi au nom du roi Philippe II, par le duc d'Albe, gouverneur-général des Pays-Bas, il fut condamné au bannissement et à la confiscation de ses biens (2). La haute-vouerie de Méhaigne fut saisie le 28 février 1568 (3), et Ochain subit le même sort le 26 mars suivant (4).

Au bout de six longues années d'exil, Jean d'Argenteau, profitant de l'amnistie générale accordée en 1574, par le roi Philippe II, put rentrer dans son pays et obtenir la main-levée et la restitution de ses seigneuries, biens, meubles et immeubles, par lettres patentes données à Bruxelles, le 10 juillet 1574 (5), par don Louis de Requesens, grand-commandeur de Castille, qui avait succédé au duc d'Albe, dans le gouvernement-général des Pays-Bas.

Le 26 juillet suivant, Hubert de Sprimont, huissier du Conseil de Luxem-

(1) VAN HALL, dans son ouvrage : *Hendrick, graaf van Brederode*, signale page 229, et reproduit un bas relief en bois de chêne très artistiquement sculpté, représentant Henri de Brederode remettant une coupe à un gentilhomme agenouillé devant lui et accommpagné de onze autres gentilhommes. Au centre du bas relief un cartouche porte, en lettres dorées, les noms : *Henri de Brederode*, au milieu ; à gauche, *Louis de Nassau, Ad. Van der Aa, Albr. van Huchtenbrouck, Dirck Sonoy, Willem van Zevenberg, Cr. van Albrug* ; à droite, *Rob. de Melun, Ger. van der Aa, Jean d'Argenteau, Cr. van Leefdael, Diegerick van Haeften, A. Domberg.*

Derrière Brederode, un petit meuble, supportant deux coupes, porte l'inscription : *vivent les gueux*. Ce bas relief est incontestablement un souvenir commémoratif du banquet de l'hôtel de Culembourg où les confédérés prirent pour la première fois le nom de gueux et les noms des gentilshommes inscrits sont, sans aucun doute, ceux des principaux convives.

Nous n'avons pu découvrir ce qu'est devenue cette intéressante pièce, qui faisait encore partie, en 1844, de la collection Roothaan à Amsterdam.

(2) *Conseil des troubles*, Informations, Luxembourg, fol. 34.

(3) E. DEL MARMOL, *Condamnations et confiscations politiques de la province de Namur au XVIe siècle. Annales de la Société archéologique de Namur*, t. XV ; *Chambre des comptes*, reg. 19102 et 19502 ; Edits et ordonnances, 1654-1571, reg. II, fol. 32 ; *Conseil des Troubles*, reg. XI, fol. 248.

(4) *Cour d'Ochain*, reg. 52, farde J ; archives de l'Etat à Liége.

(5) *Ibidem*, farde S ; GACHARD, *Correspondance de Philippe II, sur les affaires des Pays-Bas*, t. III, p. 513.

bourg, qui avait administré la seigneurie d'Ochain, en qualité de mayeur et de receveur, remit Jean d'Argenteau en possession du château et de la seigneurie d'Ochain, et délia les sujets et vassaux du serment qu'ils avaient prêté au roi (1).

Quelques années plus tard, nous trouvons Jean d'Argenteau au nombre des seigneurs qui accompagnèrent le duc Ernest de Bavière, à sa Joyeuse entrée à Liége, comme prince-évêque le 18 juin 1581 (2).

Le seigneur d'Ochain, avait épousé à Huy, par contrat du 20 octobre 1559, réalisé devant les Echevins de Liége, le 2 mai 1561 (3), Marie de Brialmont, fille d'Ottard de Brialmont, seigneur d'Atrin, Fraiture, haut-avoué de Xhos, grand-bailli de Condroz, bourgmestre de la ville de Huy, et d'Aldegonde de Berlaymont. Il acquit le 27 septembre 1591 devant la Cour de Huy (4), les seigneurie et château d'Avennes, de son beau-frère Jean de Brialmont, seigneur d'Atrin et de Fraiture, souverain-mayeur de Huy, pour la somme de 1300 florins de Brabant de rente, en déduction de la rente de 2500 florins, assignée comme dot à Marie de Brialmont, sur tous les biens de son frère, par acte passé devant les échevins de Liége, le 14 avril 1589 (5).

Il testa avec sa femme le 21 octobre 1581, à Ochain (6), et décéda dans les premiers mois de l'année 1593. Il fut enterré dans l'église de Clavier, et sa veuve releva l'usufruit de Méhaigne et de la seigneurie de Wignée, le 20 septembre 1595 (7).

De cette union sont issus :

1° Robert, chevalier, seigneur d'Ochain et de Pair, qu'il releva le 14 juillet 1593 (8), premier pair de Montaigu, gentilhomme de l'Etat-noble du pays de

(1) *Cour d'Ochain,* farde J.

(2) De Chestret, *La Joyeuse entrée d'Ernest de Bavière, à Liége ; Institut archéologique liégeois.*

(3) *Stock d'Ochain,* fol. 183 ; *Echevins de Liége,* convenances et testaments 1560-1565, fol. 205.

(4) *Stock d'Ochain,* fol. 265.

(5) *Ibidem,* fol. 261. Selon Le Fort, Ottard de Brialmont aurait laissé par son testament du 25 septembre 1577, à Jean d'Argenteau, 1500 florins de rente et la seigneurie d'Atrin.

(6) *Stock d'Ochain,* fol. 242.

(7) *Souverain bailliage de Namur,* reliefs et transports, 1592-1608 ; Bormans, *Fiefs de Namur,* XVIe siècle, p. 592.

(8) *Cour de Marcourt-Montaigu,* fiefs, 1568-1647, fol. 84.

Liége en 1600 (1), lieutenant-colonel au service d'Espagne, décédé à Huy, le 1er mai 1606 (2). Il avait épousé le 3 mars 1596, Jeanne de Mérode, baronne et dame de Houffalise, dame de Nalinnes, Fontenelle, Abbenbroeck, Volgersdyck, au nom de laquelle il releva, le 17 mars 1601 et le 9 février 1606, le tiers de Houffalise, mouvant en fief du comté de La Roche (3). Elle était fille de Jean de Mérode, seigneur de Morialmé, Ham-sur-Heure, Briffœuil et Sautour, avoué de Fosses, et de Philippine, comtesse de Montfort, dame de Nalinnes, Fontenelle, Abbenbroeck et Volgersdyck. Jeanne de Mérode épousa, en secondes noces, Werner-Alexandre, comte d'Oost-Frise et d'Over-Embden.

Robert d'Argenteau fut enterré dans l'église des Croisiers à Huy, sous cette épitaphe : *D. O. M. Cy gist noble et généreux sr messire Robert d'Argenteau, chevalier, sr d'Ochain, Pair, premier pair de Montahu, en son temps lieutenant-colonel pour le service de S. M. Cath. qui trespassat l'an 1606, le 1er jour de may, en mémoire duquel noble et généreux sr messire Claude d'Argenteau, chevalier, sr d'Ochain son frère, a fait ériger cette épitaphe l'an 1618.*

2o Jean, mort en bas-âge.

3o Louis, décédé avant ses parents.

4o Claude, qui suit.

XV. **Claude d'Argenteau, chevalier, seigneur d'Avennes, d'Ochain, Pair, Wignée, haut-avoué de Méhaigne** (4), premier pair de Montaigu, gentilhomme de l'Etat-noble de Liége en 1610. Il releva la seigneurie d'Ochain, après la mort de son frère Robert, à la Cour féodale de Montaigu, le 24 octobre 1607 (5), et obtint, en 1635, l'engagère de la seigneurie avec haute, moyenne et basse-justice de Méhaigne, du roi d'Espagne, pour la somme de 3000 florins (6). Il

(1) Misson, p. 20.

(2) Par acte du 18 avril 1597, Robert d'Argenteau et son frère Claude, firent, devant les Echevins de Liége, le partage de la succession de leurs parents (*Stock d'Ochain*, fol. 279). Robert, par son testament fait à Huy, le 30 avril 1606, institua son frère Claude, son légataire universel (*Cour d'Ochain*, œuvres, reg. 36, 1496-1652; *Stock d'Ochain*, fol. 306 vo).

(3) *Cour féodale de La Roche*, reg. 1591-1604, 1591-1626, 1605-1610, archives de l'Etat à Arlon.

(4) Par reliefs du 6 août 1596 et du 17 novembre 1609, Bermans, *Fiefs de Namur*, xvie siècle, p. 595, xviie siècle, p. 26.

(5) *Cour de Marcourt-Montaigu*, fiefs 1568-1647, fol. 164.

(6) Del Marmol, *Histoire de Méhaigne, Annales de la Société archéologique de Namur;* Galliot, *Histoire du comté de Namur*, t. IV, p. 129.

décéda au château d'Ochain, le 7 février 1649, et fut enterré dans la chapelle du Rosaire en l'église paroissiale de Clavier, qu'il avait fait rebâtir en 1624, et où l'on voyait cette inscription : *Messire Claude d'Argenteau, chevalier, seigneur d'Ochain, Paire, Avesne, Wignée, Croleu, Méhaigne, Ier pair de Montahu, et Mad^e Genevïefve, baronne de Groisbeck, sa compaigne, à l'honneur, de Dieu, de sa glorieuse mère et décoration de l'église ont l'an 1624, fait aggrandir cette chapelle pour servir de monument sépulcral à leurs personnes et postérité.*

Claude d'Argenteau épousa, par contrat signé à Andenne, le 16 novembre 1599 (1), Géneviève de Groesbeeck, qui décéda à Huy, paroisse de Saint-Mengold, le 18 octobre 1655, et fut enterrée auprès de son mari, avec qui elle avait fait son testament conjonctif à Ochain, le 9 septembre 1646 (2), en l'église de Clavier. Elle était fille de Jean de Groesbeeck, vicomte d'Aublain, seigneur de Hoemen, Maldenbeek, Fontaine-le-château, Dansoul, Anthée, gentilhomme de l'Etat-noble de Liége, et d'Anne de Senzeilles, vicomtesse d'Aublain.

De ce mariage sont issus :

1° Robert, chevalier, seigneur d'Ochain et de Pair, qu'il releva le 16 avril 1633 (3), premier pair de Montaigu, page de l'archiduc Albert, souverain des Pays-Bas en 1621 (4), puis capitaine au terce d'infanterie wallonne du comte de Frezin, au service d'Espagne, par commission du 31 mars 1631 (5), gentilhomme de la chambre de Ferdinand de Bavière, électeur de Cologne et prince-évêque de Liége, grand-bailli de Condroz, marié par contrat fait au château de Huy, le 14 avril 1632 (6), à Anne-Marguerite de Reede de Saasfeld, dame de Bolland, Julémont et Trembleur, fille de Gérard de Reede, chevalier, seigneur de Saasfeld, Veru, etc., et de Marie de Wyhe, dame de Herme.

Après la mort de son mari, arrivée le 17 janvier 1641, Anne-Marguerite de Reede épousa, en secondes noces, Albert-Eugène, comte de Lannoy, baron de Clervaux, seigneur d'Ennery, Wolmerange, etc., mestre de camp d'un terce

(1) *Stock d'Ochain*, fol. 357.

(2) *Ibidem*, fol. 368.

(3) *Cour de Marcourt-Montaigu*, fiefs, 1568-1647 fol. 332. Robert d'Argenteau fit relief du vivant de son pére, qui lui avait donné la seigneurie d'Ochain en dot, à son mariage.

(4) *Pompa funebris*, p. 54.

(5) *Patentes militaires*, reg. V, 1631-1635, fol. 86, archives générales du Royaume.

(6) *Cour d'Ochain*, œuvres. reg. 43, 1632-1654, fol. 1 à 9; *Stock d'Ochain*, fol. 376.

d'infanterie wallonne, lieutenant-gouverneur du duché de Luxembourg, mort le 25 août 1697, fils de Claude de Lannoy, comte de la Motterie, baron de Clervaux, chevalier de la Toison d'or, mestre de camp général des armées d'Espagne aux Pays-Bas, conseiller au Conseil suprême de guerre, gouverneur de Maestricht, et de Claudine d'Eltz, baronne de Clervaux.

2o Marie, décédée à Ochain, le 28 juin 1608, et enterrée dans l'église de Clavier, sous une pierre sépulcrale portant ses huit quartiers et cette inscription : *Icy gist Marie d'Arienteaux, fille de Messire Claude d'Arienteaux, chlr, sr d'Ochain, Paire, Avesne, Winée, Crolcu, hault-voé de Mehaigne, et de Madame Genevieffve de Groisbeeck sa compaigne, qui trespassat le 28 de jung 1608* (1).

3o Guillaume-François, qui suit.

4o Jean, mort jeune.

5o François-Zegher, seigneur d'Avennes, haut-avoué de Méhaigne, capitaine de cavalerie au service d'Espagne, mort des suites de blessures reçues au siége de Landrecies, le 12 juillet 1647.

6o Jeanne-Françoise, chanoinesse d'Andenne, par réception du 15 janvier 1612 (2), après preuve des quartiers suivants : *Argenteau, Cotereau, Brialmont, Berlaymont, Groesbeeck, Stemmel, Senzeille, Hun.* Elle épousa, en premières noces, par contrat du 1er février 1618, ratifié le 25 du même mois (3), Philippe-Ernest de Namur, vicomte d'Elzée, seigneur de Dhuy, Flostoy, Erquelinnes, Laittre, Sart, etc., décédé en 1633, fils de Claude de Namur, chevalier, seigneur de Dhuy, Elzée, Bayart, Moufrin, Walhay, Erquelinnes, Sart, etc., et de Jeanne de Berlo. Leur testament conjonctif du 24 octobre 1631, fut approuvé au Conseil de Namur, le 2 septembre 1636 (4). En secondes noces, elle fut mariée à Florent de Waha-Baillonville, seigneur de Vecquemont et de Godinne, fils d'Everard de Waha dit de Baillonville, seigneur de Vecquemont, prévôt de Poilvache, et de Catherine de Mérode.

(1) Les inscriptions sépulcrales sont tirées du *Recueil de tombes et épitaphes* de H. van den Berch, hérault d'armes du pays de Liége ; manuscrit appartenant à M. le comte de Grunne, sénateur.

(2) *Chapitre d'Andenne*, reg. 12, fol. 24; *Armorial*, réceptions, de 1612-1771, fol. 25 vo.

(3) *Stock d'Ochain*, fol. 320 vo et 475.

(4) *Société archéologique de Namur*, t. XI, p. 82; Butkens, dans les *Trophées de Brabant*, t. II, p. 226 et 227, donne par erreur à Philippe-Ernest de Namur, pour femme, Marie-Marguerite d'Argenteau d'Esneux.

7° Geneviève-Thérèse, chanoinesse d'Andenne, par réception de 1637, et écolâtre du chapitre; elle fit son testament le 11 juin 1677 (1).

8° Anne-Marie, dame de Wignée (2), chanoinesse d'Andenne (3), mariée le 28 février 1632, à Everard-Florent de Severy, chevalier, seigneur de Saint-Amand-lez-Fleurus, Escaille, Brigode, Monceau, membre du Conseil de guerre du roi d'Espagne aux Pays-Bas, gouverneur et capitaine du château de Namur, décédé avant 1650, fils d'Everard de Severy, chevalier, seigneur de Saint-Amand, Wayaux, Monceau, etc., lieutenant-gouverneur du comté et du château de Namur et capitaine d'une compagnie d'infanterie au service d'Espagne, et de Marie Blanchedame, sa seconde femme (4).

9° Catherine-Anne, chanoinesse d'Andenne en 1637 (5).

10° Claire, religieuse au couvent des Sœurs grises à Namur.

XVI. **Guillaume-François d'Argenteau, chevalier, seigneur d'Ochain, Avennes, Birtrange et Fontoy** (6), **haut-avoué de Méhaigne** (7), premier pair de Montaigu, membre de l'Etat-noble de Liége en 1648 (8). Il épousa par contrat au château de Heers, le 1er décembre 1647 (9), Marie-Antoinette, comtesse de Rivière d'Aerschot, née le 4 avril 1620, avec laquelle il fit son testament conjonctif à Ochain, le 15 juin 1658 (10), fille de Henri, comte de Rivière d'Aerschot et de Heers, seigneur de Horpmael, Jesseren, Wimmertingen, Bonage, Mont, etc., membre de l'Etat-noble et bourgmestre de Liége en 1631, et de Catherine de la Douve Neuféglise, baronne de Hauteville en Picardie, dame de Stalle, Sanghien,

(1) *Chapitre d'Andenne,* reg. 15, testaments de 1284-1778, fol. 81 à Namnr.

(2) Elle releva à Namur, après la mort de son premier mari, les fiefs de Saint-Amand et de Wignée le 11 décembre 1655. Bormans, *Fiefs de Namur,* xviie siècle, p. 140.

(3) Misson, *Le chapitre d'Andenne,* p. 217.

(4) *Stock d'Ochain,* fol. 339.

(5) Misson, *Le chapitre d'Andenne,* p. 217.

(6) Les seigneuries de Birtrange, dans le Luxembourg, et de Fontoy, avaient été léguées à Guillaume-François d'Argenteau, par Zegher, baron de Groesbeeck, chanoine de Saint-Lambert à Liége et prévôt de Huy, *Cour d'Ochain,* farde S.

(7) Par relief du 4 avril 1656, Bormans, *Fiefs de Namur,* xviie siècle, p. 141. Le 16 avril 1650, le seigneur d'Ochain fit transport de Méhaigne à Hubert de Corswarem, mais cet acte n'eut pas de suite; Bormans, *Ibidem,* p. 123.

(8) Misson, p. 20.

(9) *Stock d'Ochain,* fol. 387 v°.

(10) *Ibidem,* fol. 413; *Souverain bailliage de Namur,* reg. 251, fol. 274.

etc. (1). Elle décéda à Huy, le 28 septembre 1666, et fut enterrée auprès de son mari, décédé le 26 juillet 1658, dans la chapelle du Rosaire en l'église de Clavier.

De ce mariage naquirent :

1° Henri-Claude, chevalier, dit baron d'Argenteau, seigneur d'Ochain, Avennes, Pair, haut-avoué de Méhaigne, né au château d'Ochain, le 1er février 1649 et baptisé dans la chapelle castrale le 19 mars suivant, décédé célibataire vers 1670.

2° Guillaume-François, qui suit.

3° Thérèse-Henriette-Hélène, chanoinesse d'Andenne, par lettres patentes de Charles II, roi d'Espagne, du 17 octobre 1669, et par réception du 12 octobre 1670, après preuve des huit quartiers suivants : *Argenteau, Brialmont, Groesbeeck, Senzeilles, Aerschot-Rivière, Mérode-Trélon, La Douve, Mérode* (2).

Elle devint écolâtre du chapitre, fit son testament le 4 août 1704 et décéda le 1er avril 1705. Elle fut enterrée dans la chapelle de Sainte-Barbe, sous une pierre tumulaire portant ses huit quartiers et cette inscription : *Icy repose le corps de noble et généreuse demoiselle Thérèse-Henriette d'Argenteau chanoinesse et écolâstre de l'illustre chapitre d'Andenne qui trespassa le Ier d'avril 1705. Prié Dieu pour son âme* (3).

4° Anne-Ferdinande-Claire, chanoinesse de Moustier, par réception du 26 avril 1670 ; nommée abbesse par le roi d'Espagne Charles II, le 11 décembre 1687, et confirmée par l'évêque de Namur le 23 janvier suivant ; elle décéda le 5 août 1702, et fut enterrée dans le chœur de la collégiale (4).

5° Philippe-Joseph dit baron de Pair, seigneur de Birtrange, décédé célibataire au château d'Ochain, le 14 janvier 1694.

6° Charles-Ernest dit baron d'Avennes, auteur du *Rameau de Méhaigne.*

7° Edmond-Ferdinand dit baron du Val, décédé célibataire le 25 septembre 1710, et enterré dans la chapelle de Clavier.

XVII. **Guillaume-François, comte d'Argenteau, seigneur d'Ochain, Pair,**

(1) De Borman, *Les seigneuries du comté de Looz* (Heers), p. 34.

(2) *Chapitre d'Andenne,* preuves, reg. 13, fol. 21, et reg. 15, fol. 87 ; Misson, *Histoire du chapitre noble de Sainte-Begge à Andenne,* p. 217.

(3) Cette pierre existe encore aujourd'hui, encastrée dans le mur de la partie inférieure du clocher de l'église d'Andenne.

(4) Barbier, *Le chapitre noble de Moustier-sur-Sambre,* p. 40 à 43.

Avennes, Fontoy, Champlon, Genneret, haut-avoué et seigneur de Méhaigne, par relief du 10 novembre 1671 (1), premier pair de Montaigu, né à Ochain et baptisé dans la chapelle castrale le 27 janvier 1652, gentilhomme de l'Etat-noble de Namur en 1679 (2), et de l'Etat-noble de Liége en 1691 (3), décéda à Huy, le 7 septembre 1693 et fut enterré à Clavier. Il avait épousé, par contrat du 4 avril 1672, et religieusement le surlendemain dans l'église des Frères-mineurs à Huy (4), Marie-Eugénie-Brigitte de Longueval de Bucquoy, chanoinesse de Mons, après preuve des quartiers suivants : *Longueval, Lille, Biglia, Visconti, Croy, Beaufort, Lalaing, Croy* (5), décédée à Ochain, le 21 avril 1714, et enterrée dans l'église de Clavier. Elle était fille de Charles-Albert de Longueval, comte de Bucquoy, Gratzen et Rozenberg, baron de Vaulx, seigneur de Libiegitz, Farciennes, Goeulzin, Achier-le-Petit, etc., chevalier de la Toison d'Or, gouverneur, capitaine-général et grand-bailli de Hainaut, grand-veneur et louvetier d'Artois, général de la cavalerie du roi d'Espagne aux Pays-Bas, capitaine d'une bande d'ordonnance, gentilhomme de la chambre et conseiller intime de l'Empereur, et de Marie-Guillemette de Croy-Solre.

De ce mariage naquirent :

1° Marie-Françoise, née au château de Farciennes-sur-Sambre et baptisée dans la chapelle castrale le 9 avril 1673 ; les cérémonies baptismales furent complétées dans l'église de Saint-Denis à Huy, le 9 mai 1673. Chanoinesse de Mons, par lettres patentes du 24 novembre 1685, elle fut reçue en 1686, après

(1) Bormans, *Fiefs de Namur*, XVIIe siècle, p. 181. Dans la seconde moitié du XVIIe siècle, les membres de la famille d'Argenteau portèrent le titre de baron puis celui de comte, qu'ils continuèrent à porter jusqu'à nos jours, à l'exemple de toutes les familles qui avaient siégé aux Etats-nobles du pays de Liége et du comté de Looz, ainsi que des pays Rhénans. Mais nous n'avons pu découvrir si c'est en vertu d'une disposition spéciale du chef suprême de l'Empire dont les pays de Liége et de Looz faisaient partie.

Quoi qu'il en soit, ces titres furent admis de fait, par les gouvernements d'alors, notamment par ceux de Vienne, de Bruxelles, de Liége et de Cologne, qui les reconnurent officiellement en les attribuant à ces familles dans tous les actes publics et officiels, les lettres patentes et diplômes, tant civils que militaires, les réceptions, comme pages et chambellans à la cour de Vienne et à celles de Bruxelles et de Liége, dans les ordres Teutonique, de Malte et de la Croix étoilée, etc.

(2) *Société archéologique de Namur*, t. XVIII, p. 168 et 175.

(3) Misson, p. 41.

(4) *Stock d'Ochain*, fol. 420 v°.

(5) *Chapitre de Sainte-Waudru* à Mons, réceptions, reg. I, fol. 101 v°.

avoir prouvé les quartiers : *Argenteau, Groesbeeck, Aerschot-Rivière, La Douve ; Longueval, Biglia, Croy, Lalaing* (1).

2° Charles-Marie, qui suit.

3° Ferdinande-Octavie dite Mademoiselle d'Avennes ; les cérémonies de son baptême furent complétées dans l'église de Farciennes le 26 juillet 1686 ; chanoinesse de Mons en 1700, elle décéda le 19 juillet 1724 et fut enterrée à Sainte-Waudru (2).

XVIII. **Charles-Marie, comte d'Argenteau, seigneur d'Avennes, Ochain et Pair,** par relief du 11 mars 1709 (3), seigneur et haut-avoué de Méhaigne (4), naquit au château d'Ochain et fut baptisé le 26 avril 1675 dans l'église de Clavier. Les cérémonies baptismales furent complétées dans l'église de Farciennes, le 23 septembre 1685. Membre de l'Etat-noble de Luxembourg, ensuite de celui du pays de Liége, par réception du 12 décembre 1709, et preuve des huit quartiers (5) : *Argenteau, Groesbeeck, Aerschot-Rivière, La Douve, Longueval, Biglia, Croy, Lalaing* ; lieutenant de la Souveraine Cour féodale de Liége et, en cette qualité, chef de l'Etat de la Noblesse, décédé au château d'Ochain, le 19 décembre 1752, et enterré dans l'église de Clavier. Il avait épousé, au mois d'avril 1703, Ermelinde-Eugénie de Salmier, dame de Hosden, chanoinesse de Moustier, née à Namur et baptisée dans l'église de Saint-Loup, le 17 février 1674, décédée à Ochain, le 12 décembre 1715, à la suite de ses onzièmes couches, et enterrée dans l'église de Clavier, fille d'Eustache-Charles de Salmier, seigneur de Hosden, Melroy, Namèche, Vezin, Ville-en-Hesbaye, et de Marie-Adrienne de Havreck, chanoinesse d'Andenne.

De ce mariage naquirent, au château d'Ochain, onze enfants, qui furent tous baptisés dans la chapelle castrale :

1° Reine-Octavie, baptisée le 7 janvier 1704.

2° Marie-Caroline, baptisée le 24 mars 1705.

3° Philippine-Théodorine, baptisée le 27 avril 1706.

(1) Le Fort, IIe partie, reg. 9, fol. 170. Les réceptions de cette époque n'existent pas aux archives de Mons.

(2) *Chapitre de Sainte-Waudru*, réceptions, reg. I, fol. 105.

(3) *Cour de Marcourt-Montaigu*, reg. de 1696-1758, fol. 166.

(4) Bormans, *Fiefs de Namur*, XVIIe siècle, p. 233.

(5) Misson, *L'Etat-noble de Liége*, p. 43.

4° Michelle-Eugénie dite Mademoiselle de Pair, baptisée le 18 avril 1707, chanoinesse de Mons, par réception du 19 juin 1715, après preuve des huit quartiers : *Argenteau, Rivière, Longueval, Croy, Salmier, Hosden, Havreck, Zuijlen* (1), dame de la Croix étoilée le 3 mai 1734, mariée à Louis-Théodore-François-Joseph-Marie d'Ongnies, baron de Courières et d'Ourges, seigneur Deldoncq, né à Bruxelles, baptisé à Sainte-Gudule, le 14 août 1694, lieutenant-colonel au régiment de *Westerloo*, dragons, au service d'Autriche en 1725 (2), puis colonel, par commission du 13 décembre 1728, de ce régiment devenu ensuite dragons de *Ligne*, qu'il commanda pendant les campagnes sur le Rhin des années 1733 à 1735, général-major au mois de novembre 1736, pour prendre rang à la date du 17 mars 1735, enfin feld-maréchal-lieutenant le 21 juillet 1741 (3). Il avait été reçu membre de l'Etat-noble de Hainaut en 1732, conseiller intime d'Etat et chambellan de l'impératrice Marie-Thérèse en 1745, et décéda à Bruxelles, dans la paroisse de Notre-Dame-de-la-Chapelle, le 2 janvier 1766. Il était fils de François-Joseph d'Ongnies, baron de Courières et d'Ourges, général de bataille des armées d'Espagne aux Pays-Bas, gouverneur de Courtray, et d'Anne-Hermanne-Emerentiane van der Linden d'Hooghvorst.

5° Louis-Philippe, qui suit.

6° Ange-Marie, baptisée le 19 octobre 1709, chanoinesse de Mons, par réception du 5 juin 1716 (4), dame de l'Ordre de la Croix étoilée le 3 mai 1766, décédée première doyenne du chapitre de Mons, le 11 mai 1790 (5).

7° Louis-Octave-Denis, comte d'Argenteau, baron de Blaesvelt (6), baptisé le 13 octobre 1710 ; les cérémonies baptismales furent complétées le 16 octobre suivant dans l'église de Clavier.

Il entra, en 1730, au régiment de *Diemaer*, cuirassiers, au service d'Autriche,

(1) *Chapitre de Sainte-Waudru*, à Mons, réceptions, reg. I, f. 104.

(2) Amon von Treuenfest, *Geschichte des K. K. Dragoner-Regimentes Feldmarschall Alfred Furst zu Windisch-Graetz*. Wien 1886, p. 7.

(3) *Ibidem*, p. 10, 14, 15, 29 et 30.

(4) *Chapitre de Sainte-Waudru*, à Mons, réceptions, reg. I, fol. 104.

(5) *Analectes pour servir à l'Histoire ecclésiastique de la Belgique*, t. XIV, p. 335.

(6) Par reliefs du 16 mai 1775 et du 25 mars 1788, Gachard, *Les seigneurs et les seigneuries de Brabant au XVIIIe siècle, Commission d'histoire*, 3e série, t. XIII, p. 398. Blaesvelt, seigneurie relevant du duché de Brabant dans la mairie de Merchtem, près de Malines, fut érigée en baronnie le 1er avril 1647. Le château a été détruit, il n'en reste plus qu'un pavillon autour duquel rayonnent plusieurs grandes drèves.

où il devint rapidement capitaine et assista, en 1734, à la bataille de Parme. En 1737, il combattit avec son régiment à Banjaluka; en 1738, à Cornia et près de Belgrade; en 1739, près de Krotzka. Pendant la guerre de la succession d'Autriche, il fut à l'armée de Bohême, sous le prince Charles de Lorraine, et assista à la bataille de Craslau, ainsi qu'au siége de Prague. Pendant les années 1743 et 1744, il servit à l'armée de l'intérieur et à celle du Rhin et, en 1745, il assista encore aux batailles de Striegau et de Trautenau.

Nommé lieutenant-colonel, le 20 novembre 1745, sans avoir été major, le comte d'Argenteau passa, en même temps, au régiment de dragons *Philibert*, dont il devint colonel-commandant le 20 décembre 1748. Envoyé cette même année, avec son régiment, dans les Pays-Bas, il prit part à la dernière campagne de la guerre de la succession d'Autriche, terminée par la paix d'Aix-la-Chapelle et revint, en 1753, avec son régiment qui avait pris le nom de *Kollowratt*, en Hongrie, où il passa dans la brigade du général-major comte Radicati. Nommé général-major le 19 mars 1756, au début de la guerre dite de Sept ans, il fut désigné, le 26 septembre suivant, pour servir à l'armée principale opérant en Bohême, où il commanda une brigade composée du régiment de cuirassiers *Anhalt-Gerbst* et du célèbre régiment de dragons wallons de *Ligne* (plus tard *Latour*) (1). L'année suivante, le 16 juin, le comte d'Argenteau se distingua à la mémorable bataille de Collin (2), et fut élevé en récompense de ses services, le 18 avril 1758, au grade de feld-maréchal-lieutenant. A la surprise, dans la nuit du 13 au 14 octobre de la même année, du camp retranché de Hohenkirch, où le feld-maréchal comte Daun, défit Fréderic II et mit toute l'armée prussienne en déroute, il commandait l'aile droite du corps d'armée du général de cavalerie de Buckow. Enfin, en 1761 et 1762, il fit partie de l'armée de Silésie, aux ordres du feld-maréchal baron de Loudon, qu'il suppléa à différentes occasions dans son commandement (3).

Après la conclusion de la paix à Hubertsbourg, le 23 février 1763, le comte d'Argenteau rentra dans les Pays-Bas, fut nommé gouverneur de Termonde en mai 1766, gouverneur de Bruxelles (4), par commission du 1er mars 1775, et élevé

(1) Amon de Treuenfest, p. 88.

(2) Guillaume, *Histoire des régiments nationaux des Pays-Bas, au service d'Autriche*, p. 41.

(3) *Archives du ministère I. et R. de la guerre de Vienne.*

(4) L'hôtel d'Argenteau se trouvait au commencement de la rue de la Régence sur l'emplacement de l'aile droite actuelle du palais de S. A. R. le comte de Flandre.

enfin, le 3 avril 1784, au rang de général de la cavalerie ; il était chambellan de S. M. I. et R. Ap. depuis 1757. Après 68 ans de service, il obtint sa retraite le 16 mars 1798, et décéda en émigration à Munster en Westphalie, le 1er avril 1802. Ses héritiers obtinrent, le 29 janvier 1807, son amnistie du chef d'émigration.

Louis-Octave-Denis d'Argenteau avait été marié au château de Brugelette, par contrat du 30 septembre 1756, à Marie-Madeleine-Josèphe-Henriette d'Ongnies, comtesse de Mastaing, née à Bruxelles et baptisée à Sainte-Gudule, le 26 juin 1725, chanoinesse de Mons, par lettres patentes de l'empereur Charles VI, du 9 février 1730 (1) et réception, du 21 juin 1736, après avoir fait preuve des quartiers : *Ongnies, Montmorency, Bournonville, Arenberg, Jauche*, *Estourmel, Gand-Isenghien, Sarmientos*, sœur d'Othon-Henri d'Ongnies, comte de Mastaing, prince de Grimberg, général-major au service d'Autriche, grand-maître de la cour de Bruxelles, conseiller intime d'Etat, etc. Elle était fille d'Antoine-Henri d'Ongnies, comte de Mastaing, seigneur de Pamele, chambellan et conseiller d'Etat intime actuel de LL. MM. II. et RR. Ap., lieutenant des Archers gardes nobles et lieutenant des fiefs de Brabant, grand-bailli du Brabant-Wallon en 1740, et de Marie-Josèphe-Antoinette-Pauline-Joachime-Albertine de Jauche, comtesse de Mastaing, dame de Brugelette et d'Hérimez et dame de la Croix étoilée.

De ce mariage naquirent :

A. Marie-Charlotte-Alexandrine-Emmanuelle-Ghislaine-Félicie-Louise, née à Bruxelles, et tenue sur les fonts de baptême dans la chapelle de la Cour (paroisse de Saint-Jacques-sur-Caudenberg), le 25 décembre 1759, par le duc Charles de Lorraine, frère de l'empereur François 1er et par sa sœur la princesse Anne-Charlotte de Lorraine. Elle décéda à Bruxelles, dans la paroisse de Sainte-Gudule, le 15 décembre 1763.

B. Marie-Anne-Ghislaine-Alexandrine-Louise-Théodorine, née à Bruxelles et baptisée à Sainte-Gudule, le 28 février 1764, dame du palais de l'archiduchesse Marie-Christine, gouvernante générale des Pays-Bas de 1785 à 1792, dame de

(1) Dans les lettres patentes, dont l'original se trouve aux archives de l'Etat, à Mons, elle est nommée Marie-Madeleine-Antoinette, et dans l'acte de réception, Marie-Madeleine-Joséphine-Henriette, mais c'est bien la même personne ; chapitre de Sainte-Waudru, à Mons, réceptions, reg. I, fol. 107.

la Croix étoilée en 1787, décédée à Munster, le 25 mars 1801, et enterrée le surlendemain dans l'église de Saint-Ludger à Abbachten (1). Elle avait épousé, à Bruxelles, dans l'église de Saint-Jacques-sur-Caudenberg, le 2 février 1785, Joseph-Alexandre-François, comte de Maldeghem et de Steenhuffel, baron de Leyschot, seigneur de Haybes (2), né à Bruxelles et baptisé à Notre-Dame-de-la-Chapelle, le 11 juillet 1753, chambellan de S. M. I. et R. Ap., capitaine de grenadiers au régiment de *Ligne*, au service d'Autriche (3), grand-veneur de Brabant, par commission du 18 avril 1792 (4), décédé à Bruxelles, le 17 octobre 1809, fils de Charles-Florent-Joseph, comte de Maldeghem et de Steenhuffel, baron de Leyschot, seigneur de Haybes, chambellan de LL. MM. II. et RR. Ap., colonel d'infanterie au service d'Autriche et capitaine des archers gardes nobles, et de Marie-Philipine de Stain, chanoinesse de Mons, dame de la Croix étoilée et de la Cour de l'archiduchesse, gouvernante-générale des Pays-Bas.

8° Ernest-Joseph, baptisé le 15 avril 1712. Les cérémonies baptismales furent complétées le 15 août suivant, mort en bas-âge.

9° Angelique-Thérèse, baptisée le 12 mai 1713, chanoinesse d'Andenne, par réception du 7 septembre 1727, sur preuve des huit quartiers : *Argenteau, Aerschot-Rivière, Longueval, Croy, Salmier, Hosden, Havreck, Savary* (5). Elle avait été mariée, le 28 septembre 1732, à Nicolas-Ignace de Woelmont, seigneur d'Hambraine, Brumagne et de Soiron, membre de l'Etat-noble de Namur en 1733, né le 26 juin 1707, décédé le 1er janvier 1786, fils de Charles-Alexandre de Woelmont, seigneur d'Hambraine et de Soiron, et d'Anne-Ermeline de Marbais. Elle décéda, à Hambraine, le 16 décembre 1783, sans laisser de postérité.

10° Charles-Joseph, baptisé le 24 août 1714; les cérémonies baptismales furent complétées le 20 avril 1720. Il mourut au service de l'empereur Charles VI, le 9 août 1730, en Sicile, à Messine où il fut enterré.

(1) Elle quitta les Pays-Bas autrichiens en 1794, pour se retirer avec sa famille à Munster, puis à Morawetz, terre qu'elle acquit en 1799 en Bohême, et fit son testament à Brunn, le 10 juin 1800.

(2) LA HAYE, *Le livre des fiefs de la prévôté de Poilvache*, p. 226.

(3) Il se distingua en 1779, étant capitaine de grenadiers au régiment de Ligne, en montant le premier à l'assaut de la forteresse de Schwedeldorf.

(4) Il succéda au prince de Grimberg, oncle de sa femme, dans la charge de grand-veneur de Brabant, le 18 avril 1792, et fut grand-maître de la maison de l'archiduc Charles en 1794; WAUTERS II, p. 132, *Maldeghem la Loyale*, p. 207.

(5) *Chapitre d'Andenne*, preuves de noblesse, à Namur.

11° Jean-Dieudonné, baptisé le 11 décembre 1715; les cérémonies du baptême furent complétées le 3 octobre 1716; décédé au château d'Ochain, le 31 octobre 1726, et enterré dans l'église de Sainte-Waudru, sous la pierre sépulcrale des chanoinesses de Mons, ses tantes.

XIX. **Louis-Philippe, comte d'Argenteau et de Dongelberg, seigneur d'Ochain** (1), **Pair,** premier pair de Montaigu, naquit à Ochain et fut baptisé dans la chapelle castrale le 27 septembre 1708, chanoine tréfoncier noble de Saint-Lambert à Liége, par commission du 29 décembre 1728, et réception du 5 mars 1729 (2); il renonça en 1731 à sa prébende pour se marier et fut reçu membre de l'Etat-noble de Liége, le 18 janvier 1735, après avoir prouvé les quartiers suivants : *Argenteau, Aerschot-Rivière, Longueval, Croy, Salmier, Hosden, Havreck, Zuylen* (3). Il fut admis à l'Etat-noble de Brabant, comme comte de Dongelberg en 1752 et était chambellan de S. M. I. et R. Ap. depuis 1745. Il décéda à Ochain, le 14 avril 1771, et fut enterré dans le caveau de l'église de Clavier. Le comte d'Argenteau épousa au château de Dongelberg, le 10 octobre 1731, Béatrice-Philippine-Joséphine, comtesse de Dongelberg, dame de Rouxmiroir, née et baptisée à Dongelberg, le 31 octobre 1712, chanoinesse d'Andenne en 1729, sur preuve des huit quartiers : *Dongelberg, Baussele, Berlaymont, Brandenbourg, Trazegnies, Lalaing, Wissocq, Hennin-Liétard* (4), décédée à Ochain, le 16 décembre 1744, et enterrée dans l'église de Clavier (5). Elle était fille unique et héritière de Philippe-Florent, comte de Dongelberg, seigneur de Fay, Jassogne, Rouxmiroir, chambellan de l'empereur Charles VI, membre de l'Etat-noble de Brabant, colonel d'infanterie au service d'Autriche,

(1) *Cour de Marcourt-Montaigu,* fiefs 1752-1774, fol. 7.

(2) De Theux, *Le chapitre de Saint-Lambert,* t. IV, p. 37.

(3) Misson, *Etat-noble de Liége,* p. 43.

(4) Misson, *Andenne,* p. 231.

(5) Elle releva le comté de Dongelberg, situé dans le Brabant-Wallon, le 13 mars 1731. La seigneurie de Dongelberg fut érigée en baronnie, par lettres patentes du roi d'Espagne, du 5 juillet 1662, en faveur de Jacques-Philippe de Dongelberg, député ordinaire des Etats de Brabant, qui en fit relief le 22 janvier 1663; et en comté, par lettres patentes du 25 octobre 1692 et relief du 3 juillet 1693, en faveur de son fils Philippe-Adrien, baron de Dongelberg, sergent-major (lieutenant-colonel) du terce du mestre de camp, comte de la Motte, en récompense de sa brillante conduite à la défense de Maestricht, au siége de Naarden et à la bataille de l'Inné en Cambrésis, où il avait été grièvement blessé.

grand-bailli du Brabant-Wallon, et de Marie-Angelique de Trazegnies, chanoinesse de Nivelles.

De ce mariage sont nés :

1o Louis-Philippe, né à Ochain et baptisé dans la chapelle castrale le 11 octobre 1731. Il décéda à Huy, dans la paroisse de Saint-Denis, le 31 décembre 1736, et fut enterré dans le chœur de l'église de Clavier, devant la pierre dite des enfants d'Argenteau.

2o Charles-Marie-Philippe-Augustin, né au château de Dongelberg et baptisé le 28 août 1732, mort jeune.

3o Antoine-Claude-Gillion, comte de Dongelberg, par relief du 30 juillet 1745, né à Huy et baptisé à Saint-Denis, le 19 février 1734, page à la Cour de Bruxelles de 1744 à 1749, mort sans alliance.

4o Philippe-Ignace, né à Huy et baptisé à Saint-Denis, le 17 novembre 1735, décédé au château d'Ochain, le 24 février 1738, et enterré dans l'église de Clavier.

5o Marie-Angelique-Joséphine, née au château de Dongelberg et baptisée le 11 juillet 1737, chanoinesse de Mons, par lettres patentes du roi de France, Louis XV, du 15 juin 1748 et par réception du 23 juin 1750, (1), après preuve des quartiers : *Argenteau, Longueval, Salmier, Havreck, Dongelberg, Berlaymont, Trazegnies, Wissocq,* dame du palais de l'archiduchesse Marie-Christine, à Bruxelles de 1781 à 1789, dame de la Croix étoilée par lettres patentes du 3 mai 1783, décédée à Bruxelles, le 27 octobre 1820. Elle avait épousé le 9 septembre 1764, Amour-Joseph-Philippe-Charles Taye, marquis de Wemmel et d'Assche, seigneur de Neuverue, Witterzée, Velpen, guidon héréditaire et membre de l'Etat-noble de Brabant, lieutenant des fiefs de la Cour féodale de Brabant, par lettres patentes du 5 avril 1775 (2), né à Bruxelles et baptisé à Notre-Dame de Finisterre, le 16 juillet 1738, décédé le 9 décembre 1792, et enterré à Wemmel, fils de Philippe-François Taye, marquis de Wemmel et d'Assche, comte de Marquette, seigneur de Gouy, Neuverue, Velpen, Celles, Temple, Crobels et Pulderbosch, etc., brigadier-général des armées d'Espagne, commandeur de l'ordre de Saint-Jacques, guidon héréditaire et membre de l'Etat-noble de Brabant, et de Catherine-Louise de Cotereau, marquise d'Assche.

6o Marie-Constance-Louise dite *Mademoiselle de Roux-Miroir*, née à Huy

(1) *Chapitre de Sainte-Waudru,* à Mons, reg. I, fol. 111.

(2) Galesloot, t. I.

Eugène Gillion Alexis Comte d'Argenteau
Feldzeugmeister des armées Autrichiennes
Gouverneur de Brünn

et baptisée à Saint-Denis, le 27 mars 1739, chanoinesse de Mons, par réception du 23 juin 1752, dame de la Croix étoilée en 1784.

7° Joseph-Louis-Eugène, qui suit.

8° Charles-Antoine-Philippe, né à Huy et baptisé à Saint-Denis, le 20 février 1742. Il entra à l'âge de 18 ans, le 1er mars 1760, comme lieutenant au régiment de *Berlichingen,* cuirassiers, au service d'Autriche, avec lequel il prit part aux trois dernières campagnes de la guerre de Sept ans. Nommé lieutenant en premier le 1er juillet 1767, il passa le 1er septembre au 1er régiment de carabiniers *Saxe-Teschen,* fut promu le 1er janvier 1772, capitaine au régiment des dragons de *Savoie,* et pensionné avec le grade de major, par décret impérial du 4 mai 1776. Au mois de juillet 1778, il fut nommé commandant du fort Philippe, sur le Bas-Escaut, près d'Anvers, et décéda en émigration à Woschevitz en Bohême, le 4 juillet 1801.

9° Eugène-Gillion-Alexis, comte d'Argenteau, né à Huy et baptisé dans l'église de Saint-Denis, le 30 décembre 1743. Il entra le 1er janvier 1760, comme enseigne au régiment d'infanterie, dont le feld-maréchal, comte de Mercy-Argenteau, était propriétaire au service de l'impératrice Marie-Thérèse, et prit part aux trois dernières campagnes de la guerre de Sept ans. Il se distingua d'une manière toute particulière, le 3 novembre 1760, à la célèbre et sanglante bataille de Torgau, ce qui lui valut, le 20 décembre suivant, le grade de lieutenant, le 21 juillet 1762, au combat de Lentmansdorff, ainsi qu'au siége de Schweidnitz. Nommé capitaine-lieutenant, le 1er novembre 1767, au régiment *Königsegg,* infanterie, il passa capitaine, le 1er décembre 1773, au régiment de *Loudon,* infanterie, où il devint major le 4 novembre 1777 et fit la campagne de la Succession de Bavière, en 1778, avec la principale armée autrichienne, opérant en Bohême. Lieutenant-colonel, le 10 octobre 1781, commandant d'un bataillon de grenadiers en 1783, il fut promu, le 1er mai 1784, colonel du régiment de *Loudon,* avec lequel il prit part à la compagne de 1789 contre les Turcs, et se distingua encore devant Semlin, ainsi qu'à l'assaut de la forteresse de Belgrade, où il commandait une des colonnes d'attaque. Sa brillante conduite, pendant cette campagne, lui valut le grade de général-major le 9 octobre 1789. Peu après, on lui confia une brigade à l'armée d'Italie, sous les ordres du feld-zeugmeister, baron de Vins. Celui-ci avait le commandement supérieur des armées Autrichienne et Sarde en Italie, au mois de septembre 1792, et détacha le général, comte d'Argenteau, pour commander avec le duc de Montferrat, le corps d'armée Sarde, destiné à couvrir les passages qui conduisent en Piémont par la vallée d'Aoste (1).

Pendant la campagne de 1795, chargé de se rendre maître de la position de Settepani, il se mit, le 24 juin au soir, à la tête de la colonne d'attaque et malgré une marche des plus pénibles à travers d'obstacles presque insurmontables, il emporta d'assaut cette position. Attaqué le lendemain dans l'après-midi, à la faveur d'un épais brouillard par l'ennemi, en forces très supérieures, il l'obligea à la retraite aprés un combat acharné de trois heures. Les Français, sous les ordres du général Masséna, renouvelèrent leur attaque le 27 du même mois, mais elle ne réussit pas mieux. Après quatre assauts successifs, ils furent repoussés et durent renoncer à forcer ce point important. Le comte d'Argenteau fut nommé pour ce fait d'armes, chevalier de l'ordre de Marie-Thérèse, par commission du 11 mai 1796.

La fin de la campagne de 1795, fut marquée par la bataille de Loano, où l'armée autrichienne commandée par le feld-zeugmeister, comte Wallis, fut battue le 23 novembre. M. d'Argenteau commandait l'aile droite (2), mais un conseil d'enquête réuni à Milan, sous la présidence du feldzeugmeister, baron de Stain, reconnut, le 3 mai 1796, qu'aucune des fautes commises à cette bataille, ne pouvait être imputable au général d'Argenteau.

Pendant la mémorable campagne de 1796, qu'allait illustrer le général Bonaparte, le comte d'Argenteau, élevé au grade de feld-maréchal-lieutenant le 4 mars 1796, pour prendre rang à la date du 6 mai 1795, resta à l'armée d'Italie, sous les ordres du feldzeugmeister, baron de Beaulieu.

Chargé du commandement du centre de l'armée autrichienne, il fut chargé de tomber à Savone, par le col de Montenotte, sur l'armée française, pendant sa marche supposée vers Gênes, tandis que M. de Beaulieu, avec l'aile gauche de son armée, se dirigeait le long de la mer sur Voltri. Le 11 avril, le comte d'Argenteau traversa le col de Montenotte et rejeta le colonel Rampon et les douze cents hommes, qui étaient préposés à sa garde, dans l'ancienne redoute de Montelegino. Mais il ne put, malgré trois furieux assauts, donnés à la redoute, forcer le passage avant la nuit, et dut remettre l'attaque au lendemain.

(1) Costa de Beauregard, *Un homme d'autrefois*, pp. 158, 167, 259 et 319.

(2) Thiers, *Histoire de la Révolution française*.

Bonaparte averti du mouvement offensif de l'armée autrichienne, profita de la faute commise par le général, baron de Beaulieu, de trop étendre sa ligne de bataille et replia, pendant la nuit, la division La Harpe, qui formait sa droite et qui avait été repoussée par le général autrichien. Il la dirigea, ainsi que la division Augereau, sur la route de Montenotte, tandis qu'il faisait marcher la division Masséna, par un chemin détourné, au-delà des Alpes, de manière à la placer sur les derrières même du corps autrichien. Le 12, au matin, le feld-maréchal-lieutenant, comte d'Argenteau, se vit attaqué en tête et en queue. Son infanterie résista avec la plus grande bravoure, mais enveloppée de tous les côtés par des forces supérieures, elle fut mise en déroute, et dut battre en retraite sur Dego, où se concentrait le reste de l'armée (1). Il ne fut pas plus heureux le 14, au combat de Dego. Sur le rapport du général baron de Beaulieu, le comte d'Argenteau dut se retirer de l'armée active le 18 juin 1796, mais un conseil d'enquête le justifia pleinement, le 4 avril 1797, des accusations portées contre lui et, le 12 juillet suivant, l'empereur lui rendit la croix de l'ordre de Marie-Thérèse qui lui avait été retirée. Il reprit le 30 décembre 1801, le commandement d'une division à Vienne ; en 1084, il fut nommé adjoint (ad latus) du commandant-général de la Moravie à Brunn, et second propriétaire du régiment d'infanterie *Archiduc-Jean.* Au début de la campagne de 1805, il fut appelé par l'illustre archiduc Charles d'Autriche, au commandement du corps d'armée de réserve de l'armée d'Italie, composé exclusivement de bataillons de grenadiers, avec lequel il combattit aux batailles de Caldiero, et dont il couvrit ensuite la retraite, lorsqu'après la bataille d'Austerlitz, l'archiduc Charles fut rappelé avec son armée d'Italie, pour défendre Vienne.

Après la conclusion de la paix, M. d'Argenteau reprit son commandement de la Moravie, fut élevé le 9 septembre 1808, au grade de feldzeugmeister, pour prendre rang à la date du 5 février 1806, et l'année suivante (1809), il devint colonel propriétaire du régiment dont il était second propriétaire, et qui, dès lors, prit son nom (2).

Le comte d'Argenteau fut mis à la retraite le 20 décembre 1812 et décéda célibataire à Brunn, le 4 mai 1819. Il était chambellan de S. M. I. et R. Ap.

(1) Thiers, *Histoire de la Révolution française*, t. III, p. 397.

(2) Archives du Ministère. I. et R. de la guerre de Vienne.

XX. **Joseph-Louis-Eugène, comte d'Argenteau et de Dongelberg** (1), **seigneur d'Ochain** (2), **Pair, Rouxmiroir, Avennes, Argenteau, Hermalle** (3), premier pair de Montaigu, naquit à Huy et fut baptisé dans l'église de Saint-Denis, le 29 octobre 1740. Membre de l'Etat-noble de la principauté de Liége, le 27 avril 1765, après preuve des huit quartiers suivants : *Argenteau, Longueval, Salmier, Havreck, Dongelberg, Berlaymont, Trazegnies, Wissocq* (4), chambellan de S. M. I. et R. Ap. en 1780, il décéda à Ochain, le 12 juin 1795, et fut enterré le surlendemain dans la chapelle du Rosaire à Clavier.

Il épousa dans l'église de Saint-Martin à Presbourg, en Hongrie, le 26 avril 1779, Marie-Josèphe-Louise-Françoise-Antoinette-Julie, comtesse de Limburg-Styrum Bronckhorst et de Globen, dame d'Argenteau, Hermalle et de Walsch en Bohême, née au château d'Argenteau et baptisée dans la chapelle castrale le 28 octobre 1759, décédée à Liége, en novembre 1808, fille unique de Charles-Joseph-Augustin, comte de Limburg-Styrum, Bronckhorst et de Globen, seigneur de Walsch, grand-juge héréditaire du duché de Gueldre, chambellan de LL. MM. II. et R. Ap., et de Marie-Elisabeth-Walburge-Anne-Louise-Françoise de Claris-Valincourt, marquise de Laverne de Rodes, comtesse de Clairmont, dame d'Argenteau et Hermalle, et petite-fille de Louis-Ferdinand-Joseph de Claris-Valincourt, marquis de Laverne de Rodes, comte de Clairmont, seigneur d'Argenteau, Hermalle, Monteleone, etc., conseiller d'Etat et chambellan de S. M. I. et R. Ap., lieutenant des fiefs de Brabant, grand-bailli de la ville et pays de Termonde, et de Marie-Anne, princesse de Hohenlohe-Bartenstein.

De ce mariage naquirent :

1° François-Joseph-Charles-Marie, qui suit.

2° Joseph-Louis-Jean-Népomucène-Adrien-Florent, né à Liége et baptisé dans la chapelle de l'hôtel d'Argenteau, paroisse de Sainte-Véronique, le 20 janvier 1781, décédé le lendemain.

3° Marie-Ange-Florimonde-Jeanne-Baptiste, née à Liége et baptisée dans la chapelle de l'hôtel d'Argenteau, le 26 février 1782, chanoinesse de Mons, par

(1) Par reliefs des 7 et 9 décembre 1761, des 23 mars et 19 mai 1771 ; GACHARD, *Les seigneurs et les seigneuries de Brabant au XVIIIe siècle*, p. 408.

(2) *Cour de Marcourt-Montaigu*, fiefs, reg. de 1752-1774, fol. 226, relief du 5 septembre 1771.

(3) Par relief du 30 juillet 1787, GACHARD, *loc. cit.*, p. 393.

(4) MISSON, *Etat-noble de Liége*, p. 45.

lettres patentes du mois de mai 1793 et réception du 28 juin 1793 (1), après avoir prouvé les quartiers : *Argenteau, Salmier, Dongelberg, Trazegnies, Limburg-Styrum, Globen, Claris-Laverne et Hohenlohe.* Elle décéda à Liége, le 27 mars 1866.

4° Marie-Thérèse-Ignace-Louise-Charlotte, née à Liége et baptisée dans la paroisse de Sainte-Véronique, le 8 juin 1783, chanoinesse de Mons, par réception du 13 mai 1791 (2), dame de l'ordre de Thérèse de Bavière, le 11 novembre 1829, décédée à Limal (Brabant), le 3 octobre 1859, mariée, en premières noces, à Bruxelles, le 29 juillet 1800, à Maximilien-Emmanuel-Marie-Joseph, baron d'Overschie de Neeryssche, né et baptisé à Neeryssche, le 22 décembre 1770, membre de l'ordre équestre de Brabant, décédé à Bruxelles, le 30 mai 1819, fils de Jean-Albert-Renier-Isbrant, baron d'Overschie de Neeryssche, seigneur de Leeuw, Hoff, etc., chambellan de S. M. I. et R. Ap., membre de l'Etat-noble de Brabant, et de Marie-Isabelle-Joséphine de Nassau-Corroy, chanoinesse de Moustier. Elle épousa, en secondes noces, à Bruxelles, le 1er juillet 1820, Joseph-Marie-Jean-Baptiste-Second-Colette-Ghislain, baron van der Linden d'Hooghvorst, né à Bruxelles et baptisé à Notre-Dame-de-Finisterre, le 24 juin 1782, auditeur au Conseil d'Etat, puis maire de Bruxelles, sous le premier empire, chambellan de Guillaume Ier, roi des Pays-Bas, en 1816, membre de l'Ordre équestre de Brabant en 1817, membre du Congrès national en 1830, sénateur le 29 août 1831, conseiller de régence à Bruxelles en 1831, chevalier de Malte et de l'ordre du Lion Belgique, officier de l'ordre de Léopold, décoré de la Croix de fer, décédé à Bruxelles, le 13 décembre 1846, fils de Jean-Joseph-Ghislain van der Linden, baron d'Hooghvorst, seigneur de Meysse, Marneffe, Willecom, Volandre, Baveghem, Bouchout, etc., membre de l'Etat-noble de Brabant, et d'Angelique-Philippine-Marie-Colette Gage, chanoinesse de Nivelles.

5° Marie-Anne-Charlotte-Louise, née à Liége et baptisée le 8 février 1785, décédée au château d'Ittre, le 24 avril 1822, mariée à Bruxelles, le 11 juillet 1810, à Charles-Maximilien-Philippe-Eugène, marquis de Trazegnies et d'Ittre, né à Ittre, le 12 mars 1774, baptisé le 20 du même mois, officier aux gardes-du-corps du roi d'Espagne, puis colonel commandant le 4e régiment d'infanterie au service des Pays-Bas, décédé à Bruxelles, le 13 décembre 1858, fils de Gillion-

(1) *Chapitre de Sainte-Waudru, à Mons*, réceptions, reg. 3, fol. 9 v°.
(2) *Ibidem*, résolutions, reg. 49, fol. 71 v°.

Othon-Alexis-Ghislain, marquis de Trazegnies, baron de Tongres-Saint-Martin, seigneur de Marche, Baudrin, Ciply, etc., chambellan de S. M. I., et R. Ap., membre des Etats-nobles de Brabant et de Hainaut, officier supérieur aux gardes-du-corps (compagnie flamande) du roi d'Espagne, et de Marie-Victoire-Dominique-Françoise-Xavière de Rifflart, marquise héritière d'Ittre.

6° Charles-Joseph-Benoit, comte d'Argenteau-d'Ochain, né à Liége et baptisé le 17 mars 1787, sous-lieutenant au 8e régiment de hussards, par décret de l'empereur Napoléon, daté de Schönbrunn, le 1er juin 1809, passé au 1er régiment de hussards, où il fut nommé lieutenant le 10 juin 1811, aide-de-camp du général comte Girardin, attaché à l'état-major de la Grande-Armée, le 27 mai 1812, il fit la désastreuse campagne de Russie, et assista aux batailles de Smolensk et de la Moskowa, ainsi qu'au passage de la Bérésina. Atteint du typhus, il ne dut son salut qu'au dévouement d'un chasseur à cheval, son ordonnance, qui le ramena sur une charette jusqu'à Wilna. En 1813, il passa comme lieutenant (avec rang de capitaine) au 1er régiment des gardes d'honneur, avec lequel il fit la campagne de cette année et reçut la Légion d'honneur des mains de l'empereur Napoléon, pour sa brillante conduite à la bataille de Hanau (1). Nommé chef d'escadrons au 3e régiment de hussards, le 24 janvier 1814, il prit part aux différentes batailles qui signalèrent la fin du règne de Napoléon et, après l'abdication de celui-ci, il obtint le 25 juin 1814, sa démission du service de France. Le roi des Pays-Bas, Guillaume Ier, l'attacha à sa personne comme major aide-de-camp, avec rang de lieutenant-colonel, le 20 mars 1815. Il devint membre de l'Ordre équestre du Grand-duché de Luxembourg, le 5 mars 1816, sous le nom de comte d'Argenteau d'Ochain, et figure dans la première liste des nobles, avec l'indication que les titres de comte ou de comtesse seront portés par toute sa descendance. Il fut nommé ensuite membre des Etats-provinciaux de Liége, le 20 juin 1816 et lieutenant-colonel à la suite du 3e régiment de cuirassiers, le 13 novembre de la même année.

Le 27 mai 1820, il renonça à la carrière militaire et donna sa démission de lieutenant-colonel et d'aide-de-camp du roi, qui le nomma son chambellan le surlendemain. Le 22 juin 1824, il abandonna ces dernières fonctions, pour entrer dans les ordres le 4 juillet suivant et le lendemain, il reçut les quatre ordres mineurs. Nommé prélat domestique de Sa Sainteté, le 3 septembre 1824, pro-

(1) Brevet du 28 novembre 1813.

S. G. Mgr Charles-Joseph-Benoit
Comte d'Argenteau d'Ochain
Archevêque de Tyr
Nonce du Saint Siége en Bavière etc.

tonotaire apostolique le 16 novembre suivant, membre de la congrégation pour la reconstruction de la basilique de Saint-Paul hors-des-murs, le 21 mai 1825, vicaire à Saint-Laurent in Damaso, le 22 juillet 1825, il fut enfin ordonné prêtre, le 10 août 1825. Nommé nonce à la Cour de Bavière, le 2 septembre 1826, et préconisé dans le consistoire secret du 2 octobre 1826, archevêque de Tyr, *in partibus infidelium*, il fut sacré, le 8 octobre suivant, dans l'église de Saint-Laurent in Damaso, par le cardinal de Somalia, assisté de Laurent, des ducs Mattei, patriarche d'Antioche, et d'Antoine Piatti, archevêque de Trébisonde. L'archevêque de Tyr, remplit les fonctions de nonce à Munich de 1826 à 1838, et ce ne fut que sur sa demande réitérée que le Saint-Père Grégoire XVI, le releva de ses fonctions, le 14 juillet 1838, en lui conservant les titres de prélat domestique de S. S. et d'évêque assistant au trône pontifical. Rentré en Belgique, il devint chanoine honoraire de la cathédrale de Liége, le 9 mars 1838 et doyen du chapitre, le 15 janvier 1842. En septembre 1876, il célébra le jubilé de cinquante ans de consécration épiscopale et décéda à Liége, le 16 novembre 1879. Il fut enterré dans le caveau de famille à Clavier.

L'archevêque de Tyr était chevalier de l'ordre de Saint-Hubert et grand-croix en brillants de l'ordre de la Couronne de Bavière, grand-croix de la Légion d'honneur et de la Couronne de chêne de Luxembourg, commandeur de l'ordre de Léopold de Belgique, chevalier de l'ordre militaire de Saint-Louis et de l'ordre du Lion Belgique, décoré de la médaille de Sainte-Hélène, etc.

XXI. **François-Joseph-Charles-Marie, comte de Mercy-Argenteau,** naquit à Liége, le 10 avril 1780. Il fut baptisé le surlendemain dans la chapelle de l'hôtel d'Argenteau, paroisse de Sainte-Véronique et tenu sur les fonts de baptême par Charles-Albert de Billehé, baron de Vierset, général-major au service d'Autriche, représentant comme parrain, S. M. l'Impératrice Marie-Thérèse, et par Marie-Ange-Josèphe, marquise de Wemmel, née Argenteau, comme marraine. Ainsi que nous le verrons ci-après, il fut l'héritier universel de son cousin Florimond-Claude, comte de Mercy-Argenteau, chevalier de la Toison d'or, ambassadeur impérial à la Cour de France, etc. etc., qui lui légua, par son testament du 6 mars 1794, outre tous ses biens, les titres, noms et armes de Mercy-Argenteau et de Chrisgnée.

Nommé chambellan de l'empereur Napoléon Ier, le 1er février 1805, il fut désigné au mois de septembre 1806, ainsi que MM. Eugène de Montesquiou, de

Tournon et de Turenne, aussi chambellans, pour accompagner l'empereur dans la campagne contre la Prusse, en qualité d'officier d'ordonnance avec rang de capitaine de cavalerie, mais arrivé à Wurzbourg gravement malade, il ne put continuer la campagne et dut rentrer à Paris. Le 17 juillet 1808, il fut nommé président du Collège électoral de Liége et, le 25 octobre suivant, de celui du département de l'Ourthe, chevalier de la Légion d'honneur, le 19 février 1809, et grand-croix de l'ordre de la Réunion, le 22 février 1812. Le 2 janvier 1812, il fut nommé envoyé extraordinaire et ministre plénipotentiaire de France à la Cour de Bavière, charge qu'il remplit jusqu'à la défection de cette puissance en 1813 (1). Rentré dans les Pays-Bas après l'abdication de l'empereur Napoléon, il fut appelé aux fonctions de gouverneur du Brabant méridional et de grand-chambellan de la Cour du roi Guillaume Ier à Bruxelles, le 24 avril 1815, membre de l'ordre équestre de la province de Liége, le 5 mars 1816, conseiller d'Etat le 19 mars 1818, et grand-croix de l'ordre du Lion Belgique le 29 décembre 1829.

Après la révolution de 1830, il se retira de la Cour et de la vie publique (2),

(1) Ce fut pendant la mission du comte de Mercy à la cour de Bavière que le prince de Saxe-Cobourg, depuis Léopold Ier, roi des Belges, vint passer le mémorable hiver de 1812-1813 à Munich, où il fut l'hôte assidu du ministre de France, dont il prisait fort la haute valeur et la distinction de caractère. Aussi lorsque ce prince fut appelé, en 1831, au trône de Belgique, un des premiers actes du nouveau souverain fut d'appeler à Bruxelles, le comte de Mercy-Argenteau, pour lui offrir la charge de grand-maréchal de la cour, que l'ex-grand-chambellan du roi Guillaume Ier ne crut pas pouvoir accepter.

Léopold Ier appréciant les motifs de délicatesse du comte de Mercy, lui envoya peu après son portrait peint en pied, en uniforme de colonel de cuirassiers, qu'il affectionnait particulièrement, et qu'il portait fréquemment pendant les premières années de son règne.

Quelques années plus tard, en 1856, après le mariage de S. A. R. le duc de Brabant, actuellement le roi Léopold II, avec l'archiduchesse Marie-Henriette, le roi Léopold Ier voulut que les augustes époux se rendissent à Argenteau pour visiter le vénérable comte de Mercy dans sa retraite, où leur présence fut l'occasion de fêtes splendides, dont le souvenir est resté vivace jusqu'aujourd'hui, sur les bords de la Meuse.

(2) Retiré dans son domaine d'Argenteau, il s'y voua exclusivement au culte des arts et des lettres. Il a laissé en manuscrit quelques souvenirs d'un voyage en Italie vers 1820, et sur la révolution Belge, un mémoire sur les évènements politiques de 1813, intitulé : *Ma mission en Bavière,* dont Thiers a eu connaissance ; enfin des souvenirs historiques sous le titre de : *Napoléon et l'Empire.* Ces manuscrits se trouvaient encore, il y a quinze ans, dans la bibliothèque du château d'Argenteau, où nous avons pu les consulter et en copier une faible partie ; nous ne savons ce qu'ils sont devenus depuis lors.

François-Joseph-Charles-Marie
Comte de Mercy-Argenteau
Grand-Chambellan de S. M. Guillaume Ier – Roi des Pays-Bas.

et fut élevé au rang de grand-officier de la Légion d'honneur, le 25 février 1845; il était aussi chevalier de Malte (1), par réception du 8 février 1840, et décéda au château d'Argenteau, le 25 janvier 1869.

Par décret du 28 octobre 1808 et lettres patentes données à Compiègne, le 25 mars 1810, l'empereur Napoléon Ier, avait érigé une partie du domaine de Mercy en Lorraine, en majorat, auquel fut attaché le titre de comte, en faveur de M. de Mercy-Argenteau, lequel majorat devait passer après lui, avec le même titre, à sa descendance directe, légitime, naturelle ou adoptive, de mâle en mâle, par ordre de primogéniture. Ce majorat continua à subsister après la chute de l'empereur Napoléon, et fut confirmé par lettres patentes, du roi Louis-Philippe, datées des Tuileries le 14 octobre 1836 (2).

Lors de l'établissement du royaume des Pays-Bas, M. de Mercy-Argenteau, qui avait été nommé membre de l'ordre équestre de Liége, le 5 mars 1816, avec le titre de comte, fut porté sur la première liste de la noblesse reconnue officiellement, avec la mention que tous ses descendants porteraient le titre de comte ou de comtesse.

Le comte de Mercy-Argenteau, avait épousé à Vienne, le 6 novembre 1803, Thérèse-Anne-Henriette, comtesse de Paar, née à Vienne, le 12 juillet 1778, décédée à Paris, le 10 juillet 1854, fille de Jean-Wenceslas, prince de Paar, baron de Hartberg et de Krottenstein, etc., grand-maître héréditaire des postes d'Autriche, chambellan de S. M. I. et R. Ap., et de Marie-Antoinette-Josèphe-Thérèse-Walburge, princesse de Liechtenstein, dame de la Croix étoilée et du palais de l'impératrice Marie-Thérèse.

De ce mariage naquirent :

1° Caroline-Joséphine, née à Liége, le 22 septembre 1804, décédée à Paris, le 13 octobre 1859, mariée à Bruxelles, le 8 juin 1825, à Philippe-Gustave-Ghislain-Adolphe de Franeau, comte de Gommegnies, chambellan du roi des Pays-Bas, Guillaume Ier, né à Mons, le 6 janvier 1805, décédé à La Rivaude (Loir et Cher), le 1er décembre 1875, fils de Théodore-Joseph de Franeau, comte de Gommegnies, capitaine de grenadiers au régiment du *Maine*, au service de France, chevalier de Saint-Louis, et de Marie-Charlotte-Waudru Obert, chanoinesse de Boulangy.

(1) De Montagnac, *Histoire des chevaliers de Malte*, p. 151.
(2) Original à Argenteau.

2° Charles-Joseph-François-Marie, qui suit.

3° Alfred-Florimond-François, né au château d'Argenteau, le 28 mars 1810, décédé à Toulouse, le 2 septembre 1877, marié au château d'Ittre, le 26 juillet 1843, à Cécile-Félicité-Marie, marquise de Trazegnies d'Ittre, née à Ittre, le 21 mars 1822, sa cousine germaine, fille de Philippe-Eugène, marquis de Trazegnies et d'Ittre, officier aux-gardes-du-corps du roi d'Espagne, puis colonel d'infanterie au service des Pays-Bas, et de Marie-Anne-Charlotte-Louise d'Argenteau.

A. Paul-Henri-Maximilien-Marie, né à Liége, le 25 mai 1844.

B. Edouard-Florimond-François-Marie, né à Liége, le 14 mai 1845, décédé à Vierset, le 19 mars 1848.

C. Maurice-Edouard-Alfred-Marie, né à Liége, le 4 août 1847, y décédé le 20 février 1848.

D. Marie-Cécile, née en 1848.

4° Louis-Edmond-François-Auguste, secrétaire de légation et secrétaire-adjoint du cabinet de S. M. le roi Léopold Ier, chevalier de la Légion d'honneur et de la Branche Ernestine de Saxe, décédé à Turin, le 1er mars 1852.

5° Pauline-Louise-Marie, née à Bruxelles, le 19 octobre 1814, mariée à Paris, à Edmond comte Crotti de Costigliole, né le 21 octobre 1799, chargé d'affaires de S. M. le roi de Sardaigne, à Bruxelles, puis ministre plénipotentiaire en Suisse, mort à Turin en 1870.

XXII. **Charles-Joseph-François-Marie, comte de Mercy-Argenteau,** né à Paris, le 16 décembre 1808, chambellan de S. M. le roi des Pays-Bas, Guillaume Ier, chevalier de l'ordre du Lion Belgique, chevalier de Malte, par réception du 30 avril 1845 (1), et de l'ordre de Saint-Georges de Bavière, par réception de 1850, décédé à Paris, le 14 mai 1886. Il avait épousé à Amsterdam, le 17 septembre 1835, Adelaïde-Henriette-Angelique de Brienen, dame de l'ordre de Thérèse de Bavière, née le 22 février 1815, décédée au château d'Ochain, le 4 mai 1871, fille d'Arnould-Guillaume, baron de Brienen van de Grootelindt, chambellan du roi Guillaume Ier, membre de la première chambre des Etats-généraux des Pays-Bas et de l'ordre équestre de la Hollande, commandeur de l'ordre du Lion Belgique, et d'Angelique-Louise, baronne de Wykersloot de Grevenmachern, sa première femme.

(1) De Montagnac, *Histoire des chevaliers de Malte*, p. 157.

De ce mariage naquirent :

1° Eugène-Arnould-Henri-Charles-François-Marie, qui suit.

2° Charles-Henri-François-Marie, qui suivra après son frère.

3° Marie-Ange-Thérèse-Caroline-Alenia, née à Argenteau, le 15 septembre 1843, mariée à Paris, le 27 mai 1862, à Charles-François-Marie, duc d'Harcourt, né à Paris, en 1835, capitaine de chasseurs à pied, au service de France, officier de la Légion d'honneur, etc., officier d'ordonnance du maréchal de Mac-Mahon, duc de Magenta, qu'il accompagna pendant les campagnes de Crimée, d'Italie, d'Algérie et de France.

4° Angelique-Charlotte-Adélaïde-Marie-Clémentine, née à Bruxelles, le 20 novembre 1846, décédée en la même ville, le 9 juin 1898, mariée à Argenteau, le 21 novembre 1871, à Emile-Antoine-Joseph-François, comte d'Oultremont de Wégimont et de Warfusée, né à Warfusée (Saint-Georges), le 25 septembre 1838, conseiller provincial de Liége, grand-croix de l'ordre du Faucon Blanc de Saxe-Weimar, chevalier des ordres de Léopold, du Sauveur de Grèce et du Medjidié, décédé à Bruxelles, le 7 février 1894.

XXIII. **Eugène-Arnold-Henri-Charles-François-Marie, comte de Mercy-Argenteau,** né à Liége, le 22 août 1838, grand-croix de l'ordre du Christ de de Portugal, commandeur de l'ordre d'Isabelle-la-Catholique, chevalier de la Légion d'honneur, de l'ordre de Wasa de Suède, etc., décédé au château d'Argenteau, le 2 mai 1888. Il avait épousé à Chimay, le 11 avril 1860, Marie-Clotilde-Elisabeth-Louise de Riquet, comtesse de Caraman, née à Paris, le 3 juin 1837, dame de l'ordre de Thérèse de Bavière, décédée à Saint-Pétersbourg, le 8 novembre 1890, fille de Michel-Gabriel-Alphonse-Ferdinand de Riquet, comte de Caraman, prince de Chimay, capitaine de cavalerie au service des Pays-Bas, chevalier de l'ordre militaire de Guillaume, et de Rosalie-Marie-Joséphine de Riquet, comtesse de Caraman.

De ce mariage naquit une fille unique :

Rosalie-Françoise-Adélaïde-Caroline-Thérèse-Eugénie-Marie, née à Argenteau, le 18 juillet 1862, mariée à Paris, le 3 février 1883, à Hubert-Edouard-Joseph-Marie de Bésiade, duc d'Avaray, né le 15 avril 1856, fils de Camille de Bésiade, duc d'Avaray, et d'Armande Séguier.

XXIII*bis*. **Charles dit Carl Henri-François-Marie, comte de Mercy-Argen-**

teau, né à La Haye, le 4 janvier 1840, décédé au château d'Ochain, le 11 avril 1892, marié à Paris, le 21 mai 1863, à Alix-Georgina-Davida-Laure de Choiseul-Praslin, née à Paris, en 1843, dame de l'ordre de Thérèse de Bavière, décédée à Paris, le 3 mars 1878, fille d'Edgard-Laure-Charles-Gilbert de Choiseul-Praslin, comte de Praslin.

De ce mariage naquit une fille unique :

Georgina-Davida-Adelaïde-Françoise-Marie, née à Paris, le 27 avril 1864, dame grand-croix de l'ordre pontifical du Saint-Sépulcre et dame de l'ordre de Thérèse de Bavière, mariée à Paris, le 29 janvier 1885, à Claude-Emmanuel-Henri-Marie de Rarecourt de la Vallée, comte de Pimodan, duc de Rarecourt, par bref de S. S. le pape Pie IX, du 31 octobre 1860 et confirmation du 14 mai 1889, né à Paris, le 15 juillet 1859, lieutenant-colonel au 4e régiment de cuirassiers, au service de France, ancien attaché militaire de France au Japon, chevalier de la Légion d'honneur, etc., fils de Georges de Rarecourt de la Vallée, marquis de Pimodan, colonel au service d'Autriche et chambellan de S. M. I. et R. Ap., puis général au service du Saint-Siége, tué à la bataille de Castelfidardo, le 18 septembre 1860, et d'Emma-Charlotte-Cécile de Couronnel, dame de la Croix étoilée.

Rameau de Mehaigne

XVII. **Charles-Ernest, comte d'Argenteau, seigneur et haut-avoué de Méhaigne,** né au château d'Ochain, le 15 février 1654; les cérémonies du baptême furent complétées dans l'église de Clavier, le 16 novembre 1656. Dans sa jeunesse il était désigné sous le nom de baron d'Avennes; il fut reçu membre de l'Etat-noble de Liége, le 22 octobre 1697, après avoir prouvé les quartiers : *Argenteau, Brialmont, Groesbeeck, Senzeilles, Aerschot, Mérode, La Douve, Mérode.*

Le 27 septembre 1704, il acquit de son neveu Jean-Charles-Marie, comte d'Argenteau d'Ochain, la seigneurie et la haute-avouerie de Méhaigne et en fit relief le 9 octobre de la même année (1). Il devint ensuite gentilhomme de l'Etat-noble de Namur, en 1705 (2) et décéda en 1721.

(1) Il avait acquis les seigneurie et château de Méhaigne pour la somme de 27.700 florins de Brabant, *Souverain bailliage de Namur,* reliefs, reg. 64, fol. 353 à 357.

(2) *Société archéologique de Namur,* t. XVIII, p. 168 et 175.

Charles-Joseph-François-Marie
Comte de Mercy-Argenteau
Chambellan de S. M. Guillaume Ier – Roi des Pays-Bas.

Charles-Ernest d'Argenteau avait épousé à Barse, paroisse de Vierset, le 26 septembre 1688, Anne-Marie-Marguerite de Schoonhoven d'Aerschot, dame de Barse, par relief du 5 mai 1688 (1), veuve de Gilles, baron de Chrisgnée, seigneur de Barse, Lizen, et Grimonster, et fille de Jean de Schoonhoven d'Aerschot, seigneur de Lantremange, Chantraine, membre de l'Etat-noble de Liége, et d'Anne-Charlotte de Saint-Fontaine. Elle décéda, le 15 juillet 1725, et fut enterrée dans l'église des Trinitaires à la Sarte, près Huy, auprès de son premier mari, sous une tombe portant les armes de Chrisgnée et de Schoonhoven, et cette inscription :

Icy gist noble et illustre seigneur messire Gilles, baron de Chrisgnée, seigneur de Barse et Lizen, etc., qui trepassat le premier avril 1681, et Madame Anne-Marie d'Arscotte ditte Schoonhoven, sa femme, qui trepassat le 15 juillet 1725. Priez Dieu pour leurs ames.

De ce mariage naquirent :

1o Marie-Isabelle-Thérèse, née au château de Barse et baptisée dans la chapelle castrale le 26 septembre 1689, chanoinesse d'Andenne, par lettres patentes du roi d'Espagne, Philippe d'Anjou, du 15 février 1703, et réception du 25 novembre de la même année, après avoir prouvé les huit quartiers suivants (2) : *Argenteau, Groesbeeck, Rivière, La Douve, Schoonhoven, Blehen, Saint-Fontaine, Gulpen.* Elle épousa le 24 octobre 1711, dans la chapelle castrale de Dhuy, Charles-François de Paule, baron d'Harscamp, seigneur de Fernelmont, Bierwart, Bossimé, Rivière, La Marlière, Tongrenelle, Lustin, Maillen, Profondeville, Noville-les-Bois, Otreppe et Yernée (3), né à Bruxelles et baptisé à Notre-Dame de la Chapelle, le 22 juin 1670, membre de l'Etat-noble de Namur, par réception du 10 mars 1689, député ordinaire de cet ordre de 1727 à 1729, grand-mayeur de la ville de Namur de 1731 à 1733, enfin lieutenant-gouverneur des province, ville et château de Namur, par commission de l'empereur Charles VI, du 23 juin 1732, mort en 1735. Il était fils de Pontian d'Harscamp, chevalier, baron d'Harscamp, seigneur de Bossimé, Rivière, La Marlière, Lustin et Profondeville, conseiller au Conseil des domaines et finances des Pays-Bas, surintendant du duché de Luxembourg, et de Catherine Hovyne. Ils eurent entre autres enfants,

(1) Bormans, *Les seigneuries féodales du Pays de Liége*, p. 49.

(2) *Chapitre de Sainte-Begge à Andenne*, reg. 12, fol. 61, armorial et réceptions de 1612-1771, fol. 60 vo.

(3) Bormans, *La famille d'Harscamp*, dans les *Annales de la Société archéologique de Namur*, t. XIV.

qui moururent tous sans laisser de descendants, François-Pontian, comte d'Harscamp, capitaine de dragons au service d'Autriche, mariée à Isabelle Brunelle, qui laissa par son testament du 20 janvier 1805, toute sa fortune pour la fondation de l'admirable hospice dit d'Harscamp, à Namur.

2o N..., né au château de Barse et baptisé dans l'église de Vierset, le 5 mai 1691, mort jeune.

3o Charles-Antoine-Ignace-Augustin, qui suit.

4o Josine-Charlotte, née à Barse et baptisée dans l'église de Vierset, le 25 octobre 1697, chanoinesse d'Andenne en 1703, décédée le 25 novembre 1715, et enterrée dans l'église de Méhaigne, sous une pierre sépulcrale portant ses huit quartiers et cette inscription : *Ici gist noble et illustre Demoiselle Josine Charlotte d'Argenteau, chanoinesse d'Andenne qui trespassat le 25 novembre 1713.*

5o Florimond Claude, né à Barse et baptisé dans l'église de Vierset, le 20 novembre 1699, mort jeune.

6o Charles-Joseph-Dieudonné, seigneur et haut-avoué de Méhaigne (1), seigneur de Barse (2), Lizen (2), Eghezée et Saint-Germain, né au château de Barse et baptisé à Vierset, le 11 mai 1702, chanoine de Huy, par commission du 27 juillet 1722 (3), puis chanoine d'Andenne avant 1726, et chanoine tréfoncier noble de Saint-Lambert à Liége, par réception du 27 janvier 1729 (4), conseiller d'Etat intime actuel de S. M. I. et R. Ap., prévôt d'Harlebeke en 1775, abbé séculier d'Amay le 1er juin 1778. Il hérita les seigneuries de Barse et de Lizen de son frère utérin Pierre-Joseph, baron de Chrisgnée, lequel, par son testament du 17 avril 1732, réalisé au greffe des Etats de Liége, le 19 juin 1732, avait érigé en fidéicommis, ces deux seigneuries qui devaient passer, après la mort du chanoine d'Argenteau à son neveu Florimond-Claude, à charge pour celui-ci de joindre les nom, titre et armes de Chrisgnée, à ceux de Mercy-Argenteau. Il obtint ensuite de l'impératrice Marie-Thérèse, le 2 juillet 1759, l'engagère de la seigneurie d'Eghezée, sous condition de la transmettre à sa mort, à son frère ou, à défaut de celui-ci, à son neveu Florimond-Claude, et

(1) Bormans, *Fiefs de Namur*, p. 88, relief du 11 mai 1728.

(2) Bormans, *Les seigneuries féodales du pays de Liége*, p. 50, reliefs du 30 mai 1732, 18 mars 1747, 29 avril 1766 et 15 mai 1772.

(3) *Scel des grâces*, reg. de 1722 à 1729, fol. 17.

(4) De Theux, *Le chapitre de Saint-Lambert*, t. IV, p. 36.

Antoine Ignace Charles Augustin
Comte de Mercy Argenteau Vicomte de Looz etc.
Feld Maréchal des armées de S.M.
l'Impératrice Marie Thérèse

celle de la seigneurie de Saint-Germain, le 1er mai 1767 (1). Après la mort de Jean-Théodore de Bavière, prince-évêque de Liége, il posa un moment sa candidature pour lui succéder, mais une difformité au visage, l'empêchant d'être élu, il combattit par dépit la candidature du comte d'Oultremont et soutint celle du prince Clément de Saxe, qui échoua.

Le 27 janvier 1778, il fut déclaré chanoine jubilaire de Saint-Lambert après quarante neuf ans de canonicat et décéda en son château de Barse, le 23 mai 1781. Il fut enterré le surlendemain dans l'église des Trinitaires à la Sarte, près de Huy.

XVIII. **Antoine-Ignace-Charles-Auguste, comte de Mercy-Argenteau, vicomte de Looz, comte de Noville, seigneur de Fologne, Momalle et Högyez en Hongrie, seigneur et haut-avoué de Méhaigne,** naquit au château de Barse et fut baptisé dans l'église de Vierset, le 20 novembre 1692. Pour lui conserver la nationalité des Pays-Bas Autrichiens, les cérémonies du baptême furent complétées, le 21 décembre 1702, dans l'église de Saint-Jean-Évangéliste, à Namur.

Il embrassa de bonne heure la carrière des armes et entra au service de l'empereur Charles VI, sous les auspices d'un de ses parents le comte Florimond-Claude de Mercy, le petit-fils de l'illustre feld-maréchal de Mercy, généralissime des armées de la Ligue catholique, qui fut tué à la bataille de Nordlingen en 1645 (2).

(1) La Haye et Radiguès, *Correspondance du procureur-général de Namur*, p. 155.

(2) La maison comtale de Mercy, dont les membres se sont particulièrement distingués, au XVIIe et au XVIIIe siécles, par leur dévouement aux souverains de la Lorraine et ensuite pour l'auguste maison d'Autriche, tire son nom de la seigneurie, plus tard comté de Mercy, près de Longwy, qu'il ne faut pas confondre avec Mercy près de Metz. Nous citerons ici les membres de cette maison, qui se sont illustrés dans la carrière des armes, et dont le plus célèbre fut François, baron de Mercy, seigneur de Mandre et de Collenberg, qui naquit en 1597 à Longwy, où son père était gouverneur et prévôt. Il entra, comme son frère aîné Gaspar, mort à la bataille de Fribourg, au service de l'Autriche au commencement de la guerre de *Trente ans* et se trouva, le 7 septembre 1631, à la bataille de Leipzig où il fut blessé. Lieutenant-colonel du régiment de Schauenbourg, il eut un cheval tué sous lui au siége de Brisach et resta prisonnier des Français. L'année suivante, il sauva la ville de Constance assiégée par les Suédois et, en 1634, il défendit Rheinfelden où il fut blessé d'un éclat d'obus. Nommé général-major, le 30 avril 1635, il se trouva l'année suivante dans les Pays-Bas Espagnols. En 1640, il commanda l'armée Bavaroise, et fit sa jonction avec Piccolomini près de Ratisbonne, ce qui amena la retraite du feld-maréchal Suédois Baner et la capture, par Mercy, du général Slange avec quatre mille hommes. Il assiégea ensuite et prit Wolfenbuttel et Goettingue. En 1643, il combattit l'armée Française, commandée par Rantzau, qui menaçait la Bavière, et

En 1723 il était capitaine au régiment de *Lanthieri*, cuirassiers, au service d'Autriche, lorsqu'il fut adopté par le comte Florimond-Claude de Mercy, alors général de la cavalerie puis feld-maréchal. L'Empereur, par lettres patentes données à Prague, le 27 août 1723, confirma cette adoption et déclara M. d'Argenteau, apte à succéder au comte de Mercy dans tous ses biens et dans l'indigénat de Hongrie, à condition de prendre le nom et les armes de Mercy et de les joindre à ceux d'Argenteau, mais en faisant précéder ce dernier nom de celui de Mercy (1). Cette adoption fut confirmée par un acte du 24 septembre 1727 (2) et par une donation universelle entre vifs, sous réserve d'usufruit, faite à Vienne, au palais Esterhazy, le 31 mai 1730 (3).

la mit en complète déroute à Tutlingen. Nommé feld-maréchal et généralissime des armées Impériales et Bavaroises il alla assiéger Fribourg, le 27 juin 1644, et battit le 1er juillet l'armée Française commandée par Turenne, qui accourait à son secours. Maître de la place le 27 juillet, il en couvrit les abords d'un camp retranché, où le prince de Condé et le maréchal de Turenne, vinrent l'attaquer le 5 août. Après trois jours consécutifs de furieux combats, les pertes des Français furent si grandes, qu'ils durent battre en retraite, abandonnant à Mercy le champ de bataille. Le 5 mai 1645, le feld-maréchal de Mercy se rencontra de nouveau avec Turenne à Mergentheim et lui infligea une défaite complète. Quelques semaines plus tard, le 3 août 1645, le vainqueur de Rocroy, accouru au secours de Turenne, vint avec lui offrir la bataille à Mercy, qui avait pris position à Nordlingen, avec le feld-maréchal de Geleen. La bataille était encore indécise, lorsque la mort de Mercy, tué à la tête de ses troupes, fit pencher la balance en faveur des Français. Mercy fut inhumé dans l'église de Saint-Maurice à Ingolstadt, où l'on voit encore aujourd'hui une table de bronze rappelant son souvenir.

La Bavière pleura la mort de l'illustre héros et son vainqueur fit ériger, sur le champ de bataille, à la place où il était tombé, une pierre portant l'inscription : STA VIATOR HEROEM CALCAS. Il fut père entr'autres enfants d'un fils, qui suit.

Pierre-Ernest, comte de Mercy, baron de Mercy en Lorraine, vicomte de Looz, seigneur de Fologne, etc., chambellan de S. M. I. et R. Ap. entra très jeune dans l'armée Impériale et combattit en 1663 les Turcs en Hongrie. Il servit ensuite dans l'armée du duc de Lorraine avec laquelle il fit comme colonel les campagnes de 1672 à 1678 contre la France et fut grièvement blessé au combat de Rheinfelden. Après la paix de Nymègue il passa au service Impérial comme colonel du régiment de cavalerie *Vieux-Lorrain*. Nommé général-major, le 29 juillet 1682, il combattit sous le prince Louis de Bade à la mémorable bataille où Jean Sobieski roi de Pologne, défit l'armée Turque devant Vienne en 1683. En 1684, il fut au siége de Gran, commanda le corps de blocus de la ville de Neuhausel et se distingua

(1) *Archives d'Ochain*; voir aux pièces justificatives.

(2) D'ARNETH et FLAMMERMONT, *Correspondance secrète du comte de Mercy-Argenteau avec l'empereur Joseph II et le prince de Kaunitz ;* Introduction, p. IV.

(3) Original à Argenteau.

Le comte de Mercy-Argenteau épousa au château de la Vaux-Sainte-Anne en Famenne, par contrat du 18 juin 1726, dans lequel il est qualifié lieutenant-colonel au régiment de *Lorraine*, infanterie (1), et religieusement le lendemain, Thérèse-Henriette de Rouveroy, dame de Bercus et de Pondrôme, née et baptisée le 18 mai 1703, chanoinesse d'Andenne, par réception de 1712, après avoir prouvé les quartiers : *Rouveroy, Locquenghien, Tenremonde, Croix; La Pierre de Bousies, Le Picart, Gorcey, Roly* (2), décédée le 13 avril 1729, fille de Maximilien-Renard-François, baron de Rouveroy et de Pamele, seigneur d'Audenarde, de Bercus, Pondrôme et de la Vaulx-Sainte-Anne, premier beer de Flandre, membre de l'Etat-noble de Liége, et de Claudine-Dorothée de la Pierre de Bousies.

l'année suivante au siége de la même ville. Elevé au grade de feld-maréchal-lieutenant le 6 septembre 1685, il se trouva encore, en 1686, au siége de Buda-Pesth, où il fut mortellement blessé. Il mourut le 5 octobre 1686, à Vienne, où il avait été transporté, aprés avoir reçu, quelques jours avant sa mort, les lettres patentes datées du 23 septembre précédent, l'élevant au rang de comte du Saint-Empire.

Par son testament daté de Vienne, du 30 septembre 1686 (original à Argenteau), il demanda à être inhumé à côté de son père, à Ingolstadt, et prescrivit d'enterrer son cœur auprès de sa femme, à Mercy, où son héritier devait faire ériger une chapelle. Il avait épousé Marie-Christine d'Allamont, fille de Florimond, comte d'Allamont, général de l'armée du duc de Lorraine, gouverneur de Pont-à-Mousson, et d'Anne-Marguerite d'Argenteau, chanoinesse de Poussay, dont il eut un fils :

Florimond-Claude, comte de Mercy, vicomte de Looz, seigneur de Fologne, etc., et de Hogyesz, en Hongrie, né en Lorraine vers 1666, débuta comme volontaire en 1682 dans l'armée Impériale et assista, l'année suivante avec son père, à la défaite des Turcs devant Vienne où il gagna le grade d'officier dans un régiment de cuirassiers. Il continua à guerroyer en Hongrie et perdit un œil en 1690 ; la même année il devint lieutenant-colonel du régiment de *Lorraine* et aide-de-camp-général de l'Empereur. Il servit ensuite de 1691 à 1696 en Italie et combattit, le 11 septembre 1697, à la célèbre bataille de Zenta, sous le prince Eugène de Savoie, dont il mérita l'estime et la bienveillance. Au début de la guerre de la succession d'Espagne, il suivit le prince Eugène à l'armée d'Italie et s'y distingua, notamment le 3 mars 1702, à la surprise de Crémone, où il fut blessé et fait prisonnier par les ennemis.

Le 14 octobre 1702, il commandait le régiment de cuirassiers *Anspach*, à la bataille de Friedlingen, où il eut un cheval tué sous lui. L'année suivante il était à l'armée du Rhin sous le prince Louis de Bade, et défendit en mai la ville de Villingen, contre le maréchal de

(1) Selon des renseignements fournis par le ministère de la guerre de Vienne, il aurait été nommé major au régiment de cuirassiers de son pére adoptif en automne 1726 et lieutenant-colonel du régiment *François Georges de Lorraine*, infanterie, seulement en avril 1727. Il y a, sans aucun doute, erreur de dates, mais sans importance.

(2) *Société archéologique de Namur*, t. XVIII, pp. 168 et 175.

Après son mariage, le comte de Mercy-Argenteau rentra, en avril 1727, à son régiment qui était en garnison à Peterwardein et y resta jusqu'à la mort de sa femme. Pendant un congé de dix mois, passé en Lorraine et dans les Pays-Bas, il fut reçu membre de l'Etat-noble de Namur en 1729, et partit le 29 mars 1730, pour rejoindre l'armée de Sicile avec un bataillon et les compagnies de grenadiers de son régiment, mais il en revint au mois de juin 1731 (1).

Au mois d'avril 1733, il fut nommé colonel, pour prendre rang à la date du 20 avril 1729, et fut chargé, le 4 novembre 1733, d'organiser dans le sud de l'Allemagne, à Erfurt, Ratisbonne, Passau, Salzbourg, etc., un régiment d'infanterie de 12 compagnies de fusiliers et de deux de grenadiers, dont il eut le commandement.

Villars qui ne put s'en rendre maître. Nommé général-major, par patentes du 10 mai 1704, il se trouva le 2 juillet de la même année au combat de Schellenberg, avec le duc de Wurtemberg, et se distingua pendant l'hiver 1704-1705, à la tête de la cavalerie Impériale.

Après la bataille d'Hochstädt, il s'empara de Weissembourg, et fut chargé de la poursuite de l'armée française. Elevé au grade de feld-maréchal-lieutenant, le 20 janvier 1706, il resta à l'armée du Rhin, sous le prince Eugène de Savoie, et fut appelé, en 1709, à l'armée des Pays-Bas, où il servit jusqu'en 1711.

Nommé général de la cavalerie vers 1716, il fut appelé à l'armée de Hongrie, et assista à la glorieuse bataille de Peterwardein, le 5 août 1716, ainsi qu'à la prise de Temeswar en octobre suivant. Après ces victoires, il fut appelé par le prince Eugène, le 1er novembre 1716, au commandement général du Banat. L'année suivante, le 15 juin 1717, il dirigea le passage du Danube par l'armée Impériale aux ordres du prince Eugène et, le 16 août 1717, il prit une part glorieuse à la bataille de Belgrade.

Au printemps de 1719, nommé général en chef de l'armée autrichienne dans le royaume de Naples et en Sicile, il défit l'armée espagnole, le 20 juin 1719, à Villafranca, où il fut gravement blessé et perdit trois chevaux tués ou blessés sous lui. Il n'en assiégea pas moins Messine, qui dut capituler le 18 octobre et, le 5 avril 1720, il publia un manifeste aux Siciliens, par lequel il leur annonçait la prise de possession du pays par l'Empereur.

Le 13 août 1720, le comte de Mercy quitta la Sicile et reprit le commandement général du Banat, où bientôt après il reçut, par lettres patentes du 12 octobre 1723, le bâton de feld-maréchal-général. Il était âgé de 68 ans, lorsque l'empereur Charles VI l'appela, en janvier 1734, au commandement en chef de l'armée autrichienne en Italie. Le 29 juin 1734, le feld-maréchal dirigeait en personne l'attaque de l'avant-garde de l'armée Impériale à la Croccetta près de Parme, lorsqu'il fut frappé de deux balles et tomba mort de son cheval. Le comte de Mercy, qui était conseiller d'Etat intime actuel et chambellan de l'Empereur, fut inhumé dans la cathédrale de Reggio. Sa mort mit son fils adoptif, le comte de Mercy-Argenteau, en possession de son opulente succession.

(1) Archives du ministère I. et R. de la guerre de Vienne.

En 1734, il servit comme volontaire à l'armée Autrichienne en Italie, commandée par le feld-maréchal comte de Mercy, et assista à la bataille de Calorno, après laquelle il fut envoyé à Vienne, pour donner au Conseil aulique des renseignements verbaux sur la situation de l'armée en Italie. Il reprit ensuite le commandement de son régiment qui se trouvait en Hongrie, à Arad, Peterwardein, Grosswardein et Belgrade et le conserva jusqu'à sa dissolution effectuée à la fin de 1736 et au commencement de 1737. Nommé général-major le 17 mars de cette dernière année, il fut envoyé à l'armée de Hongrie, où il commandait, en juin 1738, une brigade composée des régiments *Grunne* et *Schulenbourg* (plus tard *Reitzenstein*), sous les ordres du duc François-Etienne de Lorraine avec lequel il fit les campagnes, de 1738 et 1739, contre les Turcs. Il eut pendant l'année 1739 le commandement de la forteresse de Peterwardein et en novembre de cette année, étant à Belgrade, il fut envoyé par le comte Wallis, à Vienne, pour rendre compte des opérations de la campagne.

Promu au commencement de la guerre de la succession d'Autriche au grade de feld-maréchal-lieutenant en 1741, il fut désigné pour servir à l'armée d'Italie, sous le commandement de feld-maréchal comte Traun, et nommé, le 4 août de la même année, colonel propriétaire du régiment d'infanterie, devenu vacant par le décès du feld-maréchal comte Daun. Il ne resta guère à l'armée d'Italie. Les Autrichiens avaient remporté quelques succès contre les Espagnols et le roi de Sardaigne, Charles-Emmanuel, s'étant prononcé pour l'impératrice Marie-Thérèse et ayant joint ses troupes aux siennes, une partie des troupes Autrichiennes devint disponible. Au mois d'octobre 1741 M. de Mercy-Argenteau fut mis à la tête d'un corps de douze mille hommes, rassemblé en Lombardie, qu'il conduisit par le Tyrol, pour renforcer la petite armée du feld-maréchal, comte Khevenhuller, qui opérait en Bavière, et avec lequel il fit sa jonction le 31 octobre.

Les Autrichiens franchirent l'Ens, le 17 décembre 1741 et surprirent l'armée Franco-Bavaroise, commandée par le lieutenant-général, comte de Ségur, qui fut obligé de se retirer dans la position de Linz, où bientôt il dut capituler au mois de janvier 1742. Après la reddition de Linz, les deux généraux Autrichiens marchèrent sur Munich, où ils entrèrent, le 12 février 1742, à la tête de 30,000 hommes, le jour même que l'électeur de Bavière fut couronné empereur à Francfort, sous le nom de Charles VII. L'heureux résultat de la campagne des Autrichiens en Bavière, rendit disponible le corps du comte de Mercy-Argenteau, lequel fut augmenté de trois mille hommes d'infanterie des frontières, et dirigé sur Linz pour renforcer l'armée du prince Charles de Lorraine en Bohême; il prit part pendant l'automne (1) de cette année à la campagne de François-Etienne, grand-duc de Toscane, contre le maréchal de France, comte de Maillebois.

En 1743 et 1744, il servit sous le prince Charles, dans les campagnes contre la France, sur les bords du Rhin et en Alsace, et suivit ce prince, lorsqu'il se replia sur la Bohême, qui venait d'être envahie par le roi de Prusse. L'année suivante, le comte de Mercy-Argenteau commanda un corps d'armée à la bataille de Pfaffenhoven, le 15 avril 1745, et s'y distingua d'une manière toute particulière au rapport du général en chef comte Bathyany, à l'impératrice Marie-Thérèse, en conduisant l'avant-garde de l'armée Autrichienne. Le 29 novembre de la même année, il livra un combat heureux à Zittau à l'avant-garde Prussienne, qu'il mit en déroute, et fut chargé ensuite de couvrir, avec l'arrière-garde, la retraite de l'armée Autrichienne en Bohême.

Mais la paix signée, le 25 décembre 1745, avec le roi de Prusse, permit à l'Impératrice d'envoyer le prince Charles de Lorraine, avec de nombreux renforts, pour prendre le commandement en chef de l'armée alliée dans les Pays-Bas. Il rejoignit l'armée alliée à Peer, le 23 juillet, emmenant avec lui, au nombre de ses généraux, le comte de Mercy-Argenteau.

Celui-ci, à la tête d'un corps d'armée, fut chargé de couvrir, à la fin du mois d'août, l'armée alliée dans sa marche de Namur sur Durbuy, Aywaille, Verviers, Dalhem et Visé et de faire face au corps du lieutenant-général, marquis de Clermont-Gallerande, que le maréchal de Saxe avait envoyé pour harceler les alliés. M. de Mercy-Argenteau attaqua, au commencement de septembre, le général français, qui avait pris position à la Chartreuse, sur la rive droite de la Meuse, l'obligea à repasser la rivière et à battre en retraite sur les hauteurs de Sainte-Walburge près de Liége. Après cette opération, M. de Mercy-Argenteau alla rejoindre le prince Charles, qui avait établi son quartier-général à Visé, le 6 septembre, et prit position le même jour à Richelle, sur la rive droite de la Meuse, à l'extrême gauche de l'armée alliée. Le 11 octobre, il assista à la bataille de Rocour (2), où il défendit avec l'infanterie autrichienne les villages

(1) Ordre de bataille du 27 septembre 1742.

(2) Crousse, *La guerre de la succession d'Autriche dans les provinces Belgiques, Campagnes de 1740 à 1748,* 1885, p. 82.

François Baron de Mercy
Feld Maréchal des armées
Impériales et Bavaroises

de Fexhe et de Liers, à la droite de l'armée alliée. Celle-ci, quoique battue, put se replier dans le plus grand ordre, particulièrement le contingent autrichien, qui n'avait pas été entamé, et qui alla occuper l'ancien camp romain sur la montagne Saint-Pierre près de Maestricht. Cette bataille, dont le maréchal de Saxe, malgré sa grande force numérique, ne put retirer aucun avantage, termina la campagne.

L'année suivante, le comte de Mercy-Argenteau servit dans la première ligne de l'ordre de bataille du 30 avril 1747, sous le duc de Cumberland, qui avait remplacé le prince Charles de Lorraine à la tête de l'armée alliée, et se trouva avec le feld-maréchal, comte Bathyany, à la bataille de Lawfeld, le 2 juillet 1747. Il prit part encore à la courte campagne de 1748 et quitta les Pays-Bas pendant l'automne de cette année, après la conclusion de la paix signée, à Aix-la-Chapelle, le 18 octobre 1748.

Rentré en Autriche, il fut élevé au mois d'août 1753, au grade de feldzeugmeister et reçut en même temps le commandement général de l'Esclavonie et de la forteresse d'Eszek, dont il prit possession au mois de septembre suivant.

En 1754, il devint encore colonel propriétaire d'un régiment d'infanterie frontière d'Esclavons, quoi qu'il fut déjà colonel d'un régiment d'infanterie allemande, et enfin, au mois d'octobre 1760, l'impératrice Marie-Thérèse fit gravir à M. de Mercy-Argenteau, qui était chambellan et conseiller intime d'Etat, le plus haut échelon de la hiérarchie militaire en lui conférant le bâton de feld-maréchal. Il conserva le gouvernement de l'Esclavonie jusqu'à sa mort, arrivée le 22 janvier 1767, en son château d'Högyesz, comitat de Tolna, (Hongrie) et fut enterré devant le maître-autel de l'église paroissiale.

XIX. **Florimond-Claude, comte de Mercy-Argenteau, comte de Noville, vicomte de Looz, baron de Chrisgnée (1), seigneur de Bercus, Pondrôme, Fologne, Momalle, Högyesz en Hongrie, Barse, Lizen, Eghezée, Saint-Germain, Tongrenelle, seigneur et haut-avoué de Méhaigne, chevalier de la Toison d'or, etc.,** naquit à Liége et fut baptisé dans l'église de Saint-Adalbert, le 20 avril 1727. Les cérémonies du baptême furent complétées dans l'église de la Vaux-Sainte-Anne, le 29 octobre 1734.

Après la mort de sa mère, arrivée le 13 mai 1729, son père le confia, au

(1) Par succession de son oncle Charles-Joseph-Dieudonné.

moment de son départ, pour retourner à l'armée, à son beau-frère, le baron de Rouveroy et de Pamele, seigneur de la Vaux-Sainte-Anne, premier beer de Flandre, auquel il donna en même temps procuration, le 22 avril 1730, pour administrer ses biens (1). Il resta jusqu'à l'âge de sept ans auprès de cet oncle et fit ensuite ses humanités, qu'il acheva à l'Académie de Turin, alors en grande vogue. Il suivit aussi son père comme volontaire pendant la campagne de 1745, et les suivantes dans les Pays-Bas (2). Ce ne fut que vers 1750, alors qu'il avait déjà vingt-trois ans, que Florimond-Claude entra dans la carrière diplomatique, où nous allons pouvoir le suivre pas-à-pas. Le comte de Mercy, chambellan de LL. MM. II. et RR. Ap., était en 1752, gentilhomme d'ambassade auprès du prince de Kaunitz, ambassadeur de l'Empereur à la cour de Versailles, dont il devait devenir l'ami et le meilleur élève, et un jour, le successeur en France.

Ses débuts ne furent pas brillants, mais sous la haute direction du prince de Kaunitz, qui sut tirer parti du grand désir qu'avait M. de Mercy d'apprendre, il fut mis bientôt en état de pouvoir être employé utilement. Ses progrès furent si rapides que M. de Kaunitz, devenu ministre des affaires étrangères en 1753, lui fit obtenir, par lettres patentes du 17 mai 1754, l'emploi, important pour un débutant, de ministre plénipotentiaire à la Cour de Turin. Il resta sept années dans cette capitale où il acheva de se former comme diplomate, quoi qu'il n'eut aucune affaire importante à traiter. Du poste secondaire de Turin, M. de Mercy fut appelé, par lettres patentes du 15 juin 1761, au poste de ministre plénipotentiaire auprès de l'impératrice de Russie Elisabeth, à Saint-Pétersbourg, où il arriva le 17 juillet 1761. Après la mort de celle-ci, il fut maintenu dans ce poste auprès de son successeur Pierre III, par patentes du 25 janvier 1762, et fut témoin de la révolution qui renversa ce prince et mit sa femme Catherine II, sur le trône (3). Quelques mois plus tard, le roi de Pologne Auguste II, étant venu à mourir, le cabinet de Vienne envoya le comte de Mercy à Varsovie, où il arriva le 8 février 1763, pour assister à l'élection du nouveau roi. Il avait de même que l'ambassadeur de France, la mission de soutenir le parti des patriotes polonais,

(1) *Mémoire à consulter pour les Dames de Gavre et de Rodoan nées de Rouveroit contre le citoyen Argenteau d'Ochain, intimé*, p. 4 et 24.

(2) *Quellen zur Geschichte der Deutschen Kaiserpolitik Oesterreichs*, t. IV, p. 348.

(3) Les rapports de M. de Mercy, pendant cette période intéressante, ont été publiés par la *Société historique de Russie*, t. 18 et 46.

opposés à l'élection de Stanislas Poniatowski, candidat de la Russie, et ancien amant de Catherine II, lequel fut élu par l'appui des bayonnettes russes et de l'influence du roi de Prusse.

Florimond-Claude de Mercy-Argenteau, né à Liége en 1727, était par son baptême, en 1734, à La Vaulx-Sainte-Anne, province de Namur, sujet des Pays-Bas Autrichiens et, en outre, il jouissait de l'indigénat de Hongrie, en vertu du décret de l'empereur Charles VI, du 27 août 1723. Son père, le feld-maréchal de Mercy-Argenteau, ayant obtenu, en 1736, de la maison de Lorraine, la rétrocession du comté de Mercy (1), devenu Français à la suite du traité de Vienne, son fils, le comte de Mercy, pour hériter des biens patrimoniaux situés en Lorraine et échapper au droit d'aubaine qui frappait les étrangers, dut solliciter en France des lettres de naturalisation, qui ne lui furent accordées qu'à la condition de demander tous les trois ans le renouvellement de la permission de s'absenter du royaume.

Le 29 janvier 1759 le roi Louis XV accorda au comte de Mercy, ministre

(1) Florimond-Claude, comte de Mercy, devenu plus tard feld-maréchal au service de l'empereur Charles VI, avait suivi le duc Léopold de Lorraine, dans ses campagnes contre Louis XIV. A son retour il trouva le château de Mercy rasé et ses terres ravagées par les troupes Françaises. Le duc Léopold, pour le récompenser de ses services et de ceux de ses ancêtres, lui fit don le 21 avril 1705 de la seigneurie de Preutin et, le 24 février 1708, de la moitié, pour sa vie seulement, de la prévôté dite des cinq villes qui comprenait les villages de Mercy-le-Haut, Mercy-le-Bas, Baudresy, Higny et Xivry-le-Franc. Cette prévôté était depuis 1290, possédée par indivis, entre les ducs de Bar et les barons de Mercy, qui se sont toujours partagés, par moitié, les droits utiles et honorifiques.

Le comte de Mercy, rétrocéda ensuite, par actes du 27 décembre 1709 et du 28 mars 1714, ces mêmes domaines au duc Léopold de Lorraine et lui fit donation, en même temps, de la moitié de la prévôté des cinq villes, qui lui appartenait en propre, ainsi que de tous ses autres biens patrimoniaux de Lorraine, sous réserve d'usufruit et d'une pension viagère de dix mille livres, qui fut portée ensuite à quinze mille livres. En 1719, le duc de Lorraine, réunit les biens tant patrimoniaux que domaniaux, dont le feld-maréchal de Mercy, jouissait à titre d'usufruit, et les érigea, par lettres patentes du 19 avril 1719, en fief et comté de Mercy, auquel furent incorporés en outre, les seigneuries de Joppecourt, Murville, Avillers et Haucourt, qui étaient de l'ancien patrimoine de la maison de Mercy. Après la mort du feld-maréchal de Mercy, en 1734, tous ses biens de Lorraine passèrent au duc François, mais le fils adoptif du comte de Mercy, le comte Antoine de Mercy-Argenteau désirant conserver, pour sa postérité, le comté de Mercy, demanda au duc François de Lorraine la rétrocession de tous les biens patrimoniaux du maréchal, qui lui fut accordée moyennant la somme de 500,000 livres, par acte du 26 avril 1736, ratifié le 28 août de la même année, par l'ambassadeur de France à Vienne, au nom de son souverain.

plénipotentiaire de LL. MM. Impériales à la cour de Turin, naturalisé Français, l'autorisation de demeurer à Turin sans pour cela contrevenir aux lettres de naturalisation, qui portaient, qu'il finira ses jours dans le royaume. Cette autorisation fut renouvelée pour trois ans, le 29 octobre 1760, lorsque le comte de Mercy fut nommé ambassadeur en Russie; enfin celui-ci sollicita, le 14 mai 1761, l'autorisation définitive et illimitée de rester en dehors du royaume, aussi longtemps qu'il le voudra, qui lui fut accordée, à titre exceptionnel, par le roi Louis XV, étant à Marly le 9 juin de la même année.

Après son retour de Varsovie, qu'il quitta le 23 juillet 1763, M. de Mercy resta sans emploi pendant deux ans, vivant à Vienne, dans l'intimité du prince de Kaunitz, auprès duquel il allait faire de longs séjours au château d'Austerlitz.

Le rôle qu'il avait joué à Saint-Pétersbourg et surtout à Varsovie, où la politique de la cour de Vienne était d'accord avec celle du gouvernement Français, lui avait conquis l'estime du cabinet de Versailles. Aussi lorsque le prince de Starhemberg, ambassadeur en France, fut appelé au commencement de 1766, à seconder le prince de Kaunitz à la chancellerie à Vienne, M. de Mercy était tout indiqué pour lui succéder. Désigné dès le mois de mars 1766, il ne prit cependant possession de l'ambassade qu'au mois de septembre suivant, et eut sa première audience du roi Louis XV, au château de Compiègne, le 12 du même mois.

Le comte de Mercy-Argenteau, qui avait pris pour règle de suivre les traditions fastueuses du prince de Kaunitz, s'installa en prenant possession de l'ambassade d'Autriche, au palais du Petit-Luxembourg, qu'il avait loué au prince de Condé (1). C'est là qu'il résida de 1766 à 1778 et qu'il reçut l'empereur Joseph II, lors de son voyage en France en 1774.

Le comte de Mercy ne tarda pas à gagner la confiance du duc de Choiseul, chef du ministère français, avec lequel il négocia et mena à bonne fin le mariage de l'archiduchesse Marie-Antoinette avec le dauphin de France, plus tard Louis XVI. Ce mariage resserrait l'alliance Austro-Française, œuvre du prince de Kaunitz et comblait les vœux de l'impératrice Marie-Thérèse.

A cette occasion, l'empereur Joseph II, par sa lettre datée de Vienne, le

(1) Aujourd'hui, la résidence du président du Sénat; il quitta ce palais en 1778, pour aller habiter un superbe hôtel qu'il avait fait bâtir au boulevard Richelieu, aujourd'hui des Italiens, vis-à-vis de la rue Richelieu.

20 avril 1770, créa le comte de Mercy, chevalier de la Toison d'or (1). Il reçut le collier de l'ordre le 6 mai 1770, du prince Georges de Starhemberg, représentant de l'Empereur, à l'abbaye de Schuttern, dans l'Autriche antérieure, où il avait reçu l'ordre de se rendre au-devant de la Dauphine.

Il nous serait difficile d'entrer ici dans le détail du rôle si important, que le comte de Mercy remplit au cours des vingt-cinq années qu'il fut accrédité à la cour de Versailles, pendant lesquelles il consacra tous ses efforts au maintien de l'alliance Austro-Française, chère à Marie-Thérèse et à Kaunitz, et il eut le bonheur de réussir dans cette tâche si délicate, qui ne prit fin qu'à la révolution Française.

Rappelons cependant sa sollicitude, en quelque sorte paternelle, pour Marie-Antoinette, dont il guida, selon les désirs de Marie-Thérèse, en mentor éclairé les premiers pas, comme dauphine, à la cour de France, et auprès de laquelle il conserva, après la mort de Louis XV, une influence prépondérante, dont il usa toujours, avec sa prudence ordinaire, dans l'intérêt des deux cours.

Après la mort de Marie-Thérèse, l'Empereur Joseph II, voulut donner suite à un projet qu'il caressait depuis longtemps et qu'il murit pendant son voyage dans les Pays-Bas en 1781. C'était de supprimer le traité de la Barrière et de faire sortir les garnisons hollandaises des places fortes des Pays-Bas Autrichiens, ce qui s'effectua assez facilement. Mais l'Empereur voulait en outre obtenir la rétrocession de Maestricht et la libre navigation de l'Escaut, fermé par le traité d'Utrecht. Dès 1783, M. de Mercy fut chargé de sonder le cabinet de Versailles pour obtenir son appui dans les négociations que l'Empereur voulait entamer avec les Hollandais et qui s'ouvrirent par l'intermédiaire de la France. Mais les Hollandais fidèles à leur coutume constante se montrèrent intraitables. M. de Mercy remit le 27 juillet 1784 l'ultimatum de l'Empereur au cabinet de Versailles, dont la politique extérieure était dirigée par le comte de Vergennes. Celui-ci, favorisait sous main les Hollandais avec lesquels il cherchait à conclure une alliance contre l'Angleterre. Sur ces entrefaites, le 8 octobre, un navire de guerre Hollandais, mouillé dans l'Escaut, ayant tiré sur un brick battant pavillon impérial, l'Empereur rappela son envoyé à la Haye et ordonna la concentration d'une armée de 80,000 hommes sur les frontières des Pays-Bas. Mais l'intervention du roi Louis XVI, qui offrit son entremise personnelle, arrêta provisoirement

(1) Diplôme original à Argenteau.

l'ouverture des hostilités. M. de Mercy continua les négociations avec le comte de Vergennes, dont les agissements furent très équivoques dans ces circonstances, et parvint, avec l'appui de la reine Marie-Antoinette, à conclure, en suite des pleins pouvoirs qu'il avait reçus de l'Empereur le 20 février 1785 (1), un armistice avec les Hollandais, jusqu'au 1er mai suivant, après que les Etats-généraux eurent consenti à envoyer deux députés à l'Empereur pour s'excuser de l'insulte faite à son pavillon, ce qui eut lieu à Vienne, le 24 juillet.

Dès le lendemain 25 juillet, l'Empereur envoya au comte de Mercy des pleins pouvoirs pour traiter de la paix avec les Etats-généraux (2), par l'intermédiaire de la France et, par sa lettre du 2 septembre 1785, il chargea M. de Mercy de donner le signal des hostilités si ses conditions n'étaient pas admises (3).

Les négociations furent renouées à Paris, le 29 août. Après de vifs débats les préliminaires de la paix furent signés le 20 septembre suivant, et le traité définitif à Fontainebleau, le 5 novembre 1785.

L'empereur Joseph II écrivit le 29 septembre : « Avant de pouvoir entrer dans aucun détail, il faut que je vous témoigne, mon cher comte, toute ma reconnaissance et toute ma satisfaction sur la façon avec laquelle vous avez entamé, conduit et fini cette affaire difficile et odieuse............ Vous avez pourtant disputé votre terrain pied à pied et plus obtenu qu'on ne pouvait s'attendre. Mon estime et mon amitié ne sont point susceptibles d'accroissement à votre égard, mais j'ai un si grand fond de reconnaissance et j'aime tant d'être dans le cas d'en faire usage, que vous pouvez compter, mon cher comte, d'y avoir votre bonne part ». Joseph II voulant donner à son éminent représentant à la cour de France, un témoignage éclatant de sa satisfaction, lui conféra, par lettres patentes du 30 septembre 1785 (4), la grand-croix en brillants de l'ordre de Saint-Etienne de Hongrie, et par une attention toute particulière, il chargea sa sœur, la Reine Marie-Antoinette, d'en remettre elle-même les insignes au comte de Mercy-Argenteau.

Le traité de paix avec les Provinces-Unies était à peine signé lorsque le

(1) Original à Argenteau.

(2) A Argenteau.

(3) D'Arneth et Flammermont, *Correspondance secrète du comte de Mercy-Argenteau avec l'empereur Joseph II et le prince de Kaunitz ;* voir leur intéressante introduction, à laquelle nous avons fait de nombreux emprunts.

(4) Original à Argenteau.

comte de Mercy assista aux débuts des événements de la Révolution en France, où sa double situation d'ambassadeur d'Autriche et de conseiller secret de l'infortunée reine Marie-Antoinette devait nécessairement lui assigner un rôle important.

Mais la révolution qui avait éclatée dans les Pays-Bas, à la suite des réformes, intempestives et inconstitutionnelles, de l'empereur Joseph II, fut l'occasion, pour son successeur, l'empereur Léopold II, d'avoir recours à l'habilité du comte de Mercy, pour ramener le calme dans les provinces Belges.

M. de Mercy quitta Paris, où son rôle politique avait rendu sa situation assez difficile, le 9 octobre 1790, et se rendit par Calais à La Haye, où il arriva le 14, pour représenter l'Empereur au Congrès qui allait se réunir et régler la situation des Pays-Bas révoltés contre leur souverain. Il réussit complètement dans sa mission et l'Empereur dans une lettre qu'il écrivit le 12 janvier 1791 à sa sœur Marie-Antoinette, lui rendit pleine justice : « Je vous rends bien des grâces de tout ce que vous me dites d'obligeant et de la part que votre amitié a bien voulu prendre au retour des Pays-Bas que je dois beaucoup au zèle du comte de Mercy ». A son retour du Congrès, l'Empereur lui confia par lettres patentes du 30 novembre 1790 et avec le titre de ministre plénipotentiaire, le gouvernement-général des Pays-Bas, en l'absence de l'archiduchesse Marie-Christine et de son mari le duc Albert de Saxe-Teschen. Il remplit pendant six mois cette haute et très délicate mission et eut la satisfaction, au retour des gouverneurs-généraux, de leur remettre les Pays-Bas, presque entièrement pacifiés. Pendant le peu de temps qu'il avait gouverné les Pays-Bas, il avait surtout cherché, en s'appuyant sur le parti Vonckiste, ce qui lui fut reproché (1), à donner une direction au mouvement réformateur, qui se dessinait en France et en Belgique, pour le modérer et le diriger.

Le chancelier de l'Empire, prince de Kaunitz, lui écrivit le 27 juin 1791 : « L'Empereur a approuvé de nouveau ce que votre Excellence a fait pour le bien de son service pendant votre ministère aux Pays-Bas, dans des circonstances qui exigeaient la plus grande sagacité et prudence. Ayant été à même de suivre vos dispositions dans un temps critique, j'y ai applaudi de grand cœur et je vous fais à présent les compliments les plus sincères sur les succès dont elles ont été couronnées ».

(1) DE ZEISBERG, *Quellen zur Geschichte der Deutschen Kaiserpolitik Oesterreichs*, t. III, p. 255.

Le comte de Mercy redevenu libre aurait pu aller reprendre son poste à l'ambassade à Paris, mais la malheureuse issue du voyage de Varennes y mit obstacle, la situation de l'ambassadeur impérial devenant dans ces circonstances critiques trop dangereuse. Il continua néanmoins de Bruxelles, où il s'était installé, jusqu'à la rupture des relations diplomatiques, entre la France et l'Autriche en mars 1792, à diriger l'ambassade impériale. Il entretint en même temps une correspondance politique avec la Reine de France, auprès de qui, il n'avait plus son ancienne et prudente influence, passée pendant son absence aux mains, moins habiles que les siennes, du comte de Fersen et du baron de Breteuil.

La mort de l'empereur Léopold II, qui était hostile à la guerre contre la France, fut le signal de la guerre entre la France et l'Autriche. M. de Mercy reçut dans ces circonstances, par lettres patentes du 19 septembre 1792, « plein pouvoir et faculté illimitée de traiter, discuter et arrêter toutes les affaires et les choses quelconques qui peuvent avoir trait à notre service, relativement à la situation présente et future des rapports existant contre Nous et le royaume de France ». Il était en outre particulièrement chargé de traiter et conclure de toutes les affaires quelconques concernant l'alliance entre l'Empereur et le roi de Prusse.

Ces pleins-pouvoirs les plus étendus qui aient peut-être été accordés à un ministre, faisaient du comte de Mercy, en quelque sorte l'arbitre des opérations politiques dans la guerre contre la République Française.

Les opérations militaires ayant forcé l'armée Autrichienne à se replier au mois de novembre 1792, derrière la Roer, M. de Mercy se retira d'abord à l'abri des remparts de Maestricht, place-forte sur la Meuse, occupée par une garnison Hollandaise (1), ensuite il s'établit en décembre de la même année à Wesel, forteresse Prussienne sur le Rhin (2), où se trouvait le gouvernement-général des Pays-Bas. C'est de là qu'il conduisit pendant tout l'hiver les négociations relatives à la coalition des puissances maritimes contre la République Française, c'est-à-dire de l'Angleterre et des Provinces-Unies.

A la reprise des hostilités, en mars 1793, l'Empereur chargea M. de Mercy, d'aller à Londres, s'entendre avec le cabinet de Saint-James, sur les affaires

(1) THÜRHEIM, *Briefe des Grafen Mercy Argenteau un den Grafen Louis Starhemberg*, p. 21.
(2) *Ibidem*, pp. 28 73 et suivantes.

du moment et spécialement sur les projets de la Russie et de la Prusse en Pologne. M. de Mercy ne partit pas et conduisit les négociations avec l'Angleterre, par l'intermédiaire du comte Louis de Starhemberg, ministre impérial à La Haye, qui fut envoyé à cette occasion à Londres, où il resta dans la suite.

Le passage de la Roer par l'armée Autrichienne, au mois de mars 1793, et la perte de la bataille de Neerwinden par Dumouriez, ayant pour conséquence la reprise des Pays-Bas, par les Autrichiens, l'Empereur, par lettres patentes du 6 mars 1793, désigna le comte de Mercy, pour être attaché au quartier-général du feld-maréchal prince de Cobourg, en qualité de ministre plénipotentiaire, pour les affaires politiques (1).

L'Empereur en informant le prince de Cobourg de cette destination, définisait le rôle de M. de Mercy en ces termes : « J ai résolu de confier tout ce qui regarde les négociations et correspondances quelconques avec les étrangers à mon ancien ambassadeur en différentes cours, le comte de Mercy. Dans la partie dont je le charge sont comprises particulièrement toutes les négociations et conférences quelconques auxquelles les évènements pourront encore donner lieu avec les Français, de sorte que tout ce qui a trait à des objets politiques doit être traité par la seule voie du comte de Mercy... C'est avec le même comte de Mercy, que vous vous entendrez sur toutes les demandes et les démarches à faire en Angleterre, en Hollande et ailleurs sur les objets relatifs aux intérêts de mon service et propres à faciliter vos opérations et les progrès de mes armes, et mon susdit plénipotentiaire de Mercy aura soin de donner à mes ministres à Londres et à la Haye et auprès des différentes autres cours les directions les plus analogues aux vues et aux désirs que vous lui aurez fait connaître et il vous informera du résultat des diverses négociations qui auront lieu en conséquence. Je désire qu'en toute occasion vous regardiez le comte de Mercy, comme un ministre, dont la longue expérience, les lumières et l'exacte connaissance de la nation française méritent justement ma confiance, et qu'en conséquence, vous concertiez avec lui tous les objets qui concernent mon service politique ».

M. de Mercy investi, comme nous venons de le voir, de la confiance la plus absolue de son souverain, voulait que le prince de Cobourg et les alliés, au lieu de s'attarder à faire des siéges de places fortes secondaires, auraient

(1) *Quellen zur Geschichte der Deutschen Kaiserpolitik Oesterreichs*, t. III, p. 40.

assiégé Cambrai, et poussé ensuite une pointe hardie sur Paris, pour essayer ainsi de sauver la reine de France (1). Mais le prince de Cobourg n'osa prendre l'initiative d'une pareille tentative, dont le succès aurait été très douteux. M. de Mercy n'en continua pas moins à presser la Cour de Vienne, de faire quelque démarche d'éclat, pour tâcher de sauver la reine de France, mais il se heurta contre une impossibilité absolue.

Le comte de Mercy passa l'hiver de 1793-1794, à Bruxelles, à l'hôtel de Mérode-Deynse, où il avait pris sa résidence, après avoir quitté le gouvernement des Pays-Bas, et ne cessa en ministre éclairé de représenter à l Empereur, combien on jugeait mal de l'armée Française (2). Il parvint cependant à décider l'empereur François Ier, à se rendre dans les Pays-Bas au printemps de l'année 1794, et accompagna, au mois de mai, le souverain au quartier-général de Valenciennes.

Mais les armées républicaines, très supérieures en nombre aux armées alliées, ne tardèrent pas à reprendre l'offensive et envahirent les Pays-Bas, dont ils s'emparèrent après la victoire de Fleurus. Tandis que l'armée Anglo-Hollandaise se repliait sur les Flandres, pour couvrir les frontières des provinces Néerlandaises, l'armée Autrichienne évacua Bruxelles et se retira peu après, derrière la Meuse, où M. de Mercy la suivit. Dans cette retraite, M. de Mercy déploya la plus grande énergie, il quitta Bruxelles l'un des derniers et s'installa au château électoral de Bruhl près de Cologne, pour rester à proximité des armées (3).

Il ne cessa de s'opposer à l'évacuation des Pays-Bas, par les armées alliées et provoqua au quartier-général de Tirlemont une conférence entre les généraux en chef des armées alliées et les plénipotentiaires qui leur étaient adjoints, mais elle n'eut pas de suite et les Pays-Bas, durent forcément être évacués par les Autrichiens, abandonnés par les Anglais et les Hollandais (4).

Ce fut dans ces circonstances critiques, que l'Empereur envoya le comte de Mercy à Londres, pour aller s'entendre avec le gouvernement Anglais, sur les moyens de continuer la guerre contre la France. Parti en poste de Bruhl,

(1) De Bacourt, *Correspondance du comte de la Marck*, t. III, p. 400.

(2) *Quellen zur Geschichte der Deutschen Kaiserpolitik Oesterreichs*, t. IV, p. 129.

(3) *Quellen*, etc., t. IV, p. 301.

(4) Thürheim, p. 252.

Florimond Claude Comte de Mercy - Argenteau
Vicomte de Looz Baron de Chrisgnée etc.
Chevalier de la Toison d'or
Ambassadeur d'Autriche à Versailles

le 28 juillet 1794, il arriva le 2 août au port d'Helvoetsluis en Hollande, où le mauvais état de la mer, le retint pendant dix jours. Parvenu enfin à s'embarquer, il arriva à Harwich, le 15 août, et à Londres le lendemain. A peine arrivé, il dut s'aliter. Son état s'empira rapidement et malgré les soins les plus dévoués du comte de Starhemberg, ministre impérial à la cour de Londres, le comte de Mercy succomba, le 26 août 1794, dix jours après son arrivée à Londres.

Il fut inhumé le 29 août dans un caveau particulier de l'église de Saint-Pancrace.

La mort de M. de Mercy fut une grande perte pour l'Empereur et la monarchie Autrichienne, selon d'Arneth et Flammermont, car M. de Mercy était de tous les ministres de la cour de Vienne, celui qui connaissait le mieux la France et les Français, et sa grande expérience des affaires, jointe à sa prudence et à la sûreté de son jugement donnait à ses avis une autorité reconnue.

Le duc Albert de Saxe-Teschen, écrivait le 4 septembre 1794, à sa femme l'archiduchesse Marie-Christine, à propos de la mort de M. de Mercy : « je ne vois pas au reste qu'avec tous les défauts qu'on puisse lui reprocher, nous ayons en ce moment, dans notre monarchie, au seul maréchal Lacy près, une seule tête qui après la mort du prince de Kaunitz, valut la sienne. Enfin le baron de Thugut alors ministre des affaires étrangères de l'Empereur, écrivait le 25 septembre 1794, au comte Colloredo : « En général la mort de M. de Mercy est un malheur irréparable ».

Le comte de Mercy-Argenteau mourut célibataire (1). Par son testament daté de Bruxelles du 6 mars 1794, il institua, pour son héritier universel, le fils aîné du comte Joseph-Louis-Eugène d'Argenteau d'Ochain, lequel, conformément aux clauses du testament de l'ambassadeur, prit le nom et les armes de Mercy-Argenteau, qui sont portés encore aujourd'hui par ses descendants.

Par le même testament (2), il prescrivit de l'inhumer dans l'ancien caveau de la famille dans l'église de Hermalle, vis-à-vis d'Argenteau, et d'y ériger un

(1) D'ARNETH ET FLAMMERMONT rapportent que M. de Mercy aurait laissé un fils naturel issu d'une liaison irrégulière avec Mlle Rosalie Le Vasseur de l'Opéra. Cela nous paraît fort douteux, le testament de l'ambassadeur n'en fait aucune mention, et il était resté ignoré des membres de la famille de Mercy-Argenteau, notamment du fils aîné et des petits-fils de l'héritier de l'ambassadeur, que nous avons connus particulièrement.

(2) MM. d'ARNETH et FLAMMERMONT, n'ont pas eu connaissance du testament du comte de Mercy, dont l'original fut déposé au Conseil provincial de la Basse-Autriche, et dont nous avons trouvée une copie dans les archives du château d'Argenteau où nous avons eu accès il y a une vingtaine d'années. Voir aux *Pièces justificatives.*

monument portant gravés ses armoiries, titres et qualités, ainsi que l'indication des emplois qu'il avait remplis. Mais ces désirs ne purent être exécutés, qu'en partie. A la mort de l'ambassadeur, la Belgique avait été conquise par les armées françaises, et l'état de guerre permanent qui exista, entre la France et l'Angleterre, jusqu'en 1814, ne permirent pas de faire venir de Londres les restes mortels du comte de Mercy qui ne furent pas retrouvés, dans la suite, malgré les recherches les plus actives. Son héritier voulant cependant, dans la mesure du possible, exécuter ses dernières volontés, fit élever dans la chapelle de l'ermitage au bois d'Argenteau, le beau monument rappelant la mémoire du comte de Mercy que l'on y admire encore aujourd'hui (1).

Les dispositions testamentaires du comte de Mercy donnèrent lieu à un long et interminable procès entre les dames de Gavre et de Rodoan, nées de Rouveroy et son héritier universel, qui obtint finalement gain de cause.

Le comte de Mercy-Argenteau avait été porté sur la liste des émigrés, et n'en fut rayé qu'après sa mort, par arrêté du comité de Salut Public, du 4 ventôse an III, qui permit à son héritier universel de prendre possession de sa succession. Celui-ci ne recueillit qu'une partie de sa grande fortune. La terre de Hogiesz en Hongrie avait été vendue en 1772 au comte Apponyi, pour la somme de 700,000 florins qui avait été employée en achats de propriétés à Saint-Domingue, dans lesquels disparurent plus de trois millions de livres de France, qui en feraient bien six aujourd'hui.

Au moment de sa mort il possédait encore les comtés de Mercy et de Noville en Hesbaye, le vicomté de Looz, la seigneurie de Fologne et la haute-avouerie de Momalle, provenant de son père; les seigneuries de Bercus, Pondrôme, provenant de sa mère; de Barse, Lizen, par la mort en 1781, de son oncle le tréfoncier d'Argenteau, et en vertu du fidéicommis établi, par Pierre-Joseph, baron de Chrisgnée, le 17 avril 1732; enfin, la seigneurie de Trongrenelle, dont il avait hérité quelques semaines avant sa mort, du comte Pontian d'Harscamp.

Mais ensuite de la loi du 17 nivôse an II, il n'obtint que le huitième du domaine de Mercy. Il racheta les sept autres huitièmes, ainsi cette terre fut rachetée deux fois par les héritiers du feld-maréchal de Mercy. Elle fut ensuite érigée en majorat par l'empereur Napoléon Ier, le 25 mars 1810, et passa par succession dans la famille des comtes de Franeau de Gommegnies.

(1) *La chapelle de Notre-Dame au bois d'Argenteau*, p. 54.

BRANCHE DE HOUFFALISE

Renaud d'Argenteau, chevalier, seigneur de Houffalise (1) **et de Moerstorf, haut-avoué de Wibrin,** était le second fils de Gérard Ier, seigneur d'Argenteau et d'Esneux, (2) et de Philippe de Houffalise.

Il apparaît, pour la première fois, dans l'histoire, par un acte du 10 mars 1378, où lui et son frère Jean Ier, seigneur d'Argenteau, devenus majeurs, approuvent une vente et une donation faites au couvent de Houffalise, par leurs grands parents Thierry de Grandpré-Luxembourg, seigneur de Houffalise, et Agnès de Berlaymont.

(1) Houffalise, petite ville sur l'Ourthe, dans l'arrondissement de Marche, était avant 1794, le siége d'une seigneurie importante, comprenant sept paroisses, du duché de Luxembourg. Le château seigneurial qui était, au témoignage de Guicciardin, un des très bons châteaux du Luxembourg, a disparu entièrement aujourd'hui ainsi que les murs d'enceinte de la ville. Il était formé d'une double enceinte de murailles, flanquées de tours élevées, munies d'artillerie pour sa défense, et dominé par un gros donjon qui s'élevait sur un rocher. En 1691, deux ans après la démolition des murailles, tours et portes de la ville, le château fut démoli à son tour, par les ordres du roi Louis XIV, qui s'était emparé momentanément du pays et, en 1865, l'administration communale fit raser les derniers vestiges de l'antique forteresse des seigneurs de Houffalise avec le rocher qui les supportaient, pour construire une école sur leur emplacement.

(2) Voir ci-dessus page 31.

Son sceau porte une croix, chargée de cinq coquilles et cantonnée de douze croisettes, au pied fiché, avec la légende : S' RENAR DARGENTEA (1). Il fut guerroyeur comme ses ancêtres ; antérieurement au mois d'août 1381, à peine âgé de 21 ans, il déclara la guerre à Wenceslas, duc de Luxembourg. La paix fut conclue, entre ce prince et lui, par l'intermédiaire de Pierre de Cronenburg, seigneur de Neufchâtel (2).

Deux ans plus tard, le 6 avril 1383, il procéda avec son frère Jean Ier, au partage définitif de l'opulente succession de leurs parents. Renaud eut en part la seigneurie de Houffalise, dont il était d'ailleurs en possession réelle depuis plusieurs années, et tous les biens provenant de la succession maternelle (3).

Il prit part avec son frère Jean Ier, seigneur d'Argenteau, à la guerre de Gueldre, et reçut le 17 mars 1388 (n. st.), un à compte de la duchesse de Brabant pour les frais qu'il avait fait pendant cette campagne (4), et un second paiement, encore avec son frère, le 17 octobre 1390, de la même duchesse, de mille florins de Hollande. Son sceau diffère du précédent ; il porte : une croix chargée de quatre coquilles et en cœur d'un fermail rond, et cantonnée de douze croisettes ; pour cimier : une tête barbue coiffée d'un chapeau rond, avec la légende : S' RENAR DE HOUFFALIS.

En 1388, il fut nommé prévôt de Bastogne (5), par Jeanne, duchesse de Luxembourg, et le 14 décembre 1391,

(1) Archives générales du Royaume, à Bruxelles.

(2) TANDEL, *Les communes luxembourgeoises, Houffalise* par LAURENT, et son *Cartulaire de Houffalise* n° 226 ; WURTH-PAQUET, 950 ; PIERRET, *Histoire du Luxembourg*, manuscrit, t. I, p. 374 ; BERTHOLET, *Histoire du duché de Luxembourg et du comté de Chiny*, t. VII, p. 119.

(3) LAURENT, *loc. cit.*, dit, par erreur, que la date de 1383 est douteuse. A la mort de leur père vers 1365, les deux frères étaient en bas-âge. Devenus majeurs vers 1378, ils prirent respectivement les titres de seigneurs d'Argenteau et de Houffalise, qui leur étaient attribués par les coutumes féodales, et ce ne fut qu'en 1383, qu'un partage définitif détermina les droits des deux frères, dans la succession de leurs parents ; voir aux *Pièces justificatives*.

(4) *Charte originale de Brabant*, DE RAADT, *Sceaux armoriés*, t. I, p. 179.

(5) *Inventaire des archives de Houffalise de 1778*, littera O, n° 12 ; *Cartulaire de Houffalise*, n° 234.

il déclara en sa qualité de haut-avoué de Wibrin, que l'abbé de Saint-Hubert n'a le droit de faire grâce aux criminels que du consentement de l'avoué et des échevins (1).

Dix ans plus tard, en février 1398, Renaud Ier et quelques autres seigneurs ravagèrent la terre de Bertogne, appartenant au chapitre de Sainte-Croix de Liége, et Wenceslas, roi des Romains et de Bohême, pour faire cesser ces désordres, dut ordonner à Jean, évêque et prince de Liége, de poursuivre les coupables par le glaive temporel et le glaive spirituel. Cela n'empêcha pas Renaud Ier, de figurer la même année au nombre des nobles qui s'unirent aux villes de Luxembourg pour le maintien de l'ordre public (2). Mais la paix pesait trop au caractère querelleur de Renaud, aussi ne tarda-t-il pas à rentrer en campagne; le 20 mai 1400, il était en difficultés avec son suzerain Josse, marquis de Moravie et duc de Luxembourg (3), et la même année encore avec quelques autres nobles ses alliés, il porta la guerre dans le Brabant. Cette guerre dura plusieurs années selon le témoignage de Butkens, et causa de grandes pertes dans le Brabant-Wallon (4). Elle prit fin en 1404, car en cette année, Renaud se mit au service de la duchesse de Brabant qui était en guerre avec le duc de Gueldre, mais il lui en coûta cher.

Après avoir réuni ses troupes à celles de la duchesse de Brabant et du prince-évêque de Liége, il fut au siége de Ruremonde, et lorsque les Liégeois firent la paix séparément avec le duc de Gueldre, la duchesse de Brabant voulant continuer la guerre, l'empêcha de traiter avec ce prince. Elle prit l'engagement de ne faire ni trèves ni paix avec le duc de Gueldre, à moins que Renaud Ier, n'y fut compris. Cet engagement fut d'abord tenu, mais ensuite dans une nouvelle trève, Renaud Ier fut oublié, et le duc de Gueldre en profita pour envoyer une grande partie de ses forces dans le Luxembourg, où ils ravagèrent la terre de Houffalise; « qui y prendoient et tuerent ses gens et sourseans et firent dammage, tant par arsin comme en autre maniere, montant plus que a deux mille couronnes de France » (5).

(1) *Charte de l'abbaye de Saint-Hubert,* layette 124, D. n° 2, aux archives d'Arlon.

(2) WURTH-PAQUET, *Cartulaire de Houffalise,* n° 303 et 315.

(3) LAURENT, *Cartulaire de Houffalise,* n° 246.

(4) BUTKENS, *Trophées de Brabant,* t. I, p. 521; ERNST, *Tableau historique des suffragans de Liége,* p. XX.

(5) *Charte d'Antoine de Bourgogne* du 17 décembre 1404.

Renaud Ier réclama la réparation du préjudice qu'il avait souffert de ce fait, ainsi que le paiement des frais de la guerre contre le duc de Gueldre, et des pertes de chevaux qu'il avait faites. La duchesse de Brabant fit d'abord la sourde oreille, mais le seigneur d'Houffalise lui envoya un défi et entama immédiatement les hostilités. Celles-ci furent cependant arrêtées, par l'intervention de Guillaume, comte de Namur; une trève fut conclue jusqu'au jour St-Martin, et prolongée ensuite le 8 novembre 1414, par déclaration de Renaud de Houffalise donnée au dit lieu, jusqu'au 8 janvier 1405, (n. st.), pendant laquelle Antoine de Bourgogne, duc de Limbourg, etc., agissant au nom et en qualité d'héritier de sa tante la duchesse de Brabant, prit le 17 décembre 1404, l'engagement de payer à Renaud Ier, qui accepta le même jour par acte spécial, la somme de 1000 couronnes de France, pour toutes pertes et dommages qu'il avait essuyés à son service. Ce prince accorda en outre, par un acte du même jour, un fief de bourse de 600 couronnes de France à Renaud Ier, à condition de le relever du duché de Brabant et à le servir contre tous et un chacun en loyal vassal, excepté contre le duc d'Orléans, le duc de Luxembourg et Jean de Bavière, prince-évêque de Liége. A la suite de ces deux actes, le seigneur de Houffalise, déclara le 24 mai 1405, ne plus avoir aucune prétention à élever contre la duchesse de Brabant (1).

Après la mort d'Antoine de Bourgogne, son fils Jean IV, duc de Brabant, eut encore quelques difficultés avec Renaud Ier, lesquelles furent aplanies par un traité signé à Mons, le 28 janvier 1420, (n. st.) par l'entremise du duc Jean de Bavière. Ce traité fut ratifié par le duc de Brabant le 16 avril 1420, après Pâques, et le seigneur d'Houffalise recevait une nouvelle somme de 600 couronnes, à charge pour lui, de devenir homme lige et vassal du duché de Brabant. Il ratifia le 22 juin de la même année cette convention, mais quelques jours plus tard, le 9 juillet 1420, il renvoya les 600 couronnes au duc de Brabant, renonçant ainsi au service féodal de ce prince (1). En 1406 il était assesseur du siége des nobles du Luxembourg (2) et, en 1408, il se trouva avec le prince-évêque Jean de Bavière, à la bataille d'Othée et à la prise de la ville de Liége, où il empêcha Jean, seigneur de Jeumont de « faire abattre le noble péron qui

(1) *Chartes originales à la Trésorerie des Chartes de Brabant*; DEVILLERS, *Cartulaire du comté de Hainaut*, t. VI, p. 57.

(2) *Chartes de Reinach*, n° 1827; *Cartulaire de Houffalise*, n° 259.

stat sour la fontaine en marchiet, et deshonesteir la dit fontaine, mains Mesire Renart de Huffalier, qui tousjour avoit ameit la Cité, vint gentiment à cuer de lyon et le deffendit qu'ilh remaint en honneur » (1).

Renaud Ier fut en guerre pendant plusieurs années avec Werner, archevêque-électeur de Trèves, avec qui il fit la paix, une première fois le 18 septembre 1403 (2). L'année suivante, le 2 novembre, il se reconnut vassal de ce prince (3), mais cela ne l'empêcha pas de recommencer bientôt les hostilités qui durèrent pendant plusieurs années et ne prirent fin définitivement qu'à la suite d'un accord intervenu entre les belligérants en 1410 (4).

Le seigneur de Houffalise ne se contentait pas de guerroyer pour son propre compte, mais il prenait encore les armes pour ses parents et voisins. En 1406, il s'allia au duc de Lorraine (5), et en novembre 1417, avec son cousin Guillaume de Flandre, comte de Namur, contre les seigneurs de Seraing, de Petershem et autres (6).

Renaud Ier avait été fait prévôt d'Arlon (ou d'Ardenne) en 1412 (7), par Jean de Bavière, duc de Luxembourg, dont il était conseiller et figure, en cette dernière qualité, à la convention conclue, le 28 avril 1423, entre Otto, archevêque de Trèves et Jean de Parsberg, chevalier, drossart de ce prince (8).

Il fut au déclin de sa carrière encore en guerre avec la ville de Metz, dont les alliés, Joffroy de Vitry, Arnould de Hesperange et consorts lui envoyèrent un défi en septembre 1426 (9).

Renaud Ier fit son testament, le 28 avril 1434, en faveur de sa seconde épouse, à qui il laissa la moitié de la seigneurie de Moersdorf, et de son fils Renaud II (10). Il avait été marié, en premières noces, avec Marguerite de Bran-

(1) Jean de Stavelot, *Chronique*, p. 122.

(2) Goerz, *Regesten der Erzbischœfe von Trier*, p. 128 ; Laurent, *Cartulaire de Houffalise*, n° 249; Wurth-Paquet, n° 416.

(3) *Charte de Clervaux*, n° 673 ; *Cartulaire de Houffalise*, n° 251.

(4) *Cartulaire de Houffalise*, n° 261 ; manuscrit de M. Molle, p. 115.

(5) *Publications de l'Institut de Luxembourg*, t. 40, p. 115.

(6) *Cartulaire de Houffalise*, n° 270; Vannérus, *Documents relatifs à Houffalise*, pp. 2, 3 et 4.

(7) *Cartulaire de Houffalise*, n° 263.

(8) Bertholet, *Histoire du duché de Luxembourg et du comté de Chiny*, t. VII, p. 443 ; Luxembourg, *Cartulaire* 1546, fol. 56 v°.

(9) *Cartulaire de Houffalise*, n° 289.

(10) *Ibidem*, n° 299.

denbourg, fille de Herman, seigneur de Brandenbourg (1), et en secondes noces, à Marguerite de Gymnich, qui vivait encore en 1440 (2), fille d'Arnold de Gymnich, seigneur en partie de Moersdorf.

Du premier mariage naquit :

1° Gérard, seigneur de Moersdorf-sur-la-Sure en partie, 1422-1433, prévot du comté de Chiny en 1416 (3), par commission d'Elisabeth duchesse de Luxembourg. Le 21 août 1422, il fit hommage de son château de Moersdorf à Jean, comte de Spanheim dont il se reconnut vassal, à condition que celui-ci rende la liberté à son frère Renaud II, avec lequel il était en guerre ouverte et qu'il avait fait prisonnier (4). Gérard d'Argenteau devenu prévot d'Arlon (5), fut de son côté en guerre avec la ville de Metz, car le 9 janvier 1426, il conclut une suspension d'armes avec les Messins (6). Elle ne fut pas de longue durée, car nous trouvons que Gérard d'Argenteau demanda, le 19 novembre 1426, des explications à la ville de Metz, au sujet des embûches que lui avaient dressées ses soudoyers (7).

En 1427 il acquit la moitié de la seigneurie de Waldorf, d'Elisabeth de Kerpen veuve de Jean de la Marck, sire d'Arenberg (8) et en 1433, il fit entourer de murailles Moersdorf, près de Diekirch. Il mourut vers cette époque, avant son père, sans laisser de postérité (9) de sa femme Marguerite de Manderscheidt.

Du second mariage sont issus :

2° Renaud, qui suit.

3° Isabelle, mariée par contrat du 19 juin 1415 à Othon Rougrave, seigneur de Vieux et Nouveau Bemberg, comte de Salm (10).

(1) Hemricourt, édition Salbray, p. 27 « Monss. Renars quy est sires de Huffalize et quy s'est mariais al filhe du saingnor de Brandeberch et de Houbines ».

(2) Inventaire des titres du château de Houffalise, littera F, n° 11.

(3) *Cartulaire de Houffalise*, n° 269 ; manuscrit de M. Molle, p. 115.

(4) *Charte originale*, à Strasbourg ; Lehman, *Die graven von Spanheim*, t. II, p. 129.

(5) Goffinet, *Cartulaire de Clairefontaine*, p. 205. Wurth-Paquet, n° 125 ; Bertholet, t. IV, p. 54.

(6) *Histoire de Metz*, par les religieux bénédictins, t. V, p. 55.

(7) *Charte originale* aux archives de Metz.

(8) Schannat et Bärsch, *Eiflia illustrata*, t. I, 2e partie, p. 725.

(9) Wurth-Paquet, n° 309 ; Pierret, *Histoire de Luxembourg*, t. I, p. 92.

(10) *Charte originale de Clervaux*, n° 744 ; *Cartulaire de Houffalise*, n° 267.

Le jour de Saint-Jacques et Philippe 1425, Renaud Ier d'Argenteau, seigneur de Houffalise et ses deux fils Gérard, seigneur de Moersdorf et Renaud II, seigneur à Montfort, promettent et s'engagent, avec Othon Rougrave, leur respectif gendre et beau-frère, à ne se faire mutuellement aucun dommage, ni à leur personne ni à leurs châteaux et terres (1).

4o Philippotte, dame de Fraiture en Ardenne, mariée, en premières noces, par contrat de l'année 1412, à Guillaume de Clermont, chevalier, seigneur de Harzé, haut-avoué du marquisat de Franchimont (2), et en secondes noces, par contrat du 20 août 1425 (3), à Robert de Beaufort, chevalier, seigneur de Spontin, Wavre, Faubeck, Courrières, Houtain, etc., veuf de Marie de Sombreffe et de Sibylle de Gavre, dame de Tiége en Hainaut. Il était fils de Guillaume de Beaufort, chevalier, seigneur de Spontin, Gedinne, Brumagne, Courrières, Senenne, Darme, Wasseige, Ham-sur-Sambre, Germel, Rumel, Hodremont, Faubeck et Houtain, pair du comté de Hainaut, et de Marguerite de Brabant, dame de Wavre. Robert de Beaufort figure sous le règne de la duchesse Jeanne, morte en 1406, au nombre des grands feudataires de Brabant et fit son testament le 21 octobre 1415, quelques jours avant la funeste bataille d'Azincourt, à laquelle il assista et dont il revint sain et sauf. Il signa peu de jours après cette bataille, le 4 novembre (4), la fédération des Etats de Brabant et de Limbourg, laquelle sauva la couronne du jeune duc de Brabant.

Robert de Beaufort fit relief de Beauraing et de Spontin, à la cour féodale de Poilvache en 1420 (5) et mourut vers 1455.

Philippotte d'Argenteau, dame de Spontin, fit don au mois de mars 1456, de la seigneurie et terre de Fraiture en Ardenne, à Marguerite, fille aînée de son frère Renaud II, à l'occasion de son mariage avec Richard de Mérode, seigneur de Frentz (6), et releva vers le même temps le château de Han-sur-Lesse (7).

5o Jeanne, dame de Meysenbourg, par donation d'Arnould de Kerpen, du

(1) Le Fort, IIe partie, t. III, p. 134.

(2) *Cartulaire de Houffalise*, no 264.

(3) *Ibidem*, nos 287 et 341, original aux archives de Florennes. Wurth-Paquet, no 119.

(4) Mirœus, *Opera Dipl.*, t. I, p. 327.

(5) *Archives de Florennes*.

(6) *Charte originale*, aux archives de Florennes, Inventaire, lit. F, no 15.

(7) *Archives du château de Beauraing*, reg. II, des titres.

27 février 1449 (n. st. 1450) (1). Elle avait été mariée, en premières noces, par contrat de 1420, à Wathieu de Rochefort (2) et, en secondes noces, en 1425, à Jean, seigneur de Wiltz. Son père lui donna une dot de 2000 florins du Rhin, dont son frère Renaud II reconnut lui devoir mille florins qu'il assigna sur la seigneurie de Moersdorf (3). Après la mort de Jean de Wiltz, elle renonça, le 15 février 1437 (n. st.), à son douaire, en faveur de Godart, seigneur de Wiltz et de Hartelstein, et de Sarah de Breitscheit, sa femme (4). Elle épousa enfin, en troisièmes noces, Fréderic de Sierck, seigneur de Frauwenberg, dont elle était déjà veuve en 1440, car elle renonça en cette année aux avantages stipulés dans son contrat de mariage en faveur de son beau-frère Arnold de Sierck, seigneur de Monckler (5).

Jeanne d'Argenteau donna en dot le 15 août 1456, à sa nièce Marguerite, et à son mari Richard de Mérode, toute sa part des biens de Moersdorf et généralement du duché de Luxembourg. Elle vivait encore le 5 avril 1471 (6).

Renaud Ier laissa, en outre, deux enfants naturels :

A. Godefroid d'Argenteau, cité dans le testament de son père le 28 avril 1434, marié à Else d'Encheringen (7). Henri de Welckenhusen, seigneur de Clermont, lui donna en 1438, en engagère Noville, dépendance de Houffalise (8).

B. Gérard de Montfort, nommé aussi Gérard de Poulseur, à cause du fief qu'il possédait au dit lieu, du chef de sa femme. Il est cité dans une charte de l'abbaye du Val-Saint-Lambert du 14 août 1450 (9), et avait épousé Jeanne le Pollen de Waroux dit d'Alleur, dame à Poulseur, fille de Denis Corbeau le Pollen de Waroux dit d'Alleur, seigneur de Villers-lez-Guises et à Poulseur, et de Hellewis de Hannut, dame en partie de Fraipont, de Banneux et de la vouerie de Louvegné (10).

(1) *Chartes de Clervaux*, nos 966 et 991.

(2) *Inventaire des chartes de Houffalise*, lit. E, no 6.

(3) *Siége des Nobles*, aux archives de Luxembourg.

(4) *Charte originale*, à Luxembourg.

(5) *Charte de la famille de Reinach*, no 1499, à Luxembourg.

(6) *Charte de Clervaux*, no 1049.

(7) *Manuscrit de Molle*, p. 55.

(8) Pierret, *Histoire de Luxembourg*, t. III; *Cartulaire de Houffalise*, nos 299, 305, 306, 332, 335.

(9) Schoonbroodt, no 1299 ; *Cartulaire de Houffalise*, no 331.

(10) Le Fort, Ire partie, t. 18, p. 165 ; selon De Theux, un fils de Poulseur fut reçu tréfoncier de Saint-Lambert à Liége en 1486.

Elle épousa, en secondes noces, par contrat du 25 février 1457, approuvé aux échevins de Liége le 12 mars suivant, Nicolas Flockelet, écuyer, bourgeois de Liége.

X.-**Renaud II d'Argenteau, chevalier, seigneur de Houffalise, de Fraiture, de Moersdorf et de Montfort-sur-Ourthe** (1), succéda vers 1436, à son père, auquel il ne le céda guère comme guerroyeur et querelleur.

Dès l'année 1422, il fut en guerre avec Jean, comte de Spanheim, lequel le fit prisonnier et ne lui rendit la liberté qu'à la demande de son frère aîné, Gérard d'Argenteau, qui, pour tirer son frère cadet de prison, fut obligé de faire hommage de son château de Moersdorf au comte de Spanheim, et de se reconnaître son vassal (2).

En 1429, il se trouva, selon Goethals, à la défense du château de Poilvache assiégé par les Hutois, qui échouèrent dans leur entreprise (3), et en 1431, il reçut des lettres de sauvegarde de Philippe de Bourgogne (4).

Prévôt de Virton en 1439 (5), il reconnut en 1440 être homme de fief du prince-évêque de Liége (6). Nous le trouvons en 1441, engagé dans une singulière aventure, où son rôle ne paraît pas bien défini. La duchesse de Luxembourg était en hostilité avec un seigneur nommé Alexandre de Seraing, dont un des partisans Conrad de Horion, surprit la petite ville de Montjoie, mais n'étant pas soutenu par le « conte de Salme et le dameseal de Hoffalie » (7), qui se trouvaient à proximité avec leurs hommes d'armes, il fut repoussé et battu par Sporen, châtelain de Montjoie et ses gens.

Quatre années plus tard, en 1445, Karbruch, châtelain du marquisat de Franchimont, fit une expédition contre les habitants de la Roche, qui avaient arrêté

(1) Renaud II est cité en qualité de seigneur de Houffalise, de Montfort et de Fraiture, dans une charte du Val-St-Lambert, du 20 mai 1444, n° 1252.

(2) *Charte originale* à Strasbourg; LEHMAN, *Die graven von Spanheim.*

(3) *Généalogie de la maison de Beaufort*, p. 167.

(4) Inventaire du château de Houffalise, lit. O, n° 22.

(5) *Archives d'Harnoncourt*, appartenant à M. de la Fontaine.

(6) *Inventaire des titres du château de Houffalise*, n° 25.

(7) *Chronique de Jean de Stavelot*, p. 484.

et rançonné son père. A son retour il repassa par Houffalise et Renaud II, qui était vassal du comté de la Roche, l'attaqua avec ses gens d'armes, quoiqu'il eut déclaré vouloir rester en paix avec lui, mais les Franchimontois se défendirent si vigoureusement que le seigneur de Houffalise dut leur abandonner le champ de bataille, et battre en retraite (1).

Renaud II, avait engagé à Henri de Gronsveld, seigneur d'Oupey, son château de Montfort-sur-Ourthe, arrière-fief relevant des seigneurs d'Esneux, dont la garde avait été confiée à un certain Henri de Chantraine, qui ne tarda pas à en faire un véritable nid de brigands, rançonnant et pillant les voyageurs et répandant la terreur à tous les alentours. En 1447, un voyageur étranger qui avait été maltraité et détroussé par le châtelain de Montfort, courut à Liége se plaindre aux échevins et bientôt une troupe de Liégeois alla mettre le siége devant la forteresse. Celle-ci eut été, sans aucun doute, ruinée de fond en comble si Renaud II, n'en eut fait hommage avec ses excuses au prince-évêque de Liége, sauf les droits du seigneur d'Esneux, qui en était suzerain.

Les Liégeois occupèrent la forteresse le 10 août (2), et le seigneur de Houffalise n'en reprit possession que le 25 octobre suivant, après avoir pris l'engagement pour lui et ses héritiers, d'en tenir toujours les portes ouvertes aux bourgmestres de Liége, et à ne faire la guerre à personne, sans le consentement du prince-évêque, du chapitre de Saint-Lambert et de la cité de Liége, sous peine de confiscation de Montfort et de la seigneurie de Fraiture en Condroz (3).

En 1451, Renaud II fut en hostilité avec l'archevêque de Cologne (4), mais on ne sait pour quel motif la même année, après la mort d'Elisabeth de Gorlitz, duchesse de Luxembourg, il fut mêlé encore à la guerre qui éclata entre le duc de Bourgogne, Philippe-le-Bon qui tenait le duché de Luxembourg en engagère, et Ladislas, roi de Hongrie, qui voulait, comme héritier naturel, prendre possession de ce pays. Les troupes de ce dernier s'emparèrent, malgré la résistance des Luxembourgeois, de La Roche, de Houffalise et d'autres villes,

(1) Jean de Stavelot, *Chronique* p. 569.

(2) *Ibidem*, p. 599, et *Cartulaire de Houffalise*, p. 322.

(3) Zantfliet, *Chronicon*, dans Martène et Durand, *Amplissima collectio* t. V, col. 456; Foullon, *Historia Leodiensis*, t. II, p. 27; Bouille, *Histoire de la ville et pays de Liége*, t. II, pp. 35 et 36.

(4) *Charte de Clervaux*, nº 1002.

mais ils n'en tardèrent pas longtemps à en être expulsés par les partisans du duc de Bourgogne.

Toutes ces guerres avaient singulièrement compromis la situation pécuniaire du seigneur de Houffalise, qui fut obligé de contracter de nombreux emprunts. Le 13 mars 1449 (n. st.), il donna, avec le consentement de sa femme Jeanne d'Enghien et de son beau-père, la cour de Morimont, fief de la Roche, en engagère à Ferry de Villers, seigneur de Grandchamps, pour 700 florins du Rhin, et par actes du 15 décembre 1451, du 28 avril 1454 et du 29 janvier 1456 Renaud II emprunta encore de nombrenses sommes à son cousin Frédéric de Brandenbourg, seigneur de Clervaux, et à sa femme Françoise d'Argenteau, pour lesquelles il leur donna en garantie le quart des revenus de la seigneurie de Houffalise (1). Enfin, l'abbaye du Val-Saint-Lambert saisit la terre et seigneurie de Fraiture en Condroz (2). A sa mort, Renaud II laissa une succession si obérée momentanément que sa veuve fut obligée d'y renoncer, par acte du 13 novembre 1457 (3).

Il avait été marié à Jeanne d'Enghien, fille d'Englebert d'Enghien, seigneur de Rameru, Morialmé, La Folie, Tubise, Bury, Sauty, Laerbeke, Beringen, Beerte, Bogarde, etc., et de Marie d'Antoing, dame de Briffœuil, Estaires, Haveskerke, Clery, Wasmes, Bitremont, etc. (4).

Renaud II (5) fut père de deux filles :

1° Marguerite, dame de Moersdorf, qu'elle avait reçue en dot de mariage de

(1) *Chartes de Clervaux*, nos 959, 1002, 1023, 1036.

(2) SCHOONBROODT, *Inventaire des archives de l'abbaye du Val-Saint-Lambert*, t. I, p. 467.

(3) *Cartulaire de Houffalise*, n° 356. Collection Lebrun.

(4) BUTKENS, t. II, p. 120 et 121.

(5) Feu Laurent lui attribue, sans aucune justification, un fils nommé Renaud, qui aurait été s'établir en Lorraine et serait devenu le fondateur d'une famille nommée de Hoffelise Liégeois. Il n'y a pas la moindre trace de ce prétendu fils dans les nombreuses chartes qui concernent Renaud II; celui-ci laissa deux filles, dont l'aînée, Marguerite, fut l'héritière de Houffalise et des principales seigneuries de son père, ce qui exclut l'existence d'un héritier mâle.

Il faudrait supposer, contre toute vraisemblance, que ce prétendu fils Renaud d'Argenteau, successeur présomptif d'un des plus puissants seigneurs du Luxembourg, aurait renoncé, au profit de ses sœurs, à un nom illustre et à une brillante situation assurée pour aller s'établir en Lorraine et y fonder une nouvelle famille. Mais cette famille, que Laurent fait descendre erronément de Renaud II d'Argenteau dans la seconde moitié du XVe siècle, existait déjà un siècle auparavant. Elle descendait par bâtardise de la maison de Grandpré Houffalise, éteinte dans la ligne mâle légitime vers 1370.

sa tante, et dame de Houffalise, Fraiture, Morialmé, Briffoeuil, Bury et Sautour, par succession de ses parents, comme fille aînée (1).

Elle épousa, par contrat du 15 août 1456 (2), Richard, baron de Mérode, seigneur de Frentz, Pétershem, mayeur héréditaire de Bastogne, veuf depuis le 11 novembre 1445, d'Elisabeth de Bastogne, dame de Montigny-sur-Sambre, etc., et fils de Richard de Mérode, chevalier, seigneur de Mérode, Frentz et Westerloo, et de Béatrice, dame de Pétershem. Richard de Mérode avait été reçu chanoine tréfoncier de Saint-Lambert à Liége, le 13 septembre 1427, mais il résigna sa prébende en 1434, pour se marier (3). En 1451, il prit parti comme mayeur héréditaire de Bastogne, pour Ladislas, roi de Hongrie, dans la guerre que celui-ci eut à soutenir contre Philippe-le-Bon, duc de Bourgogne, pour la succession du duché de Luxembourg, après la mort d'Elisabeth de Gorlitz (4).

Après la mort de son beau-père, Richard de Mérode eut avec Jeanne d'Enghien, sa belle-mère, des difficultés au sujet de la seigneurie de Houffalise, mais ensuite d'une convention de 1458, il reconnut que celle-ci, jouirait sa vie durant de la moitié de la forteresse de Houffalise et des revenus de la seigneurie (5).

Dans l'*Histoire de Metz*, t. IV, p. 257, citée cependant par Laurent dans son *Cartulaire de Houffalise*, n° 219, il est fait mention au mois d'août 1370, d'une « Promesse de Raignier de Hoffelise, ligeois écuyer fils à Monseignor Thiry de Hoffelise, chevalier, fait prisonnier à la bataille de Ligny de ne jamais porter les armes contre les Messins ».

Il résulte de ce document que Raignier de Hoffelise était certainement le fils de Thierry de Grandpré, mais bâtard, car la seigneurie de Houffalise, principale possession de son père dont il aurait été certainement l'héritier, s'il avait été de naissance légitime, passa directement à sa sœur Philippe de Grandpré-Houffalise, veuve de Gérard d'Argenteau, ou à ses deux fils Jean et Renaud Ier.

Il est encore fait mention en 1456 (*Essais sur la ville de Nancy*, La Haye 1779, p. 166) d'un Reynout d'Hoffelize écuyer le Liégeois, auquel Conrad, évêque de Metz, pour l'engager à demeurer près de lui, donna le fief masculin d'Obersing, que sa postérité conserve encore aujourd'hui. Ce Raynier descendait sans aucun doute du fils naturel de Thierry de Grandpré, l'auteur de la famille de Hoffelise Liégeois qui existait encore au XVIIIe siècle, et qui portait pour armes : *de Luxembourg au canton dextre de gueules,* lesquelles sont au canton près, celles de la 1re et de la 5e race des seigneurs de Houffalise.

(1) *Cartulaire de Houffalise*, nos 343, 347, 348 et 360.

(2) *Charte de Clervaux*, n° 910, *Cartulaire de Houffalise*, 343 et 348.

(3) De Theux, *le chapitre de Saint-Lambert*, t. II; Wolters, *Notice historique sur les anciens seigneurs de Steyn et de Pietersheim*, p. 142.

(4) Wurth-Paquet, *Annexe aux chartes de Guillaume de Saxe.*

(5) *Cartulaire de Houffalise.*

En 1475, Richard de Mérode, son frère Guillaume et Marguerite, sa sœur, obtinrent de l'empereur d'Allemagne Frédéric III, la confirmation du titre de baron du Saint-Empire, dont les lettres patentes avaient été détruites pendant les guerres ; c'est depuis cette époque que l'on trouve souvent les Mérode et leurs successeurs qualifiés barons de Houffalise (1).

Richard de Mérode était un personnage d'un caractère intraitable et d'une bonne foi très douteuse. Il eut des difficultés avec tous ses proches parents. D'abord avec son beau-père au sujet de Houffalise en 1457, et avec sa belle-mère à qui il disputa son douaire, ensuite avec sa tante Jeanne d'Argenteau qui avait donné à sa femme une partie des biens qu'elle possédait dans la seigneurie de Moersdorf. Il était même parvenu à faire sceller par Jeanne d'Argenteau une cession par laquelle elle lui donnait à son insu plus de biens qu'il n'avait été convenu. Mais cet acte fut annulé par le Siége des nobles (2), et le 19 mai 1468, le Conseil de Luxembourg décida que Jeanne d'Argenteau serait mise en possession de sa part dans la seigneurie de Moersdorf, ainsi que dans les autres biens provenant de ses parents sis dans le Luxembourg (3). Enfin après la mort de ses beaux-parents, il fut encore au sujet de leur succession, en procès pendant de longues années, avec son beau-frère Bernard d'Orley.

Ce procès était encore pendant au moment de son décès, mais son fils Richard II de Mérode, baron de Houffalise, seigneur de Morialmé et de Ham-sur-Heure, de Rameru, de Briffœuil et de Bury, chambellan de Philippe-le-Beau et plus tard, pannetier de l'empereur Charles-Quint, s'empressa de terminer les différents avec son oncle. Par convention de 1484, il céda 2400 florins de Rhin, ainsi que tous ses droits sur la seigneurie de Meisenbourg à Bernard d'Orley, qui de son côté renonça à tous ses droits sur Houffalise (4).

Richard de Mérode clôtura sa carrière par un acte de véritable brigandage, malheureusement trop commun à cette époque tourmentée. Allié de Jean de Vy, prévôt de Bastogne, il alla ravager, en 1478 (5), le pays et brûler une partie de

(1) Laurent, *Houffalise*, t. IV, p. 441.

(2) Van Werveke, *Siége des nobles*, p. 28. Id. *Beitraege zur Geschichte des Luxemburger Landes* III ; *Cartulaire de Houffalise*, 348 et 385.

(3) Ch. Laurent, *Coutumes du Luxembourg*, t. III, p. 27.

(4) *Cartulaire de Houffalise*, nos 402, 406 et 407.

(5) *Antiquus abbatium catalogus*, Fonds Stavelot Malmédy, reg. A, 16 ; Archives royales de Dusseldorf.

la ville de Stavelot. Il compléta son expédition en extorquant huit cents florins du Rhin, aux bourgeois, qui s'étaient refugiés dans le cimetière.

Il décéda le 20 août 1482, et fut inhumé dans l'église du monastère du Val-Saint-Mathieu à Schwarzenbroich, sous cette épitaphe : *Hic jacet nobilis et generosus baro dominus Ricaldus de Merode, dominus de Frentz et Hoiffalize, qui obiit anno Domini 1482 20ª die mensis augusti.*

Marguerite d'Argenteau décéda le 10 novembre 1488 et fut inhumé dans la même église. Sa pierre tombale portait cette épitaphe : *Hic jacet nobilis et generosa domina Margarita de Arckentiel, domina de Hoiffalize et Frentz, uxor domini Ricaldi de Merode, baronis, que obiit anno Domini 1488, die 10ª mensis novembris.*

2° Françoise, inhumée dans l'église des Frères-mineurs à Luxembourg, mariée en 1475, à Bernard d'Orley, chevalier, seigneur de Linster, de Meysenbourg et de Fischbach, conseiller et chambellan du duc de Bourgogne, justicier des Nobles du duché de Luxembourg, veuf de Françoise de Hundelingen, et fils de Guillaume d'Orley, chevalier, seigneur de Linster et de Vaisse, justicier des Nobles, et de Catherine d'Autel, dame de Meysenbourg. Le 29 juillet 1494, elle scelle avec son mari une donation de 1200 florins du Rhin, en faveur de sa fille Françoise, à l'occasion de son mariage avec Adam de Soettern. Ils reconnurent avoir reçu le 28 avril 1485, ensuite d'un accord du 4 septembre 1484, 1200 florins du Rhin, de Richard de Mérode, seigneur de Houffalise, leur neveu (1).

(1) *Charte de Clervaux*, n° 1525 ; *Charte de Reinach*, n° 2257.

BRANCHE DE BRICQUEMONT

Warnier d'Argenteau, chevalier, seigneur de Bricquemont (1), était le quatrième fils de Guillaume Ier, seigneur d'Argenteau, et de Marguerite de Rochefort. Il fut d'abord chanoine de Notre-Dame à Aix-la-Chapelle, par réception de 1453, à la place de son frère Guillaume (2), et épousa vers 1485 (3), Louise de Spontin, dame de Bricquemont et d'Achène, fille de Guillaume de Spontin dit d'Ardennois, seigneur des dits lieux et de Ham-sur-Sambre, et de Jeanne de Bastogne, dame d'Erpent. Elle épousa, en secondes noces, en 1503, Jean de Seraing, seigneur de Houtain et d'Once-sur-Jaer (4), veuf de Catherine d'Alsteren, et fils d'Alexandre de Seraing, chevalier, et de Marguerite de Rougrave.

Du mariage de Warnier d'Argenteau et de Louise de Spontin naquirent :

1° Louise, dame de Mouche et d'Achêne, décédée vers 1552, mariée vers 1512 à Jean de Sacquespée, seigneur de Tamines (5), Nandren, fils de Jean de Sacquespée, seigneur de Tamines, et de Françoise de Waverelle dit de Seraing, dame de Tamines.

(1) Bricquemont est actuellement une section de la commune de Montgauthier. Le village se nommait Wenaigne ; Bricquemont était le nom du château englobé aujourd'hui dans le domaine royal de Ciergnon et démoli il y a quelques années ; les matériaux ont été utilisés pour la construction du nouveau château qu'y a fait élever S. M. le roi Léopold II.

(2) BUTKENS, t. II, p. 226 et LE FORT, t. Ier, p. 118 v°.

(3) *Archives de M. Lamotte, à Dinant*, n° 29.

(4) *Cour allodiale de Liége*, reg. 34, fol. 155.

(5) LA HAYE, *Le livre des fiefs de la prévôté de Poilvache*, p. 1.

2° Jean, qui suit.

3° Jacques, seigneur d'Achène, résidait à Dinant en 1515 (1). Par son testament, du 29 mars 1518, il institua, pour ses héritiers, son frère Jean, qui suit, son beau-frère, Jean de Sacquespée et ses nièces (2). Il mourut célibataire et fut inhumé en l'église de Ciney, auprès de ses grands-parents de Spontin.

XII. **Jean d'Argenteau, seigneur de Bricquemont, prévôt de Montaigu-sur-Ourthe** (3). Il est cité dès le 18 novembre 1514, dans un acte passé, devant les échevins de Liége, par lequel il vend à l'abbaye du Val-Saint-Lambert, une rente de cent muids d'épeautre, hypothéquée sur le fief de Haledet, en Condroz (4).

Jean d'Argenteau vendit ensuite la seigneurie de Bricquemont, à Louis de Stolberg, comte de Rochefort, le 10 août 1553 (5).

Il avait été marié, en premières noces, avec Catherine de Glymes, fille de Jacques de Glymes, bailli de Wasseiges, et de Julienne de Guygoven, et en secondes noces, à Marie d'Enghien, dont il eut plusieurs enfants cités dans son testament fait au château de Rochefort, le 30 octobre 1555, et qui suivent :

1° Christophe.

2° Salomon.

3° Jean qui suit.

4° Anne, veuve en 1584, de François de Custine.

5° Jeanne, mariée à Gilles de Crenea.

6° Marguerite ou Françoise, citée en 1550, mariée à François de Sorée.

7° Nicole, à Engelbert de Malsaigne.

XIII. **Jean d'Argenteau, seigneur de Grune,** par reliefs du 28 mars 1592 et du 20 octobre 1605 (6), marié à Anne Moreau de Thou, dame de Grune, veuve de Jean de Mozet, bailli de Fanson, et fille de Godefroid Moreau, seigneur de Thou, et de Jeanne Barvoets, dame de Namêche. Ils eurent un fils :

XIV. **Claude d'Argenteau** encore mineur le 7 juillet 1614 (7).

(1) *Echevins de Liége,* Grand-greffe, œuvres, 1515, n° 79, fol. 140 v°.
(2) Alexis, *La Commune de Tamines.*
(3) *Cour féodale de Montaigu,* fiefs de 1525-1586, fol. 69, Archives de l'Etat à Arlon.
(4) Schoonbroodt, *Archives du Val-Saint-Lambert,* t. II, p. 127.
(5) Lamotte, *Etude historique sur le comté de Rochefort,* p. 53.
(6) *Cour féodale de La Roche,* reg. de 1591-1625, fol. 8 et reg. 1605-1610.
(7) *Cour d'Ocquier,* œuvres.

LA SEIGNEURIE D'ARGENTEAU

TOPOGRAPHIE. — SITUATION POLITIQUE. — PRIVILÈGES. — COUR DE JUSTICE. — LA PAROISSE DE HERMALLE. — LA CHAPELLE DE WIXHOUX. — LE CHATEAU. — LE DOMAINE UTILE.

§ 1

La seigneurie d'Argenteau et Hermalle était située sur la Meuse, qui la partageait en deux parties, entre Liége et Maestricht, à environ deux lieux de la première de ces villes. Elle comprenait avant la réunion des Pays-Bas autrichiens à la France en 1795, les communes actuelles d'Argenteau sur la rive droite de la Meuse, avec les hameaux de Borre, Sarolay, sur le Bois, Wixhoux et Bagatelle, et de Hermalle, sur la rive gauche, avec les hameaux de Basse-Hermalle, Werihet, Preixhe, etc.

Elle était bornée au nord par la ville de Visé, les seigneuries de Haccourt, Richelle, Saint-Remi, au sud par les seigneuries de Cheratte et Herstal, à l'ouest par Oupeye et Vivegnis.

§ 2

La seigneurie d'Argenteau et Hermalle était dans les temps les plus reculés du moyen-âge, une terre libre, franche, indépendante, ne reconnaissant que la suzeraineté des empereurs d'Allemagne. Elle passa ensuite sous la souveraineté des ducs de Brabant, tout en conservant les privilèges inhérents aux fiefs immédiats de l'Empire.

Argenteau et Hermalle furent aussi compris au nombre des terres, appelées improprement, par les Etats-généraux des Provinces-Unies, Terres de Rédemption. Comme nous l'avons dit déjà dans l'*Histoire du Comté de Fallais,* « ces terres, au nombre de huit, dépendaient du duché de Brabant, tant pour les reliefs que pour la juridiction. Elles n'étaient pas soumises régulièrement aux charges et contributions de la province, parce qu'elles étaient de leur nature *terres franches.*

Leurs habitants étaient affranchis de toutes tailles, gabelles, impôts, corvées et autres contributions ; mais au XVIe siècle, par acte du 24 décembre 1594, le gouvernement décida que ces villages paieraient dorénavant une certaine somme fixe, sous forme de reconnaissance ou de rédemption, pour les exemptions et les privilèges dont ils jouissaient.

Comme tous ces villages, à l'exception de Fallais, étaient situés à proximité de Maestricht, la recette fut établie dans cette ville et le produit employé à l'entretien de la garnison et des fortifications de la place.

Après la prise de Maestricht par le prince Fréderic-Henri, en 1632, la recette fut transportée au fort de Navagne sur la Meuse, près de Visé, et les Etats-généraux n'élevèrent aucune prétention sur ces villages.

Mais, après la paix de Munster, ils prétendirent que ceux-ci étaient dépendants de Maestricht, parce que le produit de leurs contributions ou rédemptions avait été employé, pendant un certain nombre d'années, aux besoins de la garnison de cette ville.

Ces prétentions, que les Hollandais n'osèrent pas soumettre au jugement de la Chambre mi-partie, furent constamment rejetées par le gouvernement des Pays-Bas. Celui-ci défendit même, par les placards du 16 août 1662 et du 6 mai 1665, aux gens de loi et aux habitants de ces villages, de reconnaître d'autre souverain que lui ou d'obéir à d'autres ordres que les siens.

Mais comme le voisinage de Maestricht donnait de grandes facilités aux Hollandais de soutenir leurs prétentions, à main armée, ces villages leur payaient aussi une contribution annuelle, pour éviter les exécutions militaires.

Par l'article XIX du traité d'alliance, conclu à La Haye, le 30 août 1673, entre le roi d'Espagne Charles II et les Etats-généraux, ces derniers renoncèrent à leurs prétentions sur les Terres de Rédemption.

Ce traité ne reçut pas son exécution, au moins pour les articles concernant Maestricht et les Terres de Rédemption. Les choses restèrent dans le même état jusqu'au traité de Fontainebleau, conclu le 8 novembre 1785, par lequel les Etats-Généraux abandonnèrent toutes leurs prétentions sur Fallais, Argenteau et Hermalle.

Quelques années plus tard, au mois de septembre 1794, la conquête des Pays-Bas autrichiens par les armées françaises, amena l'introduction du régime républicain qui vint remplacer les vieilles institutions féodales, et la seigneurie d'Argenteau et Hermalle, divisée en deux, descendit au rang de deux modestes communes, désignées sous les noms d'Argenteau et de Hermalle, du département de l'Ourthe, aujourd'hui province de Liége.

§ 3

Les privilèges les plus importants des seigneurs d'Argenteau étaient ceux de conduire leurs vassaux à la guerre sous leur propre bannière et de battre monnaie.

Il a existé, au témoignage de Jalheau et d'Ernst, des monnaies de Guillaume Ier d'Argenteau. Un denier noir qui pourrait lui être attribué est décrit ainsi dans le *Catalogue des monnaies liégeoises de Perreau* : « Une croix pattée, traversant l'inscription ; sur cette croix, l'écusson de Heinsberg ; légende : ✠ IO : DE-HENSB-EPS : L-EODIE. Rev. : Perron dans le champ ; légende : ✠ MONETA : NOVA : DE · ARKEN » (1).

(1) DE CHESTRET, *Revue numismatique belge*, 5e série, t. III. Le seul exemplaire connu de ce denier, que nous aurions voulu reproduire, n'a pu être retrouvé dans la collection du séminaire de Saint-Trond, dont il faisait partie.

§ 4

L'administration de la justice, tant civile que criminelle, dans la seigneurie d'Argenteau et Hermalle, appartenait à un tribunal, nommé la *Cour des Echevins,* composé d'un officier qualifié drossart ou mayeur, de sept échevins, d'un greffier et d'un sergent ou huissier, nommés par le seigneur. En outre quelques procureurs, aussi à la nomination du seigneur, étaient admis à exercer auprès de la Cour, qui avait haute, moyenne et basse juridiction. Dans les causes criminelles elle jugeait par arrêt sans appel, mais le seigneur avait droit de grâce. En matière civile, on pouvait appeler dans les temps les plus reculés de la féodalité aux échevins de la ville Impériale d'Aix-la-Chapelle. Dans la suite, les seigneurs d'Argenteau, comme nous l'avons dit précédemment, permirent à leurs vassaux d'aller, à cause de l'éloignement d'Aix-la-Chapelle, en appel ou rencharge en matière civile, à la cour des Echevins de Liége, qui était aussi terre d'Empire. Cette situation prit fin en l'année 1546, par un décret de l'Empereur Charles-Quint, qui décida qu'Argenteau et Hermalle dépendrait dorénavant du Conseil Souverain de Brabant.

LE DROSSART

Le drossart d'Argenteau et Hermalle désigné dans les XVe et XVIe siècles, sous le nom de mayeur ou de souverain-mayeur, était nommé par commission du seigneur et devait prêter serment à la Cour des échevins avant de pouvoir entrer en fonctions.

Il était investi de fonctions judiciaires, administratives et quelquefois même de fonctions militaires. Comme officier criminel et de police, il était chargé de l'instruction et de la poursuite des crimes ou délits, qu'il soumettait au jugement des échevins convoqués et présidés par lui. Il ne prenait pas part au jugement mais il faisait exécuter les sentences en matière criminelle qu'il avait provoquées, et le cas échéant il admettait les coupables à composition. Dans les causes civiles il présidait de même la Cour des échevins, mais son rôle était limité à la semonce, c'est-à-dire à recueillir les avis sur le procès engagé et à prononcer ensuite le jugement. Souvent il cumulait avec les fonctions de drossart celles de receveur, lorsque celles-ci n'étaient pas remplies par un receveur particulier. Enfin le drossart était en l'absence du seigneur le gardien du château et le commandant de la garnison et des vassaux.

Jean *d'Oupeye,* cité mayeur dans un record du 14 septembre 1437 et dans un second record du 15 octobre 1442.

Simon *de Somaing,* cité mayeur le 4 septembre 1458.

Renar *d'Ailke,* souverain-mayeur en 1460 jusqu'en 1496.

Biertho *de Cheratte,* souverain-mayeur en 1496 jusqu'en 1499.

Jean *d'Oupeye,* est cité mayeur et Jean *Collon* sous-mayeur en 1500.

Guillaume *Danneal,* en 1509.

Nicolas *de Mons,* 1524-1525.

Winand *Happart,* prêta serment à la cour comme mayeur le 26 avril 1525.

Doem ou Thomas *de Bueren,* écuyer, 1537-1559. Il est cité aussi mayeur de Trembleur le 12 avril 1561.

Jaspar *Bueren,* en 1567.

Gérard *des Nèges,* mayeur en 1573.

Jean *Hardy,* 1594 jusqu'à sa mort en 1596.

Gilles *Henrequeau,* prêta serment en qualité de mayeur à la cour de justice le 2 octobre 1596.

Jean *de Pontpier,* mayeur, 1630-1633.

Colleije *de Haren,* mayeur, fut nommé échevin de la cour le 14 novembre 1634.

Herman *de Camusel,* seigneur de Grand-Reng et de Boutni, fut nommé bailli et châtelain d'Argenteau, par commission du 30 novembre 1633, et démissionné le 31 décembre 1637, ainsi que son lieutenant-bailli Nicolas *Closset.*

Léonard *de la Florence,* cité officier-mayeur en 1638.

Louis-François *de Bailleul* dit de le Pippre, écuyer, seigneur de Blicquétry, Flotene, etc., capitaine entretenu au service de Sa Majesté Catholique, fut nommé, par commission du 10 avril 1644, gouverneur, drossart, haut-officier et souverain-mayeur des forteresse et terre d'Argenteau et Hermalle (1). Il mourut au château d'Argenteau le 28 novembre 1650 et fut enterré le lendemain dans l'église de Richelle.

(1) Il fut marié, le 21 juin 1646, dans la grande salle du château d'Argenteau, par le chapelain-major du fort de Navagne, à Anne-Louise de Humont.

Renaud *de Rouveroy*, écuyer, capitaine au service de Sa Majesté, gouverneur, drossart, haut-officier et souverain-mayeur d'Argenteau et Hermalle, de 1650 à sa mort en 1661.

Jean-Philippe-Louis *Sterck*, écuyer, capitaine au régiment du marquis de Mauroy, fut nommé gouverneur, drossart, haut-officier et souverain-mayeur des forteresse, terre et seigneurie d'Argenteau et Hermalle, par commission du 9 avril 1661. Il mourut à Liége, le 11 septembre 1668.

Arnould-Louis *Prinet*, écuyer, licencié en droit, fut nommé drossart, haut-officier et souverain-mayeur, par commission du 8 novembre 1668.

Jean *de Charneux* était haut-officier et drossart en 1670 et 1671.

Pierre-Joseph *van der Thommen*, écuyer, seigneur de Mutzhagen, drossart et haut-officier d'Argenteau et Hermalle de 1672 à sa mort en 1732.

François *Servadon* était lieutenant-drossart du précédent, de 1719 jusqu'en 1732.

Jean-Bernard *Knaeps*, drossart et haut-officier, par commission du 22 décembre 1732, jusqu'en 1738.

Jean-Louis *Le Ruite*, drossart et haut-officier, en 1738, démissionnaire en 1743.

Jean-François *Servadon*, par commission du 12 octobre 1741, il avait été nommé lieutenant du précédent, et le remplaça comme drossart et haut-officier, par une autre commission du 28 juin 1743, mort à Liége, le 19 février 1787.

Jean-Jacques *Lhoist*, licencié ès lois, avocat au Conseil souverain de Limbourg, fut nommé drossart, par commission du 30 juillet 1787; il remplit ses fonctions jusqu'en 1794.

LES ECHEVINS

Les échevins ou juges de la Cour seigneuriale étaient au nombre de sept, choisis généralement parmi les propriétaires fonciers ou les notables d'Argenteau et Hermalle. Ils étaient nommés par commission du seigneur et devaient être nés ou naturalisés Brabançons ou Limbourgeois, de légitime mariage et pratiquer la religion catholique romaine. Avant d'entrer en fonctions les échevins devaient prêter serment à la Cour de faire observer les coutumes, droits, franchises et privilèges de la seigneurie, et de rendre justice aux grands comme aux petits. La charge d'échevin était inamovible.

Les échevins d'Argenteau-Hermalle, quoique Brabançons ne jugeaient pas d'après les style, coutumes et édits du Brabant, mais d'après les coutumes locales écrites (1) et les ordonnances des seigneurs. Dans certains cas ils suivaient le style et les coutumes du pays de Liége, parce que dans les premiers siècles de la féodalité et jusque dans la seconde moitié du XVIe siècle, comme il a été dit précédemment, (pages 45 à 47), les échevins d'Argenteau allaient en appel auprès des Echevins de Liége (2). Ils siégeaient à Hermalle où il y avait une maison communale ou au hameau de Borre, Bor, Borg au Bourg-sous-Argenteau (3).

Les échevins d'Argenteau avaient aussi l'administration communale dans leurs attributions, mais à partir du commencement du XVIIe siècle, celle-ci fut confiée à deux bourgmestres, un d'Argenteau et un de Hermalle, élus par les chefs de ménage de la seigneurie qui formaient une compagnie bourgeoise, commandée par un capitaine. Les bourgmestres exerçaient leurs fonctions, qui étaient annuelles, sous la surveillance des échevins à qui ils rendaient compte de leur gestion.

LE GREFFIER ET LE SERGENT

Le greffier était, après le drossart, le fonctionnaire le plus important, et généralement le plus lettré de la Cour seigneuriale. Il était nommé par le seigneur et prêtait devant la cour le même serment que les échevins.

Les fonctions consistaient à tenir fidèlement les registres aux rôles, aux œuvres et aux sentences. Il devait connaître les coutumes de la Cour et en instruire les échevins dans les lectures et les instructions des procès. C'était lui qui rédigeait les jugements de la Cour, dont il était en quelque sorte l'âme.

La Cour seigneuriale avait un fonctionnaire, sergent ou huissier, nommé par le seigneur, dont les fonctions consistaient à mettre les jugements à exécution.

(1) Le 2 juin 1570, les échevins, pour se conformer aux ordres du roi Philippe II, remirent au Conseil souverain de Brabant les coutumes particulières écrites de la seigneurie, sous la signature du greffier de la cour et munies du sceau scabinal. Une copie ancienne de ces coutumes se trouve aux archives de la fabrique de l'église de Hermalle.

(2) *Cour d'Argenteau-Hermalle*, reg. no 33, fol. 214.

(3) *Ibidem*, reg. nos 31, 32 et 33.

§ 5

L'église de Hermalle-sous-Argenteau dédiée à Saint-Lambert est très ancienne et la légende rapporte qu'elle aurait été bâtie par Saint-Hubert à l'endroit où la châsse de Saint-Lambert avait reposé, lors de sa translation vers l'année 711 de Maestricht à Liége. Mais cette légende est en contradiction avec la plus ancienne vie de Saint-Lambert qui affirme que cette halte eut lieu à Herstal. Selon M. Brassine (1), Pepin de Herstal aurait fait donation de Hermalle à l'abbaye de Chèvremont. Cette donation fut confirmée par Charlemagne en 779 et par l'empereur Lothaire Ier le 11 septembre 844. Nous trouvons encore que l'empereur Othon Ier donna en 947 l'église de Hermalle à l'abbaye de Chèvremont qui fut plus tard transférée à Aix-la-Chapelle et devint la collégiale de cette ville. Quoiqu'il en soit, ce fut le chapitre de Notre-Dame, qui, depuis lors, fut le collateur de la cure de Hermalle, mais il n'a été à aucune époque, comme M. Brassine le dit à tort, seigneur du domaine de Hermalle. Celui-ci appartint aux empereurs d'Allemagne jusqu'à ce que ceux-ci en firent concession à des seigneurs particuliers, tout en conservant leurs droits de suzeraineté. La donation faite à l'abbaye de Chévremont, comprenait seulement l'église et les biens qui y appartenaient ou en dépendaient. Parmi ces biens il faut compter les chapelles de Richelle et de Sarolay. La première séparée de Hermalle le 18 avril 1287, du consentement de Walrame de Juliers, prévôt de Notre-Dame d'Aix, fut érigée en succursale, à la collation du curé de Hermalle (2). La seconde fut bâtie vers 1780, par le chapitre d'Aix-la-Chapelle. Cette dernière, succursale de Hermalle, est actuellement l'église paroissiale de la commune d'Argenteau-Sarolay, sauf du hameau de Bor, qui a continué à appartenir à la paroisse de Hermalle. Quant au château, il a été séparé de la paroisse de Sarolay et dépend actuellement de Richelle.

L'église de Hermalle a été bâtie en 1783, mais la tour est beaucoup plus ancienne. On y remarque dans une petite chapelle latérale, du côté de l'Epitre, le beau mausolée en marbre que nous avons décrit au chapitre des seigneurs d'Argenteau (page 43) et qui se trouvait dans l'ancienne église au milieu du chœur.

(1) *Les paroisses de l'ancien Concile de Saint-Remacle*, dans le *Bulletin de la Société d'art et d'histoire* du diocèse de Liége, t. XIV, p. 291.

(2) *Bulletin de la Société d'art et d'histoire* du diocèse de Liége, t. XIV, p. 213 à 217.

Du même côté se trouve un autel, aussi en marbre, érigé en l'honneur de Sainte-Catherine par Jean Schellart et Ursule de Mérode, seigneur et dame d'Argenteau. Il est surmonté des armoiries des fondateurs et porte cette inscription :

Devant cest autel de Ste Catarinne gisent le Très noble Puissant et Généreux Sr Messire Jean Schellart en son vivant Baron de Dorenwert s^r^ de Gurtzenick, Asselt et Rosant, qui morut le 20e d'Avril 1614 et la Très Haulte très Ill^tre^ et Puissante Dame Madame Ursule de Merode Dowarière de Trelon Héritière des Libres terres et baronies d'Argenteau et Hermal (en secondes nopces), son espouse laq.^lle^ pour l'amour qu'elle luy portoit, pendant sa vie a voulu qu'après sa mort (qui arriva le 16 de janvier 1622), leurs corps reposasent en mesme lieu. Suppliant la Divine M^té^ de vouloir recevoir ainsi conjointement leurs ames au nombre Des Bienheureuses.

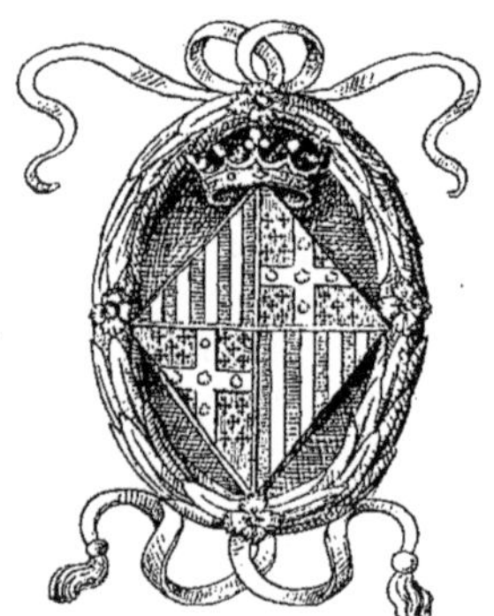

CURÉS DE HERMALLE

Jacque, prestre investit de l'église de Hermalle en 1286, le dimanche que l'on chante invocavit.

Messire Jehan, deserviteur de Hermalle, cité en décembre 1480 et en 1481 (1).

(1) *Cour d'Argenteau et Hermalle*, reg. 24, œuvres, roles, 1478-1487, fol. 36 et 61.

Messire George Innens, vesty de Hermalle, de 1493 à 1498 (1).

Messire Jehan Covarles, prestre desserviteur de Hermalle, cité 12 décembre 1498 (2).

Sire Bauldewin Goff, vesti de Hermalle, depuis le mois de mars 1514, nommé lorsqu'il était à Rome (3) ; chanoine de la collégiale de Saint-Paul à Liége en 1527 (4), il ne remplissait pas lui-même ses fonctions et avait comme desservant de la cure de Hermalle *Messire Thomas de Ponderemme,* chapelain de Hermalle, cité déjà en mai 1525 (5). Ce dernier remplit ces fonctions jusque vers la fin de 1540 (6).

En 1552, 5 octobre, Sire Bauldewin Goff, remplissait lui-même les fonctions de curé ; il était aussi recteur de l'autel Saint-Nicolas dans l'église de Hermalle (7).

Messire Rock Collin, vesti de Hermalle, cité 8 mars 1572 (8).

Wautier *Lamberty* devint desservant de l'église de Hermalle en 1580, puis curé en 1584 (9) ; mort en 1622.

Jean Baudouin à *Tilin*, curé de Hermalle en 1622 (10), décéda le 10 juin 1639.

Paul *Hervianus,* curé de Hermalle en 1639 (11), décéda le 19 décembre 1683.

Jean *Hervianus,* neveu du précédent, en 1683 (12), mort le 3 avril 1719.

Jean-Philippe *Marchand,* curé de Hermalle en 1719 (13), testa le 20 août 1740, et décéda le 7 avril 1743.

Georges-Ernest *Servadon,* curé de Hermalle en 1743 (14), jusqu'à sa mort le 14 décembre 1774.

(1) *Cour d'Argenteau et Hermalle*, reg. 25, 1487-1518, fol. 56, 61, 72, 78, 108, 118.
(2) *Ibidem*, reg. 25, fol. 155.
(3) Registre aux rentes et revenus de la cure de Hermalle du XVIe siècle.
(4) *Cour d'Argenteau et Hermalle,* reg. 26, fol. 158, 166.
(5) *Ibidem,* fol. 13 et 15 vo.
(6) *Ibidem,* reg. 27.
(7) *Ibidem,* fol. 187, 188.
(8) *Ibidem,* reg. 30, roles et œuvres 1572-74, fol. 23.
(9) *Ibidem,* reg. 19, 1594-1599, fol. 59.
(10) *Ibidem,* reg. 20.
(11) *Ibidem,* œuvres, 1715-1720, fol. 223.
(12) *Ibidem,* reg. aux œuvres, 1715-1720, fol. 223.
(13) *Ibidem,* 1715-1720, fol. 75.
(14) *Ibidem,* 1773-1780, fol. 57.

Alexis-Joseph *de Brou,* bachelier en théologie, curé de Hermalle en 1774 (1), jusqu'à son transfert à Fexhe au mois de novembre 1803.

Jean *Grégoire*, curé de Saint-Remacle-au-Pont, puis de Hermalle en 1804, jusqu'à sa mort le 11 juin 1818.

Jean-Joseph *Spirou,* en 1818, mort le 27 mai 1832.

Pierre-Mathias *Meertens,* en 1832, mort le 25 mai 1854.

Fréderic *Larondelle*, nommé en 1854, transféré à Polleur, le 15 septembre 1856.

François-Guillaume *Dognée,* en 1856, mort le 18 septembre 1857.

L. A. Robyns, en 1857, mort à Tongres en 1888.

Mathias *Schoffeler,* le 1er janvier 1887, mort le 15 juillet 1894.

Louis *Schoolmeesters,* directeur du collège de Waremme, succéda au précédent le 1er septembre 1894.

§ 6

La chapelle de Wixhoux ou de Notre-Dame au bois d'Argenteau doit son origine, selon la tradition, à une petite statue en bois de la Sainte-Vierge et de l'enfant Jésus, de la hauteur d'un doigt, qui aurait été trouvée dans un chêne, près de la fontaine au bout du bois d'Argenteau, par une pauvre femme qui ramassait du bois. Le lieu où elle fut déposée et désigné alors sous le nom de Wihout, de *Wi beni* et *hout,* bois, forêt : *Wihout* bois béni, devint le but de nombreux pèlerinages que la piété des fidèles multiplia en ce lieu. Louis Antoine de Claris, comte de Clairmont, qui venait d'acquérir la terre d'Argenteau y fit élever en 1683 un petit oratoire, comme le témoigne l'inscription qui se trouve emmuraillée, derrière le chœur de la chapelle : *Divae Virgini Ludovicus Antonius de Claris, Comes et Baro de Clairmont Hujus Fundi Liber Dominus Posuit MDCLXXXIII.* Cet oratoire était desservi par un ermite tertiaire de l'ordre de Saint-François, auquel le seigneur d'Argenteau assurait sa subsistance, parce que les revenus de la chapelle, montant seulement à 40 écus, ne suffisaient pas comme titre presbytéral.

Dans la suite, Marie-Anne de Hohenlohe-Bartenstein, épouse de Louis-Ferdinand-Joseph de Claris, marquis de Laverne, petit-fils de Louis-Antoine de Claris, fondateur de l'ermitage, fit agrandir la chapelle et placer au-dessus de

(1) *Cour d'Argenteau et Hermalle,* reg. de 1780-1788, fol. 225.

l'entrée une grande pierre sculptée aux armoiries de Hohenlohe et de Claris, surmontées d'une couronne à cinq fleurons et supportées par deux lions. Cette pierre, qui existe encore aujourd'hui dans la sacristie de la chapelle, portait en outre, cette inscription : *Divæ Virgini Maria-Anna S. R. I. Comitissa ab Hohenlohe Bartenstein uxor Ludovici de Claris Marchionis de Laverne Posuit 1739.*

Quelques années plus tard, Marie-Anne de Hohenlohe fit construire pour le desserviteur de la chapelle la maison, qui sert encore aujourd'hui à cet usage, et qui porte la date de son édification : *Maria me fecit,* Anno 1749. Elle voulut être inhumée dans la chapelle, dont elle fut la véritable fondatrice et où, par son testament du 6 mai 1753, elle avait fait plusieurs fondations pieuses, qui sont rappelées sur le marbre du tombeau élevé à sa mémoire, en ces termes :

Marie Anne Princesse du S. E. R. de Hohenlohe Bartenstein autrefois chanoinesse de Thorn Dame de l'ordre de la croix étoilée fille de Philippe Charles, grand Juge de l'empire et de Sophie Landgrave de Hesse voulut être enterrée dans cette chapelle ou elle a fondée a perpétuité une messe pour tous les dimanches et fêtes de l'année et un salut pour tous les vendredis des six mois de l'été, à l'honneur de la Sainte Vierge ainsi que la célébration de la Fête de sa nativité et du jour de Saint-Hubert avec un de profundis et collecte pour le repos de son âme, de celle de son époux et parens après chaque messe et office. Elle décéda Le 16 7^{Bre} 1758. Elle avait épousé Louis Ferdinand Joseph de Claris Valincourt marquis de Laverne de Rodes, comte de Clairmont Baron de ces libres terres d'Argenteau et Hermalle, seigneur de Monteléone et autres lieux, chambellan conseiller d'état actuel de S. M. I. R. son lieutenant dans la souveraine cour féodale de Brabant etc. etc. lequel décéda a Bruxelles le 6 Janvier 1773 et voulu aussi etre enterré dans cette chapelle. Priez pour les Bienfaiteurs.

Sa fille Marie-Elisabeth de Claris, marquise de Laverne, continua les traditions pieuses de sa mère, pour Wixhoux. Restée veuve très jeune de Charles-Louis-Auguste, comte de Limburg-Styrum, elle lui fit élever dans la chapelle un monument funéraire en marbre, et voulut être inhumé auprès de lui. Le souvenir des deux époux est perpétué par cette inscription, gravée sur le monument :

Piae Memoriae Caroli-Josephi-Augusti. S. R. I. Comitis immed^{ti} regnantis

L'HERMITAGE DE NRE DAME AV BOIS D'ARGENTEAV.

in Limbourg-Styrum-Bronckhorst et de Globen Domini de Waltsch, Sckital, Furwitz, Mokrau, in Regno Bohemiae etc. Sacrae cesareae et regiae Majestatis camerarii actualis Gueldriae et Zutphaniae provinciarum archidapiferi et antiquorum Cliviac principum sanguine; Qui in vita brevi, multa exemplis peregit aetatis Anno XXXIV° patriae, famillae, populis charus in hac dynastia decessit XVª febr. MDCCLX. Amoris et Doloris monumentum fragile sed virtute pereune posuit conjux superstes Maria Elisabetha de Claris-Valincourt, nata marchio de Laverne de Rodes, comitissa de Clairmont, baro liberarum dijnastiarum de Argenteau et Hermalle domina de Monteleone etc. etc. etc. quae virtute pietate in Deum, charitate in proximum valde commendabilis pie in christo obdormivit anno aetatis suae XXXXIII in castro suo d'Argenteau XVI februarii MDCCLXXX. et hic sepeliri voluit.

Nous avons vu (page 162), que le comte de Mercy, le célèbre diplomate, avait exprimé le désir d'être inhumé dans l'église de Hermalle, et qu'un monument rappelant ses armoiries, titres et qualités, ainsi que l'indication des emplois qu'il avait remplis, y fut érigé à sa mémoire. Mais les circonstances politiques, indépendantes de la volonté de son héritier universel, ne permirent pas de donner suite à ces dispositions. Le comte François de Merçy-Argenteau voulut déférer cependant, dans la mesure du possible, aux désirs de son parent et bienfaiteur, et fit élever sur l'emplacement de la vieille chapelle de Wixhoux démolie, la chapelle actuelle, dont la première pierre fut posée, le 3 septembre 1849, et qui fut consacrée par S. G. Mgr l'archevêque de Tyr, comte d'Argenteau d'Ochain, le 11 août 1851.

L'ancien caveau où reposaient les restes des principaux bienfaiteurs de la chapelle et des ancêtres maternels du comte François de Mercy-Argentean fut religieusement respecté et conservé à côté du nouveau ; les pierres tumulaires qui se trouvaient dans l'ancienne chapelle, furent placées dans la nouvelle, des deux côtés de la porte d'entrée.

Dans la nouvelle chapelle un monument de style roman, en marbre et granit, fut placé à droite du chœur et rappelle, selon les prescriptions de son testament, la mémoire du comte Florimond-Claude de Mercy-Argenteau, l'illustre diplomate et ministre de Marie-Thérèse et de Joseph II.

A gauche du chœur un monument semblable est élevé en souvenir du dernier seigneur d'Argenteau et Hermalle, mort le 12 juin 1795 : Joseph-Louis-

Eugène, comte d'Argenteau et de Dongelberg, seigneur d'Ochain, etc., et de son épouse Marie-Josèphe-Louise-Françoise-Antoinette-Julie, comtesse de Limburg-Styrum-Bronckhorst et de Globen, morte le 13 novembre 1808. Ils étaient les parents de François-Joseph-Charles-Marie, comte de Mercy-Argenteau, mort le 25 janvier 1869, qui fit réédifier la chapelle et dont le monument funéraire, ainsi que celui de son épouse Thérèse-Anne-Henriette, comtesse de Paar, morte le 10 juillet 1854, se trouvent aux côtés du maître-autel. Dans la nef, à droite, en entrant, se trouve une inscription funéraire à la mémoire de Charles-Joseph-François-Marie, comte de Mercy-Argenteau, chambellan du roi Guillaume Ier des Pays-Bas, mort le 14 mai 1886, et de son épouse Adelaïde, baronne de Brienen, morte le 4 mai 1871.

§ 7

Le vieux château d'Argenteau s'élevait sur la rive droite de la Meuse, en face du village de Hermalle, au sommet d'un rocher taillé à pic et entièrement isolé, qui le faisait paraître, selon la pittoresque expression de Caumartin, *une île dans l'air* (1) ; mais on peut facilement s'assurer que cet isolement n'est pas naturel, il a été produit artificiellement par une coupure profonde à l'extrémité du plateau, au sud du rocher, et par une autre à l'est, qui étaient, déjà au XVe siècle, nommées *les fossés* (2).

La plateforme, presque circulaire, où s'élevait la forteresse, a une étendue d'environ un bonnier ou 87 ares, et mesure depuis le pont jusqu'à la partie qui regarde Visé 65 pas, et environ 60 de l'Est à l'Ouest. C'est dans cet espace restreint que se pressaient les uns contre les autres et flanquant ou surplombant les remparts, des tours, des bastions, de différentes époques et de divers appareils, armés d'artillerie et dominés par le haut donjon carré, qui donnait entrée dans la forteresse (3).

Le rocher était relié au plateau par un pont-levis de bois dont l'accès était défendu par une double barrière et un corps de garde, joignant aux bâtiments

(1) *Promenades dans les environs de Visé*, p. 109.

(2) *Cour d'Argenteau-Hermalle*, reg. de 1488, fol. 89 v°.

(3) Nous avons reproduit la vue du vieux château d'Argenteau, d'après un tableau du XVIIe siècle, appartenant à Madame la duchesse douairière d'Harcourt.

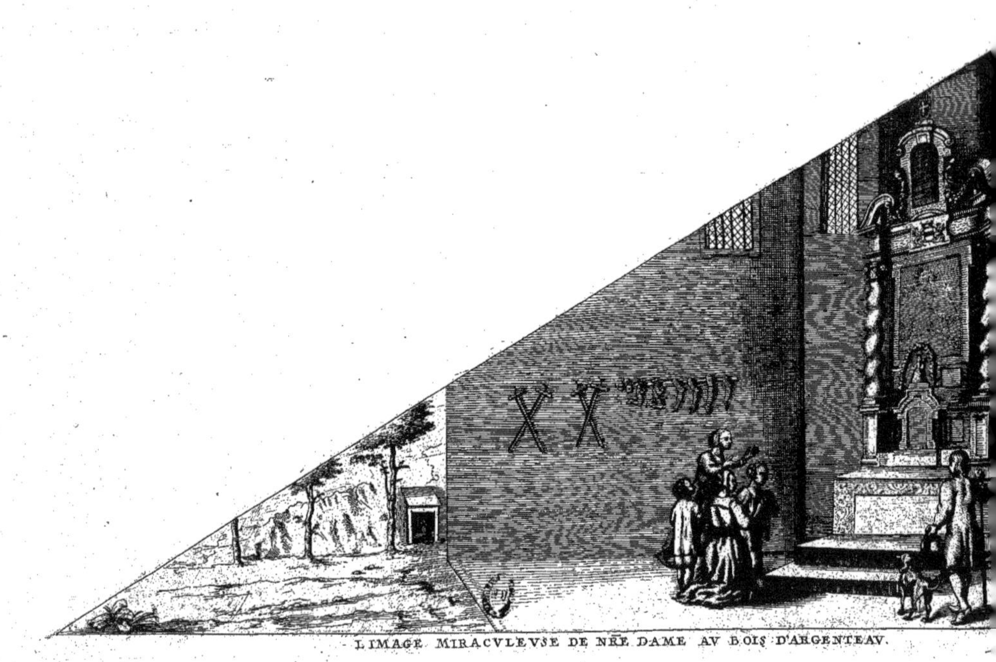

L'IMAGE MIRACVLEVSE DE NRE DAME AV BOIS D'ARGENTEAV.

de dépendances qui s'étendaient devant la forteresse et servaient de casernes à la garnison, composée, pendant presque tout le XVIIe siècle, et jusqu'à la destruction du château en 1674, d'une compagnie d'infanterie Espagnole. Le pont-levis appuyait ses assises sur une pointe de rocher qui s'élevait du fond du fossé au sud, où elle avait été ménagée, et qui fut ensuite englobée dans le massif central de maçonnerie du pont, d'une étonnante hardiesse, que Louis-Antoine de Claris, comte de Clairmont, fit édifier au commencement du XVIIIe siècle, pour relier le rocher au nouveau château dont il avait fait commencer la construction dès 1683, sur l'emplacement des dépendances du vieux château. Ce pont que l'on admire encore aujourd'hui, portait cette inscription en lettres de fer : *Humilis calcat superbos.*

Le comte de Clairmont fut une véritable Providence pour la seigneurie d'Argenteau ; non content de faire édifier un nouveau château, dans le goût de l'époque de Louis XIV (1), il fit rebâtir la plupart des maisons du hameau de Bor, sous le château, qui avaient beaucoup souffert des guerres du XVIIe siècle, notamment l'ancienne auberge du Tourne-Bride, si connue de tous les touristes, et construire, en même temps que la chapelle de Wixhoux, une ravissante maison de plaisance sur les bords de la Meuse, qui existe encore aujourd'hui en partie. C'est lui encore qui fit tracer l'admirable parc, qui entoure le château et qu'un de ses descendants, le comte François de Mercy, a considérablement agrandi, dans la première moitié du siècle dernier. « Ce parc, dit Caumartin dans ses intéressantes *Promenades aux environs de Visé,* un des plus grands de notre pays, doit sa beauté à ses arbres séculaires, à ses contrastes heureux, à ses accidents de terrain et surtout à sa situation exceptionnelle qui, dominant toute la rive gauche de la Meuse, laisse errer la vue sur le splendide panorama de Maestricht à Liége. Il renferme, dans son immense étendue, un petit ruisseau tapageur, des montagnes escarpées, de sauvages ravins, de riantes et paisibles vallées ; ce n'est pas trop d'une longue journée d'été pour en admirer l'ordonnance si champêtre et cependant si savante. De la chapelle de Wixhoux, qui couronne heureusement un point d'une montagne, la vue plonge sur une partie de la vallée de Lhoneux. Cette

(1) La tour où nous avons vu flotter pendant de longues années la bannière aux couleurs d'Argenteau fut construite seulement après 1830, par le comte François de Mercy-Argenteau ; elle ne figure pas encore sur un petit tableau daté de 1827 en notre possession.

vallée profonde, environnée de côtes boisées, est un des sites les plus ravissants des environs de Visé. Je sens si bien mon impuissance, que je ne tenterai même pas de décrire ces mille beautés d'une nature si riche et si variée ; mes froides et pâles descriptions ne sauraient valoir une promenade dans ce parc admirable, et ne pourraient en donner qu'une idée imparfaite ».

§ 8

Le domaine utile des seigneurs d'Argenteau était très considérable et comprenait, en outre des biens fonciers, des rentes, des redevances seigneuriales en argent et en nature, enfin l'important revenu du droit de tonlieu sur la Meuse qui leur avait été concédé par l'empereur Maximilien le 15 juillet 1491. Nous en trouvons le détail dans un record de la Cour échevinale d'Argenteau-Hermalle du 14 septembre 1437, qui énumère les revenus et les droits du seigneur, ainsi que les droits et les obligations des habitants de la seigneurie. Ce record est trop intéressant pour le passer sous silence :

« A tous ceulx qui ces presentes lettres faites par chirographes veront et oront. Le maire et les eschevins que noble notre chier et honnoreit seigneur damoisea Guilleame seigneur d'Argenteau et de Hermalle, salut en Dieu permanable notre Seigneur et cognissance de veriteit. Sachent tuit que pardevant nous comme pardevant haulteur et justice viendrent en propres personnes, Jacquemin filz Johan Ghio, Melar de ..... hankinet le neveur Collet Wilkin, Lhoest herar le clautier, Johan Bossar et Jehan Hierkin de Cherat, stipulant et partie faisant, tant pour eaux comme pour luniversiteit et surceans delle ditte ville de Hermale, lesqueils surceans en nom d'eaux et de leurs successeurs, parmy leurs droits payants, requerirent de nous a avoir ung bon, vraye, recort de tout che et que salvins et wardins, que tenus étoient envers ledit seigneur d'Argenteau, que ledit seigneur estoit tenuz envers eulx ; lesquelles franchieses, ne liberteis que nous leurs salvins ne wardins et de tout en tout si avant que nous en savons ; ce par Johan Doupey, mayeur de notre ditte court et justice et nostre coeschevins tourneit en droit ; et nous les dits eschevins sur ce murrement conseilheis les uns et autres et li ung lautre remis en memoire et ainsique nous avons a nos predicesseurs et devantriens eschevins parquoi al semonce de notredit maïeur et de greit ottroye et consent dudit seigneur

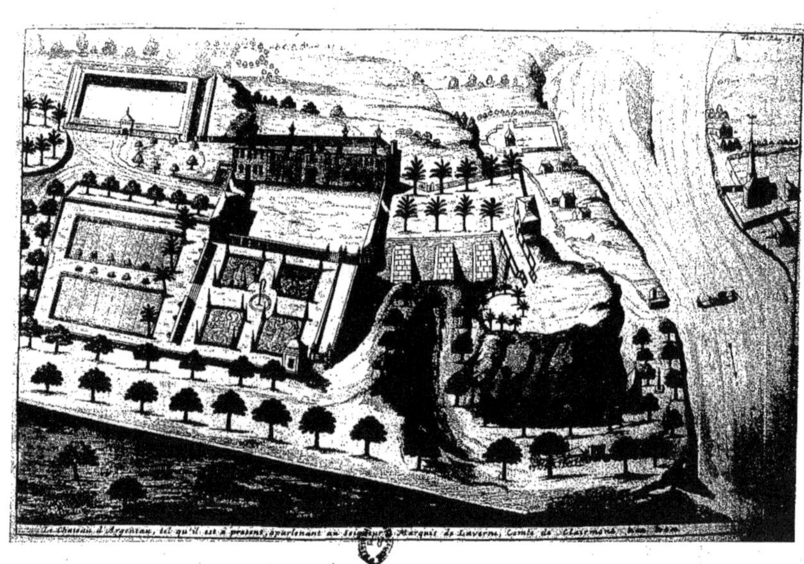

CHÂTEAU D'ARGENTEAU EN 1726.

d'Argenteau et de Hermalle et dè gens desseur dits ad ce presents disimes et recordaismes par plainne seiente de nous tous sans nulle debat, que nous saulains salvons et wardons, comme court haulteur et justice ce que cij apres declareit serat et escript :

Premier saulvons et wardons que ledit damoisea Guilleame est hault seigneur en la haulteur et justice de Hermale et d'Argenteau deça et pardelà, si avant quil sextent de coir à autre, que audit seigneur partenant et liggement revenant tous crimes et forfaits et doit justicier tous malfaiteurs et criminel, voir si avant que la loi de quoi nous usons, assenteroit et consenteroit delle faire et selon le forfait ainsi que les droits que nous sauvons et wardons que le seigneur d'Argenteau et de Hermalle et tous ses surseans ont.

Doient avoir à passage de Viseit : Le seigneur d'Argenteau et tous surseans ont et doient avoir leur passaige a pont et pontons de Viseit en tous temps dedens tournis ligement sans aulcune redevabilite a payer a pied, à cheval, à chair et charettes chargies ou nyet chargies, voir sil advenoit que les eaues fuissent grandes et fours de leurs rives de quoi le pontenier de icelluy ponton ne polsisse le constraindre, celui que passeit voroit deveroit delivrer forche avec le pontenier pour passeir et repasseir sans en querir fraude, laquelle choeze recordons comme ceulx qui lavons apprins a nos devantrains par la raison de ce que le pont de Viseit soloit steir sur la haulteur dudit seigneur d'Argenteau.

Cij apres sensuyet les droits des tournis dudit seigneur d'Argenteau asscavoir que les vins menneis par pontons sur la rivière de Mouse passans et allans parmi la terre et haulteur devant dite chescun foin de tonneau là vin avoit, doit à seigneur devant dit de tourni ung noiret viel, apres le vin ou aultre marchandiese passant et allant parmi ladite haulteur que passeit avoit a pont ou a pontons de Viseit menneit par chaires ou par charrettes, chescun rue di celui hernas doit de tourni a icellui seigneur deux viel noeret, et sil advenoit que le chaire et harnas qui passeit seroient et qui ewissent le tourni payet, ainsi que dit est, revenissent parmi ladite haulteur chargiet d'aucune marchandiese, il doit demi tourni, asscavoir pour chacune rue ung noeret viel et ainsi l'avons veu payet uzeir et mannier et recordeir par nous et par nous devantrains.

Sensuit les droits que wardons de pontons devant Argenteau : Le seigneur d'Argenteau devant dit doit avoir et mettre baches et pontons et avoir son passage sur la riviere de Meuse et doit mettre ung pontenier pour passeir sur ce dit pontons tous ceulx et celles qui passeir voldront, ceulx qui sont surseans et aultres a pied, a chaire, chevals et charettes chargiet et non chargiet et parmij teilz droits payans audit pontenier que cy apres sensyet ; apres sil est besongne les surseans de avoir ung de ses pontons pour passeir oultre la rivière boys ou pierre, celui qui besogne en avoit le doit emprunteir a pontenier sil sen peut passeir, sans faire le seigneur astarge, ilz le doit prester sans fraude et ainsy le doit le surseant, celui ponton remettre a passaige de plus toest quilz peut et se navreit estoit le dit ponton, celuy qui empreinte lavoit, restituer le doit et amendeir, assavoir les droits que oing doit a pontenier, premiers cheux et chelles qui tiennent cheruwaiges qui sont surseans doyent en aoust unne jarbe de leurs biens ; apres tous ceulx et celles qui sont chiefs de maison qui ne payent nulle jarbe, ils doient audit pontenier le jour Saint Remij deux viels noierets ; apres tous ceux et celles qui sont surseans doient a ce dit pontenier a jour de Noël ung pan ; et les autres personnes qui ne sont point surseans que passeit voroient, chacune personne à pied, doit toute fois quil passerat ung vieux noeret, et ung personne a cheval doit le double, et se cestes personnes qui sont afforains vuelhents avoir passeit chaire et harnas, il doient paijer selon leur charge.

Ce sont les droits de molin : Ledit seigneur doit avoir en se dite haulteur ung moulin lequeil doit estre une francke maison et ung molin de baen à tous les surseans dudit seigneur, ainsi que cy apres sensyet assavoir que le dit seigneur doit avoir et mettre ung moulnier a son dit moulin, lequel doit avoir chevalz et chevachier de jour en jour en ban devant dit, hucier qui veult moure, celui qui at ses bleds appareilheis, le moulnier les doit chargier sur son chevalz, menner a moulin et moure, tantost après le moulnee qui seroit trouvee sur le dit molin et est raison que les surseans ayent moulnir devant les afforains, apres le moulnier doit avoir troiz mesure, c'est ung stier, ung quarte et ung pollengnoul, lesquelles mesures le moulnier les doit apporteir par devant nous lesdits eskevins a tous plaitz generalles pour savoir se ses mesures sont bonnes ou non, s'il nel sont nous les devons justiffier et des dites mesures doit le dit moulnier prendre sa moulture, assavoir de saize stier, il doit en prendre ung; de quatre stiers ung quart et ensuyant todis toutes les moulnies deseur trois stiers moulnier doit prendre sa moulture alle quarte et dessous doit prendre ung pollengnoul, et todis doit prendre sa moulture en dangue du molin; apres les surseans qui vuelent moultre, sans ce que autre part puelent moulre, ils doyent le moulnier parsyer trois jours, se le moulnier ne peut ceste moulnier, dont ilz seront ainsi requis et semons, le surseans poroient les trois jours passeis prendre leur dite moulnee mynner ou porter la mieux leur plairat ; apres se trouve estoit que en ce dit ban estranger moulnier ne aultres qui mynnast ne ramynnast bleid ou farinne quilz evissent prins ou chargiet en dit ban quil fuisse au dit surseans partenant sans ce que le moulnier de ban en fuisse requis ou semons alle maniere que dit est, se porroit ledit moulnier ou les varles de seigneur prendre le chevalz a tout le bled ou farinne et de ce faire poroit le dit seigneur son plaisir ; apres, se le surseant avait mis ses bleds a molin et ce dit fuisse pendant sa ditte moulnee par la defaute du moulnier, restituer le debveroit le dit moulnier a perdant si avant que jureit voroit, celui qui perdu aroit et sur ce ne peut faire le moulnier excusance, et s'il advenoit que le moulnier fuisse rebelle ou trop longent de faire telle restitution, le surseant que jureit avoit, ilz poroit prendre le chevalz du moulnier et mettre alle ferme du seigneur aux frais dudit moulnier, tant et si avant qu'il avoit fait la restitution devant dict ; apres est assavoir que les surseans en ceste ditte haulteur, reserve cheaulz qui tienent cheruwes doient deux fois en lan forbier le bys du moulin devant dite, voir en temps raisonnable et aussi saulffe en temps d'aoust de chacun maison le chieff ou ossy suffisant, et ceulx qui feront teille labourage le seigneur leur doit leurs fraijs de bouche raisonnable deux heures en jour, et quant le temps est de forbyer les bys le moulnier ou les varlets du seigneur le doit aux surseans prononchier deux ou trois jours au chois et devant et mettre chertain jour denommeit, et tous ceulx qui seront rebelles ou trop longens de faire teille labouraige, le forestier du seigneur le peut panneir et dewaghier, tellement que pour payer la journee dung laboureur suffisant et doit estre miese a la disposition de ceux qui avoient fait teille labouraige ;

Les droits delle brassinne. Le dit seigneur doit avoir une bressine en la ditte ville de Hermalle stesant laquelle est une francke maison et une bressine de ban; en ceste bressinne doit avoir ung bresseur qui doit bresser suffisamment chervoise ou aultre bon buveraige ensi comme on fait desseur et dessoubz, et doit celui dit bresseur avoir buveraige staille et jovene et vendre par teilz argent et aussi bon buveraige comme les aultres desseur et dessoubz et doit livrer alle mesure de Herstal, et cestes mesures le bresseur les doit apporteir a tous les plaix generalx par devant nous pour savoir sils sont justes ou non ; silz ne sont justes notre mayeur les peut brisier ou faire sa volonteit et peut commandeir le dit brasseur une amende payant au seigneur de sept solz de bonne monnoye dedens quinze jours apres ce que commande seroit. Apres a ceste bressinne tous ceulx et celles qui sont surseans et qui voront avoir buveraige en leur maison prendre ilz doient et nient aultre part tant que le buveraige y avoit, et sil advenoit que les surseans evissent pris autre part teille buveraige, fuisse a jasse ou a tonneau et le bresseur ou le varlet du seigneur le rencontrasse prendre poroit ou pouroient jasses et tonneaux que ong apporteroit en ce dit ban et mettre tout ce alle plaisier et volonté du seigneur.

Les droits des preis d'Argenteau. Le seigneur deseur dit a ses preis gissans entre le borre et le boix, quant il est saizon de fenneir salveit le temps d'aoust le seigneur les doit faire soyr et doit faire prononchier par son forestier a tous ceulx et celles qui sont surseans saulveis les personnes qui tiennent cheruwaiges, lesqueilz surseans doient ces dits preis feinner assavoir de chacune maison le chieff ou aussi suffisant et quant les dits preis sont fenneis, le dit forestier doit sommoure ceulx qui tiennent cheruwaiges et iceulx les doient cheryer sur la forteresse d'Argenteau, et le seigneur doit aux personnes qui fennerait et cheriront ses dits preis livreir leurs frais de bouche raisonnables deux heures en jour, ou selong les heures quilz viendront en ce dit œuveraige, apres tout ceulx et celles qui seront rebelles ou longens delle faire service ou labeur que dit est, le forestier de seigneur les doit panner et dewaigier, touttesfois et si souvent que ce adviendroit ; asscavoir chacun fenneur defaillant la journee dung laboureur suffisant et pour chacun des cheruwiers, qui seroient ainsy defaillant doit estre panneit de teille valeur que ung aultre cheruwier ou cheron a tout son harnas prenderoit de faire le laboraige que dit est, et tout ce doit estre distribueit et departis a ceulx qui avoit fait le labeur devant dite, et debveront iceulx dits defaillans vendre et restaurer au seigneur le dommaige que ad ce advenu luy seroit par leur defaulte, par le regart de ceulx et celles qui auront fait leur puissance et service, et est assçavoir que chacun cheruwier de la dite haulteur doit faire celui service a tout sa puissance de chevaulx et de harnas ainsi quil feroit a lui mesmes, sans personne aucune a deporteir et sans fraude.

Ce sont les droits des Boys. Les bois les aysemences des communes cy-après nommeis doient gesir et nuese a troix tailles asscavoir le premier alle sailhie dawans, le seconde taille del dit preit d'awans, jusques a thier de loctre et le tierche a troiz pietx de ces trois tailhes doit estre ly unne overte pour tailhier toute luniversite delle hauteur d'Argenteau, salveit les personnes cy-après nommees, les autres deux saizons doient estre embanneez assavoir que personne nulle ny doit copeir ne tailhier jusques a tant que ly une en soit ouverte et que la ditte universiteit de Hermalle ou le plus grande partie en seroient d'accord et ainsi l'ungne saizon apres l'aultre, durant chacune saizon deux ans, et sil advenoit que personnes aucune de ladite communauteit qui encontre ce que dit est, estoit trouve portans et mymrans, celui qui en teille forfait trouve seroit en naroit en la paine de dyeux soulx de bonne monnoye une fois a payer, tout fois et si souvent que celui adviendroit, et que nous la dite haulteur et justice dudit lieu en possissins ou porins panneir le forfaisant dedans sa maison et dehors sans rien meffaire, laquelle panne serat et estre doit au dit seigneur.

Après le seigneur desseur dit at sur chacun feu delle ditte ville de Hermalle et de ses appendices chacun an on chappon heritauble a paier d'an en an à jour delle fieste sains Remy, ainsi que ong lat uze et acoustumeit anchiennement et de temps passeit, pour laqueille rente de chappons, ledit seigneur doit tenseir et wardeir les dits bois, ysles, grindeau et sachis encontres tous seigneurs et justiches que de che voroient faire tourt ou molepsteir la dite universite. Apres est assavoir que court d'awans et ses appartenances nont point de tailhe sur les dits boys sour ysle ne grindeau, cy desseur escript, pourtant que anchiennement les fut donne par accort du seigneur et de toute l'universiteit une somme de boys qui fut prins four des communes devant dites, joindant à bois de Cheratte de costeit d'amont et d'aval alle volier et ce dit bois que ainsy fut donne doit livrer la court d'awans, teillement que le surplus ne soit de riens astrain ne travailhiet; apres est assavoir que le preis d'awans qui gist desseur le gribier joindant à bois d'elle communes, ilz doit livreir voye raisonnable pour porteir bois ou pour miner pierres que ong avoit mis sur ce dit preit ny doit gesir que trois jours, et les trois jours passeits, celui a cui le preit serat, peut prendre che qu'il y trouverat sans fraude et tout ainsi les autres preis ceaux qui sont joindans auz communes devant dites apres les preis devant dit doient estre rencloes et wardeis de pieuz et de verges saulffure en terre et yssue de rolierx, teillement que les surseans aient leurs passaiges pour porteir boys et pour cherger alle berwette se besoingne en est, apres les bolengiers qui vendront ou vendre pas ne doivent leurs fours chaufeir de boys qui sont prins ne tailhiet sur les aisemences devant dites sur teille amende comme ceulx qui aront les boys four vendut: apres le venneur qui tient la venne du seigneur ne doit point sa venne rammeir ne formeir ainsy de boix et des aysemences devant dites et sur telle amende que dit est.

Cy apres sensuyt les descambges des boys et des ysles, assavoir que le boys condist Cleerheit en queilx il est environ de trente deux bonniers de fut commune et aisemence, tellement comme les autres boys devant dit certaine compaction et descambge et fut fait a Monseigneur Renar aisneit seigneur d'Argenteau que Dieu absolz, lequeil donnat heritablement par des descambges a tout lunniversiteit demorant en sa dite haulteur d'Argenteau presens et advenir, les ysles, les grindeaux et les sauchis cy apres nommeis pour faire leurs aisemenches deanx et de leurs biestes, saulveit et retenu par le dit seigneur pour ses hoirs et ses successeurs seigneurs d'Argenteau leurs commis et le warant de leurs commis qui avoir doient en ses dites ysles herijtaubles assavoir le grand ysles entre deux eawes devant Hermalle, une aultre ysle condist le grande auz entre Hermalle et Cheratte, une ysles condist le gribier desoubz le preit d'awans, un ysle condist le sauchis de brehier et tous autres ijsles et sauchis que en temps advenir porroient accleneir ou adosseir, voir en tout che saulveit et reserveit la haulteur du seigneur devant dit apres sur ses ysles et sauchis devant dit les surseans desseur nommeis puelent planteir des saulz voir sans adnichillier ne astraindre le waraindt delle coutrie devant dite pour faire leur aisemences et sans faire rendaige ne donneir four la dite haulteur sur telle amende que dit est cy devant, apres en ses ysles devant nommées tous ceulx et celles qui sont surseans en la dite haulteur d'Argenteau peulent mettre leurs biestes lechier ens dites ysles le premier dimanche du mois de maye, assavoir vaches veauz, poutraus (pourceaux?) et chevalz sans fier ainsi quil est accoutumeit anchiennement; apres le seigneur doit ses dites ysles gardeir contre touttes personnes estrangeres, que personne nulle mettre ne chache biestes sur les dites ysles, ne porte dammaige en maniere aucune par teille amende que dit est.

Les drois des eawes et delle peixherie de Mouse : leawe et le peixherie de Monseigneur si avant qu'elle sextend cest heritaiges au dit seigneur d'Argenteau et en ceste peixherie les surseans dudit seigneur ont et doient avoir leur aisemences pesseurs et aultres ; tout premier ceulx et celles en la haulteur dudit seigneur, surseans, ils peulent peschier et prendre des pessons en leawe devant dite pour leur mengier seulement, en toute manière que prendre et pexhier porroient sans fraude sans faire destourbe les pexheurs du seigneur ne les aultres communs pexheurs et sil advenoit que aucuns ou plusieurs desdits surseans vendisse pexhons que pris avoit en ceste ditte eawe pour la valeur de quatre deniers bonne, il deveroit payer le cens, assavoir comme les aultres pexheurs teillement cy apres nommeis ; apres pexheurs qui sont surseans ils puelent en ceste eawe peschier ainsi comme ong a fait et uzeit anchiennement pour païer de chacune nachelle au seigneur siex vieux gros, montant chascun diceaux gros et conteis pour viij deniers de fort cens a payer chascun an, dedens le jour de la purification de Notre Dame condist le chandelleur, et se de ce estoient les dits pexheurs rebelles on longens de païer le cens que dit est, le dit seigneur ou celluy qui seroit de part lui commis, poroit cellui que rebelles serait en longens, prendre sa nachelle et tous ses harnas, de quoi pexhier deveroit et mettre sur terre tant et sy longement que celui avoit payet et satisfait, apres pexheurs doient pexhier en ceste eawe devant dite de tous harnas et artes dont ong anchiennement uzeit et pexhiet, ils sont plusieurs harnas et artes denommeis cy apres de quoi ils ne doient nien pexhier ne useir assavoir de tendre copons de Roys, staler de Roys, condist le saijme, de tramailles de saine, de l'otroulle de coranvoise, tendre auz astailles, minner le hirche, tendre deux rueze accoplee l'une a l'autre, mettre flotte a leur nieze, ils ne doient nien laisser ne tailher la glache de heppe ne de coingne : apres quant la venne est fermee les dits pexheurs nel doient plus avant tendre ne appepier par desoubz les wains que les veneurx porroit jeter ung mas de venne a la vallee jus stesant en sa nachelle loije en son vany, et tout ainsy par deseur la venne, si avant que le dit venneur porait une conynge jetter en amont stesant en sa dite nachelle loije alleis cohier deseur le grand stasse, apres ceulx pexheurs doient les copons wardeir du mieulx qui poront sans faire dommaige, et quant le pexheur du seigneur vult ses copons leveir, ilz doit dire ou laisser savoir que chacun oeste ses nasses, de quoy il n'aye point d'astarge ne dommaige, apres de tous poissons savaige si avant que uzeit est que ses dits pexheurs prendront, ils doient rendre la tierce part au seigneur ou a son pexheur.

Les droits que ong doit a clercque marlier delle englize de Hermalle. Item tous surseans en la ditte ville doient et sont tenus de paier au dit marlier le jour de la fête de Saint Remy trois vieulx noerets, apres tous ceulx et celles qui sont parrochiens qui tiennent leurs hosties doient au dit marlier pour son congnoul le jour de Noel ung pain, ainsy que ong lat païet du temps passeit, apres les parrochiens desseur dits doient au dit marlier le jour delle pasques chincque oeff de poelhe.

Les droits que ong doit à forestier. Item tous surseans de la dite hauteur doient au dit forestier le jour Saint Remy dieux vieulx noerets, apres tous ceulx et celles qui tiennent leurs hosteis en la haulteur devant dite doient au dit forestier, le jour du Noël ung pain teille qu'ong lat paijet du temps passeit:

Protestation en dit recort par nous faite, sansy advenoit que ung trouvast le temps future aucune lettres, chartes ou recors faits ou rendus par nous ou par nous devantrains échevins de Hermalle, faits devant la daulte de ces presentes et recort teille que lon poelsisse prissier que deleis vorins demoreit veije que du present nulle nen saulvons ne plus avant n'en avons congnissance, voir aussy par nous retenus et reserve, s'il advenoit en cesty present recort nuls point obscure, mail declareit ou de double entendement de iceux par nous a oevrir interpreter et mettre a bon entendement sans malengier, lequel recort protestation et tout ce ainsi fait que dit est, alle requeste des surseans et universiteit deseur dite, ilz ledit maire mist en le warde retenance et perpetuelle memoire de nous les dits echevins delle ditte ville de Hermalle la presens qui bien nous droits en avisme et le dit maire aussy les siens assavoir dancal de Hermalle, Johan Everart de Vivengnis, Johan Hauleij, Biertail Fachar, et collart Leblan le joene; et partant que ce soit ferme choese et estouble et a tousjours mieux tenue faites et accompliez, sy avons nous le maire et tous les eschevins deseur nommeis fait apprendre a cestui present recort le seel de notre ditte court dont nous uzons en nous affaires en teilles et semblable cas en signe et confirmation de choeze veritable. che fut par nous recordeit sur lan de grace delle nativiteit notre Seigneur Jhesus Crist mille quatre cens et trente sept du mois de septembre le XIIII jour (1).

(1) *Cour d'Argenteau-Hermalle*, reg. aux droits et privilèges, fol. 3-22; Archives de l'Etat, à Liége.

Le relief et le dénombrement fait par Jacques d'Argenteau, le 22 août 1531, à la Cour féodale de Brabant, nous donne l'énumération des droits et privilèges des seigneurs d'Argenteau, ainsi que de leur domaine utile au XVIe siècle :

Je Jacque segneur d'Argenteau et de Hermalle en obeissant aux lettres de placcatz depuis naguare publiees de part lempereur notre sire en son pays et duchie de Brabant sur le rapport des biens feodalz oudit pays de Brabant gissans cognoie et certiffie que jay a tenir en foy et hommaige de notredit sire Empereur comme duc de Brabant toutte ma terre justice et segnorie d'Argenteau et de Hermale et les appendices ci apres declarez a moy venuz et succedeiz par le trespas de feu monseigneur Reynier ossy en son temps segneur d'Argenteau et de Hermalle mon pere, cui dieu pardoins seante a boult de son pays de Brabant tant pardecha de la Meuze comme par dela marcissante dung costeit a la seigneurie de Cherat que est conte de Dolhain et a la seigneurie de Hersta appartenante a monseigneur de Nassou et de lautre coste au pays de Liege lequeil fief est ung franck fief de la marcquiese d'Anvers lequeil se comprent en plusseurs membres et parties sicomme en toutte justice et segnorie haulte moyenne et basse en confiscation d'homicide succession de bastars aiant seul et pour le tout cognoissance judicature et punition de tous cas d'exces criminele et crime adveneu en madicte terre aians illec pardessus ce, court et siege de plaidz mayeur eschevins sergans et aultre mannier dofficiers comme appert par les recordz anchiens de la justice dudit lieu dont jay delivere copie avec ceste en la greffe de la court feodale.

Et premier se comprent ladicte seigneurie en ung gros chasteau et fortresse seante sur la Meuze sur une roche enclose des fossez contenant environ ung bonnier.

Item a piet de la fortresse yat une maison de cense a laqueile tient environ trois journalz de vingne dung coste et de lautre coste de ladicte cense trois bonniers de jardinaige. Et avec encor un autre pasturaige y compris trois bonniers de boix diex bonniers touttes lesquelles parties gissent en une piece joindant dung costeit a la forteresse d'Argenteau et de lautre a jardin Jan Giele de Viseit et a Servais de Tengney, et en tirrant a moint a Michiel le marischal de Richelle et Jan Giele delle Clabinne et aux terres et boys du seigneur d'Argenteau et plus avant en deskendant vers Meuse jusques a mollin a vingne du viel Colpin et de henrichea du Bor.

Item yat encor nuef bonniers de preis gissans a loing de la riviere de Meuze dung coste et de lautre a boy d'Argenteau et du coste den hault a Gera Lynot et aux communes de Hermalle et du coste dem bas a ceulx du Bor.

Item yat encor deux bonniers seize grandes verges de preis lesquelz gissent ossi a loing de la Meuze et de lautre costeit a Weri Frongnetea dit le Roy et du coste vers Viseit a Gera de Sabareit.

Item yat environ de vingts bonniers de terre laburables appartennants a ladicte maison de cense parmy lesquelles terres y a unne pietsente qui y passe lesquelles joendent de coste vers Meuze a pasturaige et boys qui sont joendans a la maison d'Argenteau icy devant declaree et en tirant a moint a hault triexhe d'Argenteau et retournant envers le grand chemien aux terres de seigneur d'Aix en desquendant tout a loing de grant chemien susdit qui vat des communes de Richelle et deskendant encor a ceulx d'Aix et aux terres Ranskin et a jardin Jan Giele delle Clabbine.

Item encor plus avant envers la justice chincque bonniers de terre lesqueilx jondant de coste vers Richelle aux terres de S[r] d'Aix et a grant chemien qui vat de Saint Remy a Viseit qui sapelle le chemien de voeit et de costeit den hault a Martin de Saint Remy et aux communnes de Richelle.

Item encor oultre le chemien qui vat des communnes a Richelle trois bonniers de terre que on appelle les trois bonniers a floxhe lesqueilz joendent audit chemien et de lautre coste aux enffans Gera Ruet et a Martin de Saint Remy et a chemien de Boeir.

Item yat encor sept journalz encloes de hayes sur le chemien qui vat de bor a Richelle et de lautre coste a jardin Guy Lho de Richelle et de Ranskin et a la vingne Servais de Tengney.

Item yat encor entre sept et owyt bonniers de pasturaige que on appelle les haultes triexhe lesquelz sont gissans a loing des boys et terres d'Argenteau et dautre costeit aux terres de cure de Richelle.

Item yat une piece de boys que on dit a Toncheir contenant sept bonniers gissans dung coste a Martin de Saint Remy et a bois le duc et de coste dem bas a rieu de mollin et aux communnes de Richelle.

Item encor plus en tirrant envers Argenteau environ de vingt nueff bonniers de boys en une piece lesqueilx gissent dung coste a hault triexhe d'Argenteau et dautre aux communnes de Richelle et de coste dembas a rieu de mollin et a lheritaige de Godefroid du Bor.

Item yat encor trente sept bonniers de boys gissans de cexte dembas a preis d'Argenteau et aux heritaiges Gera Linot et du coste denhault a Jabinet et a ceulx de Saroleau et aux communnes de Hermalle.

Item ung mollin au banc dont le paye pour le present trengt muys de noire bleed.

Item unne franche brasserie dont le paye pour le present soissantes aimes de cervoises.

Item unne franche garande de connyns gissante a millieu de la Meuze contenant environ seize bonniers dont lon paye oultre et pardessus les connyns encor environ vingt muys davaine.

Item pour la pesserie de la rivier de Meuze dauttant que madicte seigneurie sentent lon paye presentement trengt philippus.

Item ung tollieu sur la rivier de la Meuze assavoir de chascun fons de thonneau de vin qui passe par ladicte rivier ung viel noiret.

Item a la ville de Viseit ung autre tollieu appartennant a madicte seigneurie assavoir de chascune reue de charriots ou charettes passant ladicte rivier deux vielz noires. Et a rethour sil est arrier chargiet il ne paye que demy tollieu.

Item le passaige au basteau appartient a ladicte seigneurie et valle par an environ sept florins.

Item en mesmes rentes de bleid par an cent et chincquante muys de speaulte.

Item encor en mesmes rentes davaine environ xxxviij muys davaine.

Item en cappons deux cens et lj chapons et deux poullets.

Item encor environ de siex vingts demiz chappons.

Item en mesmes rentes dargent environ soisante florins.

Item la disme de nuef bonniers de vingnoble ou environ.

Item la disme sur plusseurs heritaiges environ de douze a quatuoerze bonniers.

Item pour le relief des heritaiges lon paye autant quilz doibvent de rente en argent par an.

Touttes lesquelles parties dessusdites sont francq de toutte charges et disme.

Touttes lesquelles parties devant specifiees. Je Jacque dessusdit certiffie estre ainsi trouvees selon et ensuyant mes anchiens escriptz protestant que se plus ou moins soit trouver ci-apres demourer tousiours selon droit et raison en mon entier et que ceste declaration ne me portera preiudice ou cas que lon trouvoit autres parties appartenantes a ladicte seigneurie dont a present ne suys informe. Ainsi soubz escript. En tesmoing de verite de ce que dit est jay cidessoubz mis mon propre seel et signe ceste de mon propre nom. Le xxije jour de mois daoust lan mil chincqz cens et trengt ung. Ainsi soubz signe : Jacqz Dargenteau.

Je Pierre Middelborch secretaire D. en Brabant confesse avoir receu le rapport et denombrement de Jacques d'Argenteau comme il est cy dessus escript au long. Et ce sur protestation que ledit rapport est par moy receu sans preju-dice de la haulteur, seigneurie et droiz de lempereur notre sire comme duc de Brabant. Tesmoing ceste signe de ma main, le xxvje jour du mois daoust lan xvc et xxxj. (s) Middelborch.

A la fin du xviiie siècle, le domaine utile d'Argenteau était évalué, par la Cour scabinale d'Argenteau-Hermalle (1), en capital à 480,000 florins des Pays-Bas et en revenus, à 16,000 florins, sans y comprendre les droits régaliens et le casuel, qui y étaient attachés.

(1) *Archives du château d'Argenteau*, Attestation du 18 septembre 1790.

Pièces Justificatives

I

Fondation du chapitre de Saint-Gengoux à Florennes par Réginard, évêque de Liége.

1029

In nomine sancte et individue Trinitatis. Quoniam inter multimodas prime prevaricationis penas, etiam oblivionis morbo genus laborat humanum, sapientum providit industria bene gestum mortalium ad posteritatis notitiam scriptis mandari.

Venerabilis Gerardus, Cameracensis episcopus, religionis ac prudentie merito cunctis fidelibus reverendus, monasterium sancti Joannis Baptiste in Florinis a se et fratribus suis, Godefrido et Arnulpho et Waltero, in propriis constructum, cum subjectis sancti Albani et sancti Gengulphi ecclesiis, sancte Marie et sancto Lamberto tradidit. Ego autem Reginaldus, misericordia Christi Leodii presidens episcopus, eorum piis annuens petitionibus, de concensu et consilio majorum nostrorum, decretum, super hec predecessoris nostri dive memorie domini Balderici, episcopi, renovari et roborari censui. Decernimus itaque, ut monasterium sancti Joannis Baptiste in Florinis cum suis appenditiis, scilicet canonia sancti Gengulphi et capella sancti Albini, ab omni servitio episcopi et archidiaconi, vel decani, quod obsonium et cathedraticum sive visitatio nominatur, vel ab ecclesiis Leodiensis episcopatus dicitur, imperpetuum sit omnino liberum; septemque clericos sancti Gengulphi, quorum duo parochiales presbiteri, alii quinque sint canonici, et capellanus sancti Albani, abbati Gonton et suis successoribus esse subjectos, ut de cunctis excessibus suis coram abbate in capitulo fratrum examinentur; investitus autem de spiritualibus tantum episcopo vel archidiacono respondeat. Certis diebus, quibus cum fratribus in refectorio pransuri sunt, vesperis, nocturnis et misse majori, religioso habitu debent interesse; in Cena Domini, vigilia Pasche et Penthecostes cum tota parochia ad sanctum Martinum parochiale officium et missas tenebunt. Et quia totius ecclesie sancti Gengulphi tam interius quam exterius providentia incumbit abbati, decernitur et probatur, ut

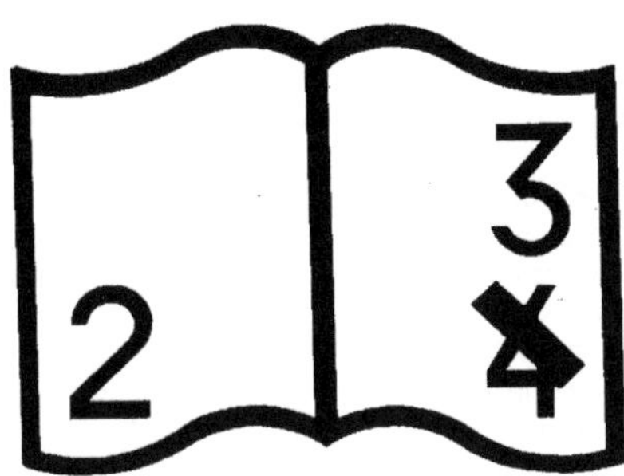

Pagination incorrecte — date incorrecte

NF Z 43-120-12

capiti membra fideli devotione obedienter inhereant, presertim cum clericorum prebendas monasterii ad questus et abbatis donationes efficiant. Unus enim quinque canonicorum stipendia sue prebende apud Romerée in terris, pratis et redditibus, accipiet; alii quatuor medietatem decime de Hemptinne et tertiam minuti et dotalium et apportus, et omnes insimul minutam decimam de Florinis. Major decima, lana, linum, pisa, faba, fenum et vinarium Halotel ad monasterium pertinent; molendinum vero et septem bonaria terre septem clerici possidebunt. Duo presbiteri decimam de Calvomonte, et que ad manum eorum in altari offeruntur sibi vendicabunt, exceptis Natali Domini et Pascha, in quibus presbiteri tertiam, canonici duas habebunt. De apportu vel elemosinis, que de longe vel de prope nominantur ecclesie sancti Gengulphi, nullus eorum aliquid accipiat. Abbas etiam magistrum schole et custodem ecclesie pro velle suo locabit. Qui custos portiones suas prebendariis distribuat, et de reliquis abbati respondeat. In ypapanti Domini, duobus cereis ad usus presbiterorum retentis, ceteri ad monasterium referentur. In sancto Albino que est cappella abbatis, presbiter sibi proprie habebit decimam, et tertiam apportus et candelarum in purificatione Virginis Matris accipiet. Hec omnia luculenta discretione domini ac venerabilis coëpiscopi Gerardi et religiosi viri Gontonis, abbatis, coram pagensibus suis ordinata, et in presentia nostra recensita, in scriptis redacta cum idoneis testibus, sigillo nostro roborari censuimus, et in perturbatores hujus institutionis anathema promulgamus.

Actum publice Leodii, anno Christi incarnati millesimo vigesimo nono, indictione duodecima, regnante Conrardo in anno septimo.

Ego Reginaldus, sancte Marie et sancti Lamberti mancipium, subscripsi feliciter; et ego Gobertus, archidiaconus loci ipsius de Florinis, consentiendo manu mea. Testes Lancho, prepositus et archidiaconus, frater abbatis Gontonis; Joannes, archidiaconus; Wigerus, advocatus sancti Lamberti; Godefridus advocatus de Florinis, frater domini Gerardi, Cameracensis episcopi; Lambertus de Adorpio, eorum nepos; Huneto, frater domini Reginaldi episcopi; Wilhelmus, nepos eorum; Lambertis de Corcellis; Gerardus Rurphus; Hugo Pertica; Lamfridus de Condrosio; Hubertus de Castro Argentello; Bernardus de Rosire; Arnuldus de Monte; Robertus de Spinis; Gonthere de Carnoto; Gontrannus et ejus filius Nato.

Analectes pour servir à l'Histoire ecclésiastique de Belgique, tome XXI, p. 390.

II

Olbert, évêque de Liège, déclare que Jean d'Argenteau, Engelbert et Guillaume de Soumagne ont fait une donation à l'abbaye de Saint-Laurent, à Liège,

1097

In nomine Domini nostri Jesu-Christi. Ego Obertus gratia Dei leodiensis episcopus notum facio presentibus et futuris ecclesiae beati Laurentii fidelibus quia Joannes de Argentel et Engelbertus et Willelmus de Sumanio fideles viri mansum de allodio suo quod habebant in Lone sancto contulerunt pro animabus suis quibus hoc ipsum expetentibus et posteris eorum fratres ipsius [eccl]esiae concesserunt pro recompensatione beneficii sui ut p[ostqu]am obierint debita singulis fratribus persolvantur ejus officia [X]XX dierum et si voluerint sepulturam habebant in ceu[met]erio eorum et anniversarii dies eorum inter anniversaria [fra]trum celebrabitur. Postea vero quia sic placuit ecclesiae sancti Laurentii et abbati Berenge[ro] posteri eorum Everellus et Baldricus ipsum mansum hereditario jure receperunt eor[um]que respectu ut ad servitium altaris et luminaris in missa sancti Laurentii custodi ecclesiae annuatim quinque persolvantur solidi. Que constitutio ut inconvulsa permaneat presentibus et futuris ecclesiae sancti Laurentii idem abbas Berengerus ipsam presentiam testimonio virorum cum auctoritate nostri sigilli confirmari voluit. Testes fuerunt : Theoduinus, archidiaconus et prepositus sancti Lamberti, Henricus archidiaconus, Wazo custos ecclesiae sancti Lamberti, Lanzo archidiaconus, Wolbodo decanus. De liberis hominibus : comes Siglebertus de Los, Walterus de Bacunwez. Wilhelmus de Cuniaco, Wilhelmus de Hunafia ; de hominibus sancti Laurentii : Lambertus de Prato, Anelinus, Buzelinus, Hoduardus et frater ejus Goderamnus, Robertus, Godescalcus de Hers et alii multi. Actum Leodii, anno dominicae Incarnationis MLXXXXVII, indictione V, regnante Heinrico iij, anno regni ejus XLVII.

Cartulaire de Saint-Laurent, tome Ier, fol. 9,
Archives du Grand-Séminaire de Liége.

III

Philippe, marquis de Namur, confirme la vente que Guillaume de Mosen, chevalier, a faite à l'abbaye de Villers de la forêt qui touche à la grange de Grantpreit. Il constate que le vendeur s'est engagé à faire ratifier la vente par Henri d'Argenteau, dont la forêt relevait.

Juin 1224

In nomine sanctae et individuae Trinitatis. Ego Philippus Marchio Namurcensis, notum facio universis presentibus et futuris presentem paginam inspecturis Wilhelmum militem de Mosen virum nobilem vendidisse Abbati et conventui de Villari in Brabantia Leodenis diœcesis ordinis cisterciensis totam silvam quae adjacet grangiae de Grandpreit quam silvam tenet de domino Henrico de Argenteal qui Wilhelmus debet sorores suas, filios et filias earum tales habere quod isti venditioni consentient, debet etiam de ista silva facere allodium abbati et conventui de Villari de consensu domini Henrici de Argenteal, et heredum suorum et domino Theoderici de Hufalize tutoris filii praedicti domini Henrici debet quoque silvam istam liberam facere ab omni jure mansionariorum suorum et aliorum.............. Actum anno gratiae millesimo ducentesimo vicesimo quarto mense junio.

Abbaye de Grandpré, Cartulaire I, fol. 4,
Archives de l'Etat à Namur.

IV

Renaud, fils de Henri d'Argenteau, devenu majeur, approuve la vente de la forêt d'Arch, joignant à la grange de Grandpré, faite par Guillaume de Mosen à l'abbaye de Villers.

25 juin 1228

Ego Renardus, Domini Henrici de Argenteal filius, universis tam praesentibus quam futuris, notum facio quod vendentioni consentio quam fecit Dominus Wilhelmus de Mosen, vir nobilis, Abbati et Conventui de Villari, de silva et fundo de Arch, quae adjacet grangiae de Grandpreit quae est pars feodi, quod idem W. de proprio meo in feodum legitime tenet et quia praedicta silva allodium patris mei est, et mihi jure hereditario competit, ego totum jus quod habeo in praedicta silva, nihil omnino juris in eadem silva mihi reservans sicut in manus patris mei coram hominibus suis fuit reportatum, Ecclesiae de Villari in elemosinam confero, ut ejus sit allodium libere et absolute perpetuo possidendum et quia ego R. proprium sigillum non habeo, ut hoc ratum et stabile permaneat, aetatem habens legitimam, sigillo abbatis de Valle Dei presentem paginam feci communiri, promittens etiam quod cum proprium sigillum habuero, eandem paginam proprio sigillo confirmabo. Testes : Dominus R. abbas de Valle Dei, Gillebertus et Petrus cellarii et frater Jesse monachi eiusdem loci, frater Godefridus et frater Hugo monachi Villariensis, dominus Wilhelmus de Hufalize et Wilhelmus de Julemont milites et Henricus Borichar hujus frater et multi alii. Acta sunt hec apud Vallem Dei in vigilia Beati Joannis Baptistae, anno millesimo ducentesimo vicesimo octavo.

Cartulaire de Grandpré I, fol. 5.

V

Renaud II, seigneur d'Argenteau, ayant vendu en 1240, à l'abbaye de Vivegnis, des terres relevant du Brabant, situées dans la seigneurie d'Argenteau, Arnould, seigneur de Diest, se constitue garant envers le duc de Brabant, que dans un an, à compter du 1er octobre, Renaud, assignerait d'autres terres allodiales à Argenteau de la même valeur que celles vendues, pour les tenir en fief de ce duc.

1240

Ego Arnoldus dominus de Diest, omnibus notum facio quod Renardus dominus de Argential domino meo duci brabancie infra castellariam de Argential tantum valens resignare tenetur infra presens festum beati Remigii ad annum quantum dictus Renardus vendidit de suo feodo abbatisse et conventui de Vingneio et de hoc faciendo adversus ducem jamdictum plegium me constituit. In cuius rei testimonium presentes litteras sigillo meo roborari. Datum in ecclesiam petri et pauli anno domini millesimo, cc° quadragesimo.

Cartulaire de Brabant, B, reg. 1, fol. 19 v°,
Chambre des Comptes, à Bruxelles.

VI

Renaud, seigneur d'Argenteau et avoué de Ciney, reconnaît n'avoir aucun droit sur la forêt d'Arch, acquise par l'abbaye de Villers de Guillaume de Mosen.

12 mai 1254

Ego Renaldus, dominus de Argenteal, advocatus Ceunacensis, notum facio tam presentibus quam futuris quod propter hoc spontanea voluntate, libere et absolute constitutus in curia domini Electi et domini Electi et capituli praescriptorum integraliter reportavi. Dominus autem electus saepedictus ad petitionem meam super solutione pecuniae quater viginti librarum praelibatæ fideliter facienda praenotatis abbati et conventui garandiam, facere teneretur. Ut autem praenotata solutio finem debitam sortiatur, litteras praesentes praehabitis abbati et conventui sigilli mei munimine tradidi roboratas. Acta sunt haec Leodii, praesentibus viris nobilibus domino H. de Hufalise avunculo meo, Waltero advocato Hoyensi et Gossuino de Milite, fidelibus ecclesiae sancti Lamberti. Datum feria tertia post Dominicam Cantate, anno Domini millesimo ducentesimo quinquagesimo quarto.

Abbaye de Grandpré, Cartulaire I, fol. 31.

VII

Renaud, seigneur d'Argenteau et avoué de Ciney, reconnaît devant le souverain bailli de Namur, n'avoir aucun droit sur la forêt d'Arch.

Mai 1254

Je Renaut, sire d'Argenteal voueit de Chienei, fait asavoir a tos chial ki sunt et ki avenir sunt, ki ces lettres verront, ke se par ma propre volente et nemi constraint ving en la cort de Namur pardevant madame lemperis et devant mon sangneor Estevenon souverain baillier delle terre de Namur et conni que l'acquete que la maison de Viler de l'ordene de Chitial fest a mon sangnor Williame de Mosin si comme del bois darch et dune partie de labie de Granpreit et dune partie del siege de la graigne ki at nom li ster ki est a chial de Grandpreit et si cum de totes les autres coses ki furent acquises a mon sangnor Guillame de Mosin devant dit ke nichalengoi par mavais conseils et sens raison et sens nul droit et a tort travillor chial de Granpreit et por cel tort a conoitre vinge devant les devandis ma Dame l'Emperis et mon sangnor Estevenon et creautai et fianchai par foi en la main do devant dit baillier mon sangnor Estevenon ke iamais ne par moi ne par atruy por moi ne reclamerai ne ne frai reclamer nul chose en ces choses devant dites et por che fut ceste chose mise en lei gart des hommes de l'Emperor de mon sangnor Thiebaut de Loncamp, de mon sangnor Annon de Duus, de mon sangnor Badri de Scovers et de plisors atres et de mes homes assingsit de messire Baudri de Scoves devant dit, de mon sangnor Huart demons et de huet de Halois, et ciele côse soit ferme et estable, ju ai saieleis ces lettres presentes de mon saial en tesmoin de ceste reconisanche et proiet aij mon sangnor Estevenon devantdit ke ceste conissanche confirme par ses lettres et par mon sael et le maior et deux des escevins si cum sangnor Johan del tor et Johan Bonant ki furent present a ciele conischance, ke ciele cose confirment par les lettres et par le sael del vile. Chu fut fait en la sale de Namur, le lundi de renoisons en l'an del incarnation mil et deux cent et l quattre, ij estant ledit seel appendu en cire verde.

Abbaye de Grandpré, Cartulaire I, fol. 36.

VIII

Henri de Gueldre, évêque de Liège, déclare que Renaud d'Argenteau, chevalier, a reconnu n'avoir aucun droit au village de Croix en Hainaut.

Mai 1267

Henricus Dei gratia leodiensis episcopus, universis presentes litteras inspecturis salutem et habere noticiam veritatis. Notum facimus tam presentibus quam posteris quod Renaldus miles, dominus de Argential, fidelis noster, propter hoc in nostra constitutus presentia spontance recognovit, vivente uxore sua Joya, se nullum jus habere in terris sive bonis jacentibus tam in territorio quam in villa qui dicitur Crux in Hanonia sive bona illa sint in terris arabilibus, pratis, nemoribus, censibus, juribus, redditibus, justicia sive bonis aliis quocumque nomine censeantur, quas terras sive que bona idem miles ab abbate et conventu beati Foijlliani, ordinis premonstratensis, petebat et in eis aliquando se habere jus dixerat; promisit eciam dictus miles coram nobis prestito corporaliter juramento quod in predictis bonis quocumque nomine appellentur nullum jus inposterum per se vel per alium reclamabit et si quid jus in predictis bonis habebat vel habere poterat, illi juri et eciam liti occasione dictorum bonorum inter ipsum et dictam ecclesiam beati Foilliani mote renunciavit liberaliter et benigne, promittens sub religione prestiti juramenti, se contra dictam renunciationem sive quittacionem decetero non venturum. Voluit eciam et concessit coram nobis quod omnes littere sive cautiones sive munimenta quibus dictam litem instruxerat vel poterat instruere vel minuere carentur penitus robore firmitatis et easdem cautiones sive litteras nunciabat irritas et inanes et promisit bona fide se dictis litteris ac instrumentis amplius non usurum. Hanc eandem quittacionem et renunciationem superius nominatam ratam habuerunt et approbaverunt in nostra presentia propter hoc constituti Theodericus miles, Henricus et Walterus clerici, fratres de Argential, filii dicti Renaldi superius memorati et religione juramenti ab ipsis corporaliter coram nobis prestiti hec omnia que super scripta sunt et a patre promissa, promiserunt se firmiter et fideliter servaturos et contra dictas conventiones per se vel per alium decetero non venturos et nos H. episcopus predictus dictas conventiones, renunciationes, quictationes omnes, nostris presentibus litteris approbamus et eciam pontificale auctoritate confirmamus et promittimus dicte ecclesie quod ei prestabimus tanquam superior dominus garandiam si quis ei super dictis bonis aliquid moveret decetero questionem. In cujus rei testimonium presentes litteras fecimus sigilli nostri munimine roborari. Hec acta sunt apud Leodium coram nobis in presentia nostrorum fidelium et etiam aliorum tam clericorum quam laicorum, anno ab incarnatione domini M CC LXVIJ, mense maio.

Cartulaire de l'abbaye de Saint-Feuillen-au-Rœulx, XIVe siècle, fol. 251, Archives générales du Royaume.

IX

Renaud, seigneur d'Argenteau, chevalier, déclare avoir reçu de l'abbaye de Saint-Feuillen-au-Rœulx, la somme de 700 livres.

1267

Jou Renars chevaliers sires dargential fat savoir a tous chias ki ces lettres veront et oront que li abbes et li couvens de saint foullien deleis le Rues del ordene de premonstre mont bien paiet VIJc libres de blan et dartissiens bien et loiament conteis et XV libres por les cous et por les frais por le pais ke je fis a iaus et quil fisent ami de le vile de le crois en haynau et des appendisses tout ensi cum il les tiennent et autre les tiennent diaus ne jamais riens ne les enpuis demander ne jou ne me femme ne mi enfant des paiemens ki furent fait por le devant dite pais ne del yretage de le crois devant dite ne des cous ne des frais ne des damages que je en aie eut por ceste chose devant devisée ne nus ki soit ne ki avenir soit en lokison de nous et por chou que ce soit ferme chose et estaule permenalement jai ces presentes lettres sailées de men saial. Ce fu fait en lan del incarnation nostre signeur mil CC et LXVIJ ens el mois de fenal, le samedi après le saint pierre et saint pol.

Cartulaire de Saint-Feuillen-au-Rœulx, fol. 248, Archives du Royaume.

X

Thierry, Henri et Gauthier d'Argenteau, fils de Renaud, seigneur d'Argenteau, déclarent accepter la convention faite entre leur père et l'abbaye de Saint-Feuillen-au-Rœulx.

Mai 1267

A tous chias ki ces lettres veront et oront nous Thieris chevaliers, Henris et Watiers dargential clerc et frere connoistre veritet. Nous faisons savoir a tous ke nous loons et aprouvons tele quitance ke nos pere Renaus chevaliers sires dargential a faite al abbet et a couvent de saint foullien deles le rues del ordene de promonstreit de le querelle que il avoit et maintenoit contre leglise de saint foullien devant dite de le terre et de le warison ki gist en le vile et ou terroit de le crois en haynau et tout ensi ke les lettres notre pere tesmongnent cele quittance et cele pais nous lotrions ne jamais encontre ne venrons par nous ne par autrui en nulle maniere se dieus nos ait et tout li saint ne droit navons ne avoir porons jamais en cele terre ne en cele warison devant dite soit en terre arable u en preis, en bos, u en cens, u en rentes, en justice, u en autres choses queles que elles soient fors ke ens homages ki descendent del fiet de le crois et dautre lui ki par droit poroient venir a nous fors le hommage Jehan Walet a queil nos ne clamons riens ki est hom leglise de saint foullien, et ceste quittance avons nous faite en le presense monsigneur henri par le grasce de dieu evesque de liege et par devant ses hommes et renuncons a tous les munimens et a tous les escris ki ont estet fait jusques a ce jour ki guer poroient al eglise devant dite et par chou ke nous navons point de saiel nos avons ces lettres donees al eglise de saint foullien saielees del saial monsigneur Renaut dargential nostre pere et dou saial del officialiteit de liege en tesmongnage et en confirmation de toutes les choses devant nommees. Ce fu fait el an del incarnation notre signeur Jhesu crist, mil cc lxvij el mois de may.

Cartulaire de Saint-Feuillen-au-Rœulx, fol. 250.

XI

Dégagement de la dîme de Saint-Remy et du bois de Warsage, engagés à sire Renaud d'Argenteau.

5 avril 1364

Arnuls de Corwarème, sires d'Ennetinnes, chevalier et Renars Raijnesquins de brouch, canoine de Saint Servais en treit, faisons savoir a tous que nous a cause et al occasion de le deyme del paroche de Saint Remy et del terre de dolchemne appartenant al abbeit et a convent delle eglise delle vauldieu et aussy a cause de trente six muis espeaute que monsaingneur Renar jadis sires de Argenteaux li aisne devoit par an a la vaul dieu pour ses boz de warsaige qui estoient à luy monsaingneur Renar vendus et obliges ladite deyme et espeaute a rachat pour la somme de sept cens et vinte chinq viel petis florins du fors paij qui nous furent laissies par bonne et loiaul laisse par monsaingneur Renard jadis sires de Argenteaux le jovenne en son testament qui dechu estoit cause et warins des lettres del obligation del ditte deyme, nous connissons avoir rechut dun dit abbeit et convent les sept cens et vint-cinq vies petis desoirdis et rendues leur avons les lettres obligatoir cassées et nulles et leur en quittant bonement et a tous jours lour successeur et tous leurs biens pour nos et nos hoirs temoins les lettres saielees de nos propres saiauls, faites et done le Ve jour davril lan mil trois cens sixante et quatre (cui appendebant duo sigilla).

Abbaye du Val-Dieu, Cartulaire du XVIIIe siècle, stock n° 2, fol. 23 v°, Archives de l'Etat, à Liége.

XII

Jean I, seigneur d'Argenteau et son frère Renaud I, seigneur de Houffalise, procèdent au partage définitif de la succession de leurs parents.

6 avril 1383

A tous cheauz qui ches presentez lettrez faites par chirographez veront et oront Johans sire dargenteal et dasceneur chevaliers et Renars dargenteal se frerez legitime sire de Hufallieze escuier salut en Dieu permanable et cognissance de veriteit. Sachent tuit chis qui sont et qui advenir sont que nos de comun accord et pour nuerir pais et vraye amours a demoreir entre nos a tous jours et assi par le conseilhe de plussieurs de nos tres chiers et especiaux proynes et amis chi desouz nomez de nos pures et liges volenteis astons en chu covenus et accordeis et par le tenure d'ycelles nos consentons et accordons de faire et avoir fait bones vrayez parchons de tous les biens forterece, haulteurs, cens, rentes, revenuewez et eumolumens que nostre sire Jhesu crist par sa sainte misericorde nos at presteit et consentit et consent a avoir en cestuy mortelle sicle en le fourme et manier qui sensyet et que cescun de nos seirat contens a tous jours de teiz parchons que chi desouz est contenut, cest asavoir que nos li devant dis chevaliers devons avoir, tenir, manier, possedeir, tenrons et possederons pour nos, nos hoirs et successeurs à tous jours promiers le maison et fortereche d'Argenteal aveckes toutes rentez cens, hauteurs et revenuez queilconcques aldicte fortereche et maison soyent appartenans entirement, Item le maison et terre dasteneur entirement aveckes tout chu qui, aldicte terre appartient, Item le terre de Lorceez entirement ensi que nos devantrains lont tenut devantrainement, Item le rente entierement en ban de Comblen ensi que nos devantrains lont tenut anchienement, Item dois cens viez escus sor le vilhe de Marche en Famene ensi quil appert ens lettrez sor chu faitez, apres le deches de tres haut et puissant prince le duc de Braibant et Lucembourg, Item les terres et rentes que nos devantrains ont maniet en le terre de Warfezeez, Item le molien de Meffe a touttes ses appartenances et les terrez et rentes que nos devantrains ont oyut a Wintreshoven li ques sont fiefz movans de monsingneur Henris saingneur de Ghudegove chevaliers. Et li parchon de moy ledit Renaire dArgenteal sensiet cest asavoir que je doy avoir entirement pour moy, mes hoirs et successeurs le forterece et maison de Hufallieze aveckes toutes hauteurs, droitures, revenuwez queilcoquez al dicte forterece et terre de Hufallieze soyent appartenans et cores est asavoir que nos li dois frerez dessunomez astons dacord a chu que cescun de nos dois payerat le moitie de toutes les debtes dont nos et nos dis bins astons tenus et obligiez et que faitez ont esteit de temps passeit jusques al jour del daulte de ces lettrez. Et li ques de nos dois que ce fuist que point ne paiaist, que ja navengne, se part des dictes debtez par quen damage en avenist (aveinst) a lautre cis qui domage en aroit le doit redemander à son frere et cis li doit rendre a son simple dit sens loy, sens serement affaire ne provanche et ordinanches nos et cescun par li promectons en bonne foid et loyament a tenir wardeir et fermement acomplir sens rins a defallir, alleir al en contre par nos ne par autruy en secreit ne en appert en manire nulle et en liu de serement lavons creauteit corporeillement en le main de noble homme monsseigneur Johan Maxhereit saingneur de Royde. En tesmongnage des queiles coses sy avons nos li dois frerez desseuredis cescun par li, nos li dis sire de Royde, li dis sirre de Ghudegove chevaliers, Wathiers de Froidecourt et Johan de Nadrey sire de Velroux escuwirs par tant que nos avons esteit presens a cosez deseure dittez faire et accordeir al pryer et requestes des partyes avons aveckes eauz faite appendre a ces lettrez et az parelhez nous propres seauz en singne de veriteit. Che fut fait en le eigliese saint Linard lan de grasce M CCC IIIIXX et trois le VIem jour de moys d'awry. Collationné à l'original de mot à aultres et s'accorde par moy, Gérard des Neges.

Copie du XVIe siècle aux Archives du château d'Ochain.

XIII

Guillaume, seigneur d'Argenteau, reconnaît que son château d'Argenteau, relevant du château d'Anvers, est forteresse ouverte au duc Antoine de Brabant et à ses successeurs, et détermine les devoirs auxquels il est tenu comme vassal. Renaud d'Argenteau, chevalier, seigneur de Houffalise et d'autres seigneurs, sont cautions de sa parole.

5 septembre 1410

A tous ceulx qui ces presentes lettres verront ou orront, Guillem seigneur d'Arkentel escuier salut. Comme nagaires moy estant soubs eage et en mynorite il eust pleu a tres hault et tres puissant prince et mon tres redoubte seigneur monseigneur Anthoine par la grace de Dieu duc de Lothier de Brabant et de Lembourg marquis du Saint Empire pour ce qu'il avoit este et estoit infoerme que par le moyen de mon chastel dudit lieu d'Arkentel aucuns dommages avoient este faiz et portez a ses pais et subgez de Brabant et de Lembourg, faire preuve seignourieusement et mettre en sa main realement et defaict par aucuns de ses gens a ce comis et ordonne de par lui mondit chastel darkentel, qui danciennete est et doibt estre tenu deluy en fief a cause de son chastel danwers et de present moy venu a mon eage mondit seigneur de sa benigne grace a la supplicacion de plusieurs de mes seigneurs parens et amis, considerant que au temps que de mondit chastel darkentel les diz dommages furent faiz et portez a ses diz pays et subgez, jestoie soubz eage et en mynorite comme dit est, ait octroyé consenti et accorde de moy recevoir en hommaige dicellui mon chastel d'Arkentel et de ses appartenances et dele moy rendre et delivrer pour en joir a pur et a plain soubz les condicions et en la fourme et maniere cy apres declaire : C'est assavoir que je ay promis et en couvent et par ces presentes promet et en couvenance par les foy et serement de mon corps et sur mon honneur a mon dit seigneur de Brabant et a ses hoirs et successeurs ducs de Brabant pour moy mes hoirs successeurs ou aians cause qui apres moy a quelque tiltre que se soit seront seigneurs de mondit chastel darkentel, que doresenavant a tousiours icellui mon chastel darkentel serat forteresse ouverte a icellui mondit seigneur de Brabant et a ses diz hoirs et successeurs ducs de Brabant senz aucuns refuz contredit ou difficulte, toutes et quantes fois que moij ou mesdiz hoirs successeurs ou aians cause qui lors en seront seigneurs requis et sommez en serons par mondit seigneur ou ses diz hoirs et successeurs ducs de Brabant ou par aucun de leurs gens ou officiers a ce de par eulx commis ou ordonnez pour eulx en aidier tant et si longuement que bon leur semblera et contre tous seigneurs et autres gens quelconques qu'il leur plaira. Et en oultre ay promis et promet a mondit seigneur de Brabant et a ses diz hoirs et successeurs ducs de Brabant pour moy mes diz hoirs successeurs ou aians cause seigneurs de mondit chastel d'Arkentel en la maniere que dit est que jamais a nul jour de mondit chastel darkentel ne de mes autres chasteaulx et forteresses que je tieng a present et que par succession et hoirrie de mes proines parens et amis charnelz ou par achat, je tiendraij au plaisir de notre seigneur ou temps a venir ne sera fait pourchacie ou porte aucun mal prejudice empeschement, destourbier, ou dommaige a icellui monseigneur de Brabant, a ses hoirs et successeurs ducs de Brabant ne a leurs pais terres subgez et seignouries et que en icellui mon chastel d'Arkentel et en mes autres chasteaulx et forteresses dont cy devant est faite mention ne seront receptez ou soustenuz aucuns de leurs ennemis ou malveillans et que s'il avenoit que Dieu ne veuille que le contraire fust fait en quelque maniere ou par qui que ce fust ou temps a venir et il pleust a mondit seigneur ou a ses diz hoirs qui a ce temps seroient ducs de Brabant de mander moy ou cellui ou ceulx de mesdits heritiers ou successeurs qui adont seroient seigneurs de mondit chastel d'Arkentel pour en avoir amendise ou adreschement, je seray tenu de venir et venraij ou mes diz hoirs successeurs ou aians cause seigneurs de mondit chastel d'Arkentel seroient tenuz de venir et venront defait en quelque chastel ou autre lieu ou place qu'il plairoit à mon dit seigneur ou a ses diz hoirs et successeurs ducz de Brabant ordonner et assigner a moy ou a icellui ou ceulx de mes diz hoirs successeurs ou aians cause seigneurs de mondit chastel d'Arkentel en quel temps la chose seroit advenue pour illecques demourer tant qu'il plairoit a mondit seigneur ou a ses diz hoirs et successeurs ducs de Brabant et en faire telz adrecement et amendise quil ordonneroient tant a eulx et a leurs gens officiers et subgez comme a autres a qui les choses toucheroient ou pourroient toucher pour lesquelles choses et chascune dicelles fermement et loyalment entretenir et accomplir de point en point en la maniere que cy devant sont declarez et de non faire ou aler a lencontre jamais a nul jour pour moy ou mes diz hoirs successeurs ou aians cause seigneurs de mondit chastel darkentel pour quelque cause ou occasion que ce soit ou puisse estre jay oblige et oblige par ces meismes presentes mon corps, tous mes biens meubles et heritages presens et a venir et ceulx de mes diz hoirs et successeurs en quelques pays terres et seignoiries ecclesiastiques ou seculieres quilz soyent situez et assiz et especialement icellui mon chastel darkentel et touttes sesdites appartenances et appendences et pour plus grand seurte et approbation que ces choses jay promises de ma propre et libera'e voulente comme bien conseillie et avise en recognoissant la grace que mondit seigneur ma faite en moy rendant baillant et delivrant mon chastel darkentel devant dit, jay seelle ces lettres de mon seel qui furent faittes le v jour de septembre lan mil cccc et dix et prie et requis a tres grand instance nobles hommes messire Regnault darkentel chevalier seigneur de Huffalise, Wautier de Mosmale chanoine de l'eglise de Liege et archediacre de Haynau en ladite eglise de Liege, messire chrestien de Rinsberge, messire Regnault seigneur d'Emtiennes, messire Renier de Berghes, messire Claes Hoen, messire Renier de Neufchastel chevaliers et Herman de Horion escuier, mes oncles, cousins parens et amis charnelz et chacun deulx de les seeller semblablement de leurs seaulx et de promettre a mon dit seigneur de Brabant et eulx obliger envers lui et ses diz hoirs et successeurs ducs de Brabant pour eulx et les leurs que sil avenoit que ja naviengne que moy ou mes diz hoirs successeurs ou aians cause seigneurs de mondit chastel darkentel feissions ou voulsissions faire ouvertement ou celeement aucune chose contre ou en prejudice des choses devant dittes ou daucunes dicelles ou que je ou iceulx mes hoirs successeurs ou aians cause seigneurs dudit chastel darkentel ou les aucuns de nous fussions refusans et delayans ou en demoure de les plainement entretenir et accomplir, iceulx mes oncles, cousins parens et amis charnelz ne aucuns deulx ne soient en ce aidans couseillans ou confortans a moy ne a mesdiz hoirs successeurs en aians cause seigneurs de mondit chastel d'Arkentel a lencontre de mondit seigneur de Brabant ou de ses diz hoirs et successeurs ducs de Brabant ou de leurs gens, officiers et subgez en appert ou en couvert en aucune maniere. Et nous Regnault d'Arkentel, chevalier, seigneur de Hufalize, Wautier de Mosmale, chanoine de l'eglise de Liege et archediacre de Haynnau en icelle Eglise de Liegé. Chrestien de Rinsberge, Regnault seigneur d'Emtiennes, Renier de Berghes, Claux Hoen, Renier de Neufchastel, chevaliers et Herman de Horion escuier, oncles, cousins, parens et amis charnelz de noble homme Guilliaume seigneur darkentel escuier dessus nommez a la priere et requeste a tres grand instance dudit Guillem seigneur darkentel lequel nous affermons et tesmoingnons en notre loyaulte estre en eage souffisant et compétent à faire les seremens promesses obligacions et autres choses cy devant contenues et declairiees les quelles nous certiffions par lui avoir este faittes de ses bon gre franche et liberale voulente comme bien conseillie et avise, avons promis et promettons par les foy et seremens de noz corps et sur notre honneur a tres hault et tres puissant prince notre tres redoubte seigneur mon seigneur Anthoine par la grace de Dieu duc de Lothier, de Brabant et de Lembourg, marquis du Saint Empire et nous sommes obligiez et obligons chascun de nous pour nous, nos hoirs et successeurs envers lui et les siens qui seront ducs de Brabant que sil avenoit que Dieu ne veuille que le dit Guillemme seigneur darkentel ou ses hoirs successeurs ou ayans cause seigneur dudit chastel darkentel feissent ou voulsissent faire ouvertement ou celeement aucune chose contre ou en prejudice des seremens promesses obligations et autres choses dessus declarez ou aucunes dicelles ou que eulx ou les aucuns deulx fussent refusans delayans ou en demoure deles pleinement entretenir et accomplir nous ne nos diz hoirs ou successeurs ne aiderons conseillerons soustendrons ou conforterons en ce icellui Guilleem seigneur darkentel ou ses diz hoirs successeurs ou aians cause seigneurs dudit chastel darkentel alencontre ne au prejudice de notre dit seigneur le duc de Brabant ou de ses diz hoirs et successeurs ducs de Brabant ou de leurs gens officiers ou subjecz secretement ne ouvertement en aucune maniere toutes fraudes decepcions ou malengien cessans et arriere mis Et en tesmoingnage de toutes les choses dessus devisees avoir este faites promises jurees et accordees en la fourme et maniere contenues et exprimees en ces presentes, nous avons a icelles mis noz seaulz avecques le seel dudit Guilliame seigneur darkentel et a sa ditte requeste lan et jour dessus diz.

Charte originale de Brabant, n° 7373 ; Spechtboek, fol. 363, aux Archives générales du Royaume, à Bruxelles.

XIV

Léopold, duc de Lorraine et de Bar, érige en comté la seigneurie de Mercy et ses dépendances.

19 avril 1719

Léopold par la grâce de Dieu, Duc de Lorraine, de Bar et de Montferrat, Roy de Jérusalem, Marchis, Duc de Calabre et de Gueldres, Marquis de Pont-à-Mousson et de Rommeny, Comte de Provence, Vaudemont, Blamont, Zutphen, Saarwerden, Salm, Falkestein, Prince souverain d'Arches et Charleville, à Tous présents et avenir. Salut. Il est de la grandeur et de la justice des Souverains de départir leurs Grâces proportionement aux mérites de leurs sujets et à leurs vertus, d'augmenter ainsy par leurs bienfaits et d'illustrer par quelques titres d'honneur les biens de ceux qui sortis d'illustre Maison les ont par une affection peu commune sacrifiés avec leurs vies pour la conservation de l'Etat, et qui aiant suivis leurs souverains dans leurs disgraces comme dans leurs victoires, ont toujours partagés avec Eux leur bonne et mauvaise fortune. Ainsi peu après notre heureuse arrivée dans nos Etats, avons-nous mis en considération le parfait attachement et les grands et signalés services qui nous ont été rendus et à notre très cher et très honnoré Seigneur et Père Charles cinq de glorieuse mémoire par nôtre très cher et feal le s^ie^ Florimond Claude Comte de Mercy, Chambellan de sa Majesté Impérialle, Colonel d'un régiment de cuirassiers pour son service, et Général de la Cavallerie de ses armées, s'étant rangé sous les Etendards Lorrains dès qu'il s'est veu en état de les aller joindre et de suivre son Souverain dans ses campagnes et dans ses glorieuses conquêtes. Comme aussi les services mémorables que les S^ie^ Pierre Ernest Baron de Mercy son père, et Florimond Comte d'Alamont son aieuil maternel qui auraient quittés comme luy leurs maisons et leurs biens pour suivre en Allemagne Charles quatre Notre très honnoré grand oncle après sa dernière sortie de ses Etats ce qui auroit occasionné de la part de la France la démolition du chateau et maison forte de Mercy, la saisie et confiscation des biens de tous les trois dans la parfaite jouissance desquels ledit s^ie^ Comte de Mercy ne seroit rentré qu'après le traité de Riswick. En sorte que pendant un grand nombre d'années ses prédécesseurs et luy ont été privés de tous leurs revenus. Les dits Comte D'Alamont et Baron de Mercy étants morts au service sans en avoir peu être indemnisés ; ce qui nous auroit portés par nos Lettres Patentes du vingt et un décembre mil sept cent et cinq, de faire donnation et transport audit sie Florimond Claude Comte de Mercy de la seigneurie haute, moienne et basse justice de Preutin située dans notre Prévôté de Sancy avec droits de Terrages et tous autres, rentes et revenus en dépendans, ensemble la moitié du moulin de L'Etange situé sur le finage de Xivry, avec aussi la moitié d'un petit prey, et jardin joignant, en tous droits de haute moienne et basse justice et le moulin de Bermaon enclavé dans le finage de Joppecourt Pour en jouir par luy ses hoirs masles et prospérité en ligne directe seulement et à charge de reversion à nôtre Domaine icelle éteinte. Cette indemnité n'étant pas proportionnée aux pertes faittes et au dommage souffert par le dit sie Comte de Mercy et ses autheurs, par autres nos Lettres Patentes du vingt quatre février mil sept cent huit Nous luy aurions encor donné et octroyé, la moitié de la Prévôté des cinq-villes, composée des villages de Xivry le Franc, Mercy le haut, Mercy le bas, Boudrezy et Higny en tous droits de hautes, moienne et basse justices avec touttes les terres, preys, bois, forêts, manoirs, usuines, cens, rentes et droits en dépendans, en quoi le tout puisse consister pour en jouir pendant sa vie naturelle seulement et à charge de reversion à nôtre Domaine après son décès; desquelles terres et seigneuries ledit sie Comte de Mercy auroit jouy et en auroit considérablement augmenté les revenus tant par les usuines, batiments, qu'acquisitions qu'il y auroit fait, et par leur réunion et confusion avec les biens de son Patrimoine scitués sous l'ancien ressort de nôtre Bailliage de St-Michel. Dans la suitte nous aiant fait proposer de nous en faire donnation, entre vifs et de nous remettre en même temps ceux que nous luy avions donnés par nos Lettres Patentes du vingt et un décembre mil sept cent cinq et vingt quatre février mil sept cent huit, sous la clause néantmoins de constitut précaire ou retention d usufruit pendant sa vie, Il nous en auroit en effet passé contract par devant Fallois tabellion de nôtre hôtel et général en Lorraine, Le vingt sept décembre mil sept cent neuf, accepté en notre nom, par feu nôtre très cher et feal Conseiller d'Etat et Procureur général en nos chambres des comptes de Lorraine et de Bar le sie Vignolles, en considération déquoy Nous lui aurions par le même contract accordé pendant sa vie une pension annuelle de dix mil cinq cent livres, laquelle par autre contract du vingt huit mars, mil sept cent quatorze passé par devant ledit Fallois, nous aurions augmenté jusqu'à une somme de quinze mil livres, et luy aurions en outre permis d'en créer en faveur de qui bon luy sembleroit une autre aussi viagère à commencer après son décès de quinze cent livres par année, a prendre sur les revenus des dits biens a nous abandonnés. Et ce en considération de ce que la première somme de dix mil cinq cent livres nétait point proportionnée a la valeur des mêmes biens, et que par ce dernier contract il nous auroit encor par donnation et sous la même clausse de constitut précaire, abandonné une portion dans la seigneurie des Cinq-villes et dépendances par luy acquetée depuis la première donnation de la Dame du Hautoy Marquise de Beon ainsi qu'il est plus amplement déclaré et inséré dans lesdits deux contracts, et comme pour la décoration et embellissement des terres et fiefs qu'il possède il luy importeroit de les voir réunir en un seul et même corps de fief, ensemble les autres qu'il pourra acquérir et y joindre cy après, il nous auroit très humblement fait supplier de les créer, ériger, illustrer et élever sous le titre de Comté. Et voulant dans cette occasion comme dans les précédentes donner audit s[ie] Comte de Mercy de nouvelles marques de l'estime particulière que nous faisons de sa personne et le traiter favorablement, de l'avis de nôtre conseil et de notre grâce spécialle, certaine science, pleine puissance et autorité souveraine, *Nous avons* uny et incorporé, unissons et incorporons par ces présentes, lesdittes terres, seigneuries, hautes, moiennes et basses justices de Mercy le Château, La Prévôté des cinq-villes, composée des villages de Xivry le franc, Mercy le haut, Mercy le bas, Boudrezy et Hugny; ensemble les terres, seigneuries et justices de Joppecourt, Circourt, Preuttin, la cence de Martin fontaine, Avillers, Hocourt, Les parts et portions que le dit s[ie] Comte de Mercy a et peut avoir à Landremont, Murville, Donnery et Bertrancey tant pour ce qui luy appartient de son chef, qua cause des donnations que nous luy en avons fait et a quel titre il puisse posséder le tout, Les maisons, batiments, jardins, moulins, mettairies, terres, preys, bois, forêts et héritages, appartenances et dépendances tant spécifiés dans nos Lettres patentes desdits jours vingt et un décembre, mil sept cent cinq et vingt quatre février mil sept cent huit, et contracts de donnations faittes à nôtre proffit les vingt sept décembre mil sept cent neuf et vingt huit mars, mil sept cent quatorze que non spécifiés sans aucune réserve, soit que les terres et biens soient icy rappellés ou non, et dont ledit s[ie] Comte de Mercy jouit présentement ou doit jouir scituées sous l'ancien ressort de nôtre bailliage de St-Michel, Et en outre celles qu'il pourra acquérir cy après dans le même ressort, sans cependant aucune dérogation aux dittes Lettres Patentes et contract de donnation. Pour doresnavant touttes les dittes terres, seigneuries et biens ne faire et composer qu'un seul et même corps de fief sans qu'il puisse dans la suitte le diviser ny démembrer. Et comme au moyen de cette union il dépendra de ce même fief des revenus suffisans pour qu'il soit illustré de quelque titre d'honneur qui en relève le mérite. De la même puissance et autorité souveraine *Nous avons* le dit fief ainsy uny, terres, seigneuries hautes, moiennes et basses justices, maisons, batiments, moulins, bois, forêts, héritages, cens, rentes, et revenus appartenances et dépendances, ensemble celles que le dit sir Comte de Mercy pourra acquérir et y joindre cy après, par la seulle déclaration qu'il en fera dans les contracts d'acquisitions et sans qu'il soit besoing d'aucune autre formalité. Créé, Erigé, Illustré et Elevé, Créons, Erigeons, Illustrons et Elevons en titre et dignité de Comté sous le nom et qualification de Comté de Mercy, mouvant et relevant de nous à cause de nôtre Duché de Bar, auquel nous avons attribué et attribuons les honneurs, droits, rang, privilèges, préeminences et prérogatives qui de droit appartiennent aux terres de cette nature et qualité, *Voulons, Entendons et Nous plaist* qu'il soit qualifié tel, tant en jugement que dehors, Et que ledit sir Comte de Mercy en puisse jouir et user, et de tous les droits immunités, rentes et revenus unis par les présentes et qui pourront y être adjoutés, joints et incorporés dans la suitte, et ce pendant sa vie naturelle durante seulement, Ainsi et de même qu'ont accoutumé d'en jouir, et qu'en jouissent, peuvent et doivent jouir de droit tous autres possédans Comtés créés et Erigés par nous, ou nos prédécesseurs Ducs dans nos Etats, tant en fait de guerre, assemblées de noblesse, qu'en tous autres lieux et actes; attribuant a cet effet pour armes au dit Comté de Mercy, celles qui appartiennent à l'ancienne Maison de Mercy, Et que le dit sir Florimond Claude, comte de Mercy et ses ascendants portent et ont porté telles que cy après Elles sont empraintes figurées et blasonées Scavoir *D'or, à la Croix D'azur, L'écu couronné d'une Couronne de Comte,* luy permettons d'établir dans tel lieu du dit Comté qu'il jugera a propos une Prévôté composée d'un Prévost chef de Police et bruyer, d'un Lieutenant controlleur et bardemarteau, d'un Procureur d'office, d'un ou plusieurs Sergents pour exercer et rendre la justice conformément à nos ordonnances en un seul corps de Prévôté, à tous les sujets et habitans résidans dans touttes les terres, seigneuries, villages et maisons unies et qui composent comme dessus le dit Comté, et qui pourront y être unies, dont les appellations ressortiront aux bailliages sous le ressort desquels chacun desdits lieux sont scitués ; Luy avons permis et permettons en outre d'y établir un ou plusieurs nottaires, bardenottes et jouira aussi des droits du Sceau et Tabellionnage de tous les contracts qui seront receus par les dits nottaires bardenottes, suivant le prescrit de nos Ordonnances, et dont les fermiers de nos domaines jouissent et ont droit de jouir, desquels droits de Sceau, Nous Luy avons fait et faisons par les présentes, donnations et cession pendant sa vie sans qu'il soit tenu à aucune indemnités envers lesdits fermiers non plus qu'envers les officiers de nos Prévôtés pour raison de l'aliénation des droits de juridiction et de justices, par nous ainsy cédés et abandonnés lesquelles indemnités nous nous sommes chargés de faire ainsi qu'elles seront par nous réglées, Luy donnons en outre droit d'établir dans le lieu qu'il aura choisy pour le siège de la Prévoté du Comté, deux foires par année, L'une le jour de feste St-George, vingt trois avril et l'autre le landemain de la Nôtre dame de septembre et un marché tous les samedis de chacune semaine. *Voulons* en outre que pour marque dudit Comté il puisse établir et élever fourches patibulaires quatre pilliers en tel lieu et endroit d'iceluy qu'il trouvera le plus convenable à charge néantmoins qu'après le décès dudit sir Comte de Mercy, ledit Comté avec touttes les terres, seigneuries, hautes, moiennes et basses justices, maisons, bâtiments et mettairies, moulins, améliorations, bois, forêts, héritages, cens, rentes et revenus, appartenances et dépendances dont il est à présent composé par les présentes Lettres d'union et d'érection sera réuny de plain droit au domaine de nôtre Couronne et nous appartiendra et a nos Successeurs Ducs sans restitution de deniers ny indemnité quelconque et a charge seulement d'acquiter la pension viagère de quinze cent livres que nous luy avons promis de constituer après son décès laquelle demeurera affectée et hypotecquée sur les revenus et produit du Comté le tout conformément aux contracts de donnations des dits jours vingt sept décembre mil sept cent neuf, et vingt huit mars mil sept cent quatorze sans autre réserve que des terres, seigneuries, maisons, héritages, cens, rentes et revenus que le dit sir Comte de Mercy pourra acquérir cy après, qu'il aura réuny en vertu des présentes et dont il luy sera libre de disposer ainsi qu'il trouvera à propos, ou les laisser à ses héritiers auquel cas elles seront désunies et ne feront plus partie du dit Comté de Mercy.

S'y donnons en mandement a nos très chers et féaux les Présidents Conseillers et gens tenants nôtre Cour souveraine de Lorraine et Barrois, Présidents conseillers, maitres et auditeurs de nôtre chambre du conseil et des comptes de Bar, Procureurs généraux en icelles, mareschaux, baillis, seneschaux et leurs lieutenants, prévosts, bruyers, et à tous autres nos officiers, justiciers, hommes et sujets qu'il appartiendra que du bénéfice de nos présentes Lettres D'Union, Donnation et Erection en Comté, ils fassent souffrent et laissent jouir et user le dit sir Florimond Claude Comte de Mercy, pleinement et paisiblement, sans luy faire, mettre ny souffrir qu'il luy soit fait, mis ou donné aucun trouble ny empêchement contraires, nonobstant tous Edits, Ordonnances et déclarations à ce contraire, ausquelles et aux dérogatoires des dérogatoires, Nous avons dérogé et dérogeons par ces présentes pour cette fois seulement et sans tirer à conséquence en autre cas, *Car ainsy nous plaist.*

En foy de quoy nous avons aux présentes signées de nôtre main et contresignées par l'un de nos Conseillers secrétaires d'Etat, commandemens et finances, fait mettre et apprendre nôtre grand seel.

Donné en notre ville de Lunéville le dix neuf avril, mil sept cent dix neuf.

Par son Altesse Royale. LÉOPOLD.

(S.) MATINET. *Diplôme original aux archives d'Argenteau.*

XV

L'empereur Charles VI approuve l'adoption d'Antoine-Ignace-Charles-Augustin, comte d'Argenteau, par Florimond-Claude, comte de Mercy, à condition pour lui de prendre les nom, titre et armes de Mercy, et de les joindre à ceux d'Argenteau.

27 août 1725

Nos Carolus Sextus Dei gratia electus Romanorum Imperator semper Augustus ac Germaniae, Hispaniarum, Hungariae, Bohemiae, Dalmatiae, Croatiae, Sclavoniae etc. Rex; archidux Austriae, Dux Burgundiae, Brabantiae, Styriae, Carinthiae, Carnioliae, Luxemburgi, Wiertembergae et Teckae, Superioris et Inferioris Silesiae, Princeps Sueviae, Marchio Moraviae, Comes Habspurgi, Tyrolis, Ferretis, Kyburgi et Goritiae etc. Memoriae commendamus tenore presentium significantes quibus expedit universis quod fidelis noster spectabilis ac magnificus Claudius Florimundus Sacri Romani Imperii comes a Merci Generalis Cavalleriae unius Regiminis Militiae nostrae equestris ordinis cataphractorum colonellus, nec non comitatus districtusque Temesiensis supremus commendans et consiliarius noster, coram nobis personaliter constitutus medio demissi memorialis sui representaverit hunc in modum qualiter idem in sexu virili ultimus familiae suae Mercianae esset, nullumque ex se descendentem haeredem ac successorem haberet, ideo matura et exacta animi sui deliberatione intra se præhabita, visoque et ex continua conservatione cognito eo quod fidelis noster spectabilis pariter et magnificus comes Antonius Ignatius Carolus Augustinus de Argenteau Regiminis Lanthiriani cataphractorum unius companiae capitaneus, cognatus utpote ipsius diversis in occasionibus praeclara eaque laudanda heroicarum virtutum specimina ediderit ex eoque non exiguae spei et expectationis virum ac fidelem de nobis augustaque domo nostra vasallum se futurum exhibuerit, visa, inquam, hac ipsius indole ipsum quoque comitem a Merci ad sui dilectionem alliciente ut ad virtutem colendam consequenterque ad devotionem ac debita Majestati nostrae servitia praestanda magis magisque habilitetur et excitetur sicque in dies motu ferventiori zeloque et studio tandem ad sagum et togam quoque crescere et enutriri possit ac valeat eundem itaque comitem Antonium Ignatium Carolum Augustinum de Argenteau non tantum in universis bonis suis in regno nostro Hungariae non ita pridem sibi comparatis ac imposterum Deo dante fors adhuc acquirendis, verum etiam in indigenatu Hungarico ex gratia nostra anno praeterito diplomatice adepto in filium haeredemque et successorem suum futurum cum cognominis sui Merciani cum praedicato de Argenteau assumptione, eligere, constituere et adoptare taliterque eandem illustrem familiam suam defectu sexus masculini proximam per praelibatum adoptivum filium suum Deo benedicente propagari cuperet, hinc supplicatum extitit Majestati nostrae nomine et in persona praememorati Claudii Florimundi Sacri Romani Imperii Comitis a Merci debita cum instantia humillime quatenus nos praemisis electioni et constitutioni filialique adoptioni et cognominis assumptioni nostrum regium consensum benevolum pariter et assensum praebere dignaremur, Nos itaque hujusmodi humillima praementionati Claudii Florimundi comitis a Merci supplicatione nostrae quo supra facta Majestati Regia benignitate audita clementer et admissa benigne praeterea attentis et consideratis fidelitate fideliumque simul ac utilium ejusdem servitiorum militarium meritis; quae idem a complurium retroactorum annorum serie, zelose, constanter ac utiliter cumque laude ac omnimoda benigna satisfactione nostra sacrae primum praelibati Regni nostri Hungariae coronae gloriosis item praedecessoribus nostris augustaeque domui ac jam Majestati quoque nostrae exhibuit ac impendit et imposterum quoque pari fidelitate et constantiae fervore semet exhibiturum polliceretur praemissis supradicti Anthonii Ignatii Caroli Augustini comitis de Argenteau in haeredem et successorem respectu indigenatus Hungarici et universorum bonorum dicti Claudii Florimundi comitis a Merci in praedicto regno nostro Hungariae jam comparatorum et expost comparandorum factae electioni et constitutioni filialique adoptioni et cognominis ejusdem in Mercianum cum praedicato de Argenteau mutationi, nostrum regium consensum praebuimus, imo praebemus benevolum pariter assensum salvo jure alieno quocirca vobis fidelibus nostris universis et singulis cujuscumque status, gradus, honoris, officii et dignitatis hominibus praesentibus et futuris : harum serie firmiter comittimus et mandamus quatenus repetitum Antonium Ignatium Carolum Augustinum comitem de Argenteau non solum pro filio praedicti Claudii Florimundi comitis a Merci adoptivo a modo imposterum recognoscere, verum etiam eundem haeredesque et successores ejus utriusque sexus universos respectu praefati indigenatus Hungarici et universorum bonorum ejusdem Hungaricorum jam acquisitorum et expost acquirendorum legitimum haeredem et successorem, haeredesque et successores tenere eundemque et eosdem non amplius comites de Argenteau sed comites Merci de Argenteau nominare pro talibusque scripto et dicto habere et reputare debeatis et teneamini secus non facturi praesentibus perlectis exhibenti restitutis. Datum per manus fidelis nostri nobis sincere dilecti Reverendi spectabilisque ac magnifici Ladislai Adami e comitibus Erdodii de Monyakerick episcopi Nittriensis locique et ejusdem nominis prout et Varasdiensis comitatuum montisque Claudii perpetui ac supremi comitis, praepositi sanctae Margarethae Virginis et martyris de Domos, intimi consiliarii et perdictum regnum nostrum Hungariae aulae nostrae vice cancellarii in Regia arce nostra Pragensi, die vigesima septima mensis Augusti anno Domini millesimo septingentesimo vigesimo tertio, Regnorum nostrorum Romani duodecimo, Hispaniarum vigesimo, Hungariae vero, Bohemiae et reliquorum anno decimo tertio; signatum in originali Carolus et infra Ladislaus Adamus Erdodii episcopus Nitriensis, Josephus Sigray, subscriptum praeterea quod praesens copia cum suo vero originali in omnibus suis punctis clausulis et articulis inque omni sui parte penitus et inter concordet praesentibus attestor die II mensis decembris anno Domini 1725, signatum Petrus Givrakovitz inclyti comitatus Tollensis juratus notarius et substitutus vice comes et est appositum ejus sigillum in cera rubra. Concordat originali quod testor Stephanus Nicolaus de Beriot notarius immatriculatus ut supra.

Copie authentique aux archives du château d'Ochain.

XVI

Testament de Claude-Florimond, comte de Mercy-Argenteau, baron de Chrisgnée, etc., mort à Londres, le 25 août 1794.

6 mars 1794

Au nom de la Très Sainte Trinité, Dieu le Père, Dieu le fils, et Dieu le S. Esprit et sous l'invocation de la Très Sainte Vierge Marie.

Ceci est mon testament et ordonnance de dernière volonté, que je veux, être exécutée en tout son contenu.

Je recommande mon ame à Dieu, le suppliant de me faire miséricorde; je désire qu'après ma mort, mon corps soit ouvert, ensuite embaumé, transféré et inhumé dans l'ancien tombeau de ma famille, dans l'église paroissiale de Hermal, vis-à-vis du chateau d'Argenteau au Païs de Liége. On érigera auprès de ce tombeau un monument mortuaire, sur lequel seront gravés mes titres et qualités, mes armes, ainsi que l'indication des emplois que j'ai remplis. Il sera emploié à la dépense de ce monument mortuaire pour la statue et inscription et ornemens, la somme de dix mille livres de France. Les frais du convoi d'enterrement, le service mortuaire se fera avec décence, et les frais en seront à la charge de mon légataire universel.

Etant plus habitué aux valeurs monétaires de France, je les choisis pour désigner mes volontés, bien entendu seront calculés au taux d'aujourd'hui, c'est-à-dire la livre de France a vingt sols de France. Je fais cette remarque dans l'incertitude des changemens possibles, dans les valeurs monetaires de ce Païs-là.

Je donne et lègue aux pauvres de la Paroisse dans laquelle je décédrai, la somme de trois mille livres de France, une fois paiée et distribuée par le Curé de cette Paroisse selon sa prudence.

Je lègue aux pauvres de mes terres dans le Païs de Liége, y compris Fologne, terre de Redemption, la somme de 4000 livres de France une fois paiée. Cette somme sera distribuée par les Curés des différentes Paroisses, et sous l'inspection de mon legataire universel.

Si lors de mon décès, je possede encore mon habitation à St-Domingue, je lègue a chaque Negre, Negresse, et Negrillon et Negritte, a chacun quarante huit livres de France une fois paiées, pour que ces infortunés reçoivent au moins une marque bien légère de la compassion que me fait leur état d'Esclavage.

Toute les personnes qui à l'heure de mon trepas, seront encore à mon service, jouiront du traitement suivant, savoir : le maitre d'hotel, chacun des valets de chambre, six mille livres de France une fois paiées ; pareil traitement au chef de cuisine, de même à l'aide de cuisine Fournier, mon filieul, à Joseph Aubert mon somelier, s'ils sont encore à mon service à mon décès. Le suisse, les valets de pied, les cochers, auront chacun trois mille livres une fois paiées.

Les postillons, palfreniers, frotteurs, gens de cuisine, marmittons, servantes, laveuses auront chacun 2400 livres une fois paiées.

C'est d'après cette regle, et mesure proportionelle, que seront traités tous les gens existans à mon service, mais je vais nommer separrément quelques anciens serviteurs qui par leur zèle et la longueur de leur service ont mérité un traitement plus favorable et qui par là se trouvent séparés de la règle générale. En conséquence je lègue et donne à mon sécretaire Philippe d'Unkel, 450 livres de France, de pension viagère, en sus de 750 livres de France de pension que je lui ai faite par contrat séparé, de façon qu'il jouira de douze cent livres de France de pension viagère.

Je donne et lègue 1200 livres de pension viagère à mon secrétaire Kruthofer, s'il est encore à mon service lors de mon décès.

Je donne et lègue à Frederic Hoppé, 1000 livres de pension viagère. Mon père l'a fait élever depuis le berceau, et il m'a rendu des bons services depuis ma sortie de France.

Je donne et lègue au nommé Bastien, qui a eu sous sa garde la majeure partie de mes effets, une pension viagère de 600 livres de France, je recommande cet excellent sujet à mon legataire universel.

Je donne et lègue à mon ancien et fidèle palfrenier Benedick, une pension viagère de 500 livres de France.

Ces rentes viagères hypothéquées sur toute ma succession seront paiées par semestres, courant du jour de mon décès, et exemptes de toute imposition ou retenues.

Je donne et lègue au comte Charles d'Argenteau, et au comte Eugène d'Argenteau, actuellement général major au service Impérial, à chacun 3000 livres de pension viagère.

Je donne et lègue à Mlle Marie-Rose-Joseph le Vasseur, la jouissance dont j'ai droit pendant la vie de la dite demoiselle, d'une maison située à Paris, rue de Provence, dont j'ai acquis l'usufruit sur la tête de la dite Dem[lle]. qui en conservera la jouissance entière.

La dite D[lle] Le Vasseur m'aiant donné tous les soins dans les maladies graves, m'aiant d'ailleurs marqué en plusieurs occasions l'attachement, le zèle le plus suivi et le plus désintéressé, je lui donne et lègue la jouissance entière d'une rente de 18,000 livres de France, au principal de 200,000 livres, que j'ai placé sur sa tête et la mienne à Paris, dans l'emprunt de février 1781. Le contrat de cette rente passé par le notaire Duclos du Frenoy ; au pardessus de cette rente, j'ai fait don à la ditte D[lle] le Vasseur d'une somme dont elle a en mains les documens de cession en bonne et due forme ; cette somme à prendre sur des capitaux que je possède en Païs étrangers, et sans m'expliquer sur la qualité de ce don ; je n'en fait mention ici que pour écarter toute espèce de difficultés recherches ou ambiguités ; cet objet étant consommé et a part de toutes mes autres dispositions. Ces deux clauses de la rente viagère et du don mentionné sont imperatives et toute ma succession doit en répondre. Si la banqueroute des rentes viagères a lieu en France, la D[lle] Le Vasseur la subira et se trouvera couverte par le don que je lui ai fait ; si les rentes subsistent, elle en jouira ainsi que du don, dont elle est nantie.

Le comte Pontian de Harscamp, m'aiant toujours montré attachement et bon procédé, je lui legue une tabatière garnie de diamans du prix de 10,000 livres, que je le prie de recevoir, comme un souvenir de ma part, s'il me survit.

Ma garde-robe en linges et habits, sera vendue au profit de mes valets de chambre. Tous objets d'or ou d'argent massive, diamans et bijoux, sont excepté et non compris dans cet article.

Quant au surplus de mes biens meubles et immeubles, en quoi qu'ils puissent consister, et en quel païs qu'ils soient je les donne et lègue au fils ainé du comte d'Argenteau d'Ochain, qui a épousé une comtesse de Limburg-Stirum. Ledit Cte d'Argenteau jouira des revenus de mes biens jusqu'à la majorité de son dit fils ainé que j'institue mon légataire universel, pour par lui jouir de tous mes biens, fruits meubles et revenus, à titre fideicomis, là ou les loix et coutumes du Païs, admettront cette disposition qui ne regarde que les immeubles et non pas les meubles. Cette succession passera de males en males aux ainés de chaque ligne c'est-à-dire, qu'après tous les enfans males dudit legataire, mes biens passeront à tous les enfans ainés males d'un de ses frères, s'il y en a de mariés, et cela de ligne en ligne. Le dernier male des Argenteau, s'il n'a point de postérité disposera de ma succession à sa volonté. Le possesseur vivant remplira l'obligation imposée par le maréchal comte de Mercy, de joindre le nom et les armes de Mercy, au nom et armes d'Argenteau, la même obligation existera pour le nom et les armes de Chrisgnée.

J'exige de mon legataire universel, que quand sa sœur, qui est ma filleule, se mariera il lui donne du produit de ma succession 100,000 livres de France, une fois paiées, à ajouter à sa légitime.

Je me reserve de nommer un exécuteur testamentaire, auquel je remettrai une copie faite à la Presse anglaise du present testament, et cet executeur testamentaire sera prié d'agréer un souvenir de moi en un diamant de dix mille livres.

Je revoque tous les testamens que je pourrais avoir fait, voulant, qu'il n'y soit que le present qui ait son exécution, comme contenant ma dernière volonté, sauf ce que je pourrais y ajouter, ou retrancher par quelque codicils, s'il y a lieu.

Fait à Bruxelles, le six de mars 1794.

Le présent testament est écri de ma main.

MERCY-ARGENTEAU.

(L. S.) Le Comte Florimond-Claude de Mercy-Argenteau Chrisgnée, Ministre Plenipotentiaire de S. M[té] l'Empereur pour les affaires de la présente guerre, et cidevant, son Ambassadeur en France.

Ceci est mon testament, dont le double tiré a la Presse Anglaise, sera remis à celui que je choisirai pour mon exécuteur testamentaire.

(Le Comte de Mercy-Argenteau Chrisgnée).

Copie authentique aux archives du château d'Argenteau.

XVII

L'empereur Napoléon Ier érige le domaine de Mercy en majorat de l'Empire, avec titre de comte, transmissible par ordre de primogéniture, en faveur de François-Joseph-Charles-Marie de Mercy-Argenteau.

25 mars 1810

Napoléon, Par la grâce de Dieu, Empereur des Français, Roi d'Italie, Protecteur de la Confédération du Rhin. A tous Présents et à venir. Salut.

Notre cher et amé le Sr François-Joseph-Charles-Marie De Mercy-Argenteau l'un de nos Chambellans, Membre de la Légion d'honneur, né à Liége le douze avril mil sept cent quatre vingt; nous ayant supplié de lui permettre d'instituer dans sa famille, un majorat auquel serait attaché le titre de Comte, nous avons bien voulu prendre sa demande en considération et en conséquence de la présentation qui nous a été faite par notre cousin le Prince Archi-chancelier de l'Empire, des conclusions de notre Procureur général et de l'avis de notre Conseil du sceau des titres, sur les mœurs et la vie honnorable de notre cher et amé François-Joseph-Charles-Marie de Merci-Argenteau, ainsi que sur les moyens de formation du Majorat, nous l'avons autorisé par notre décret du vingt huit octobre Mil huit cent huit, à former un majorat avec titre de Comte, des biens par lui proposés à cet effet; lesquels biens sont énoncés en l'acte indicatif donné par notre cousin, le Prince Archi-chancelier de l'Empire, le vingt huit septembre mil huit cent neuf et consistent dans les objets ci-après désignés : Savoir..... (on omet).

Tous lesquels biens, suivant l'affirmation de l'impétrant et les déclarations consignées en trois actes de notoriété passés; savoir l'un devant Martin, notaire, à Aumetz, canton d'Audun le Roman, arrondissement de Briey le quatre Avril Mil huit cent neuf, l'autre devant le juge de paix de Spincourt, Departement de la Meuse, le neuf du même mois, et le dernier devant Marchal, notaire à Thionville le douze dudit mois, montent à sept cent dix huit hectares, sept ares, quatre vingt huit centiares et sont d'un produit annuel de Douze mille huit cent quarante sept francs.

Ledit sieur De Mercy-Argenteau désirant jouir de la grace que nous lui avons accordée s'est retiré pardevant notre cousin le Prince Archi-chancelier de L'Empire, à l'effet d'obtenir nos lettres patentes pour ce nécessaires à ces causes. Nous avons par ces présentes signées de notre main conféré et conférons à Notre cher et amé le sr De Mercy-Argenteau, le titre de comte de Notre Empire, lequel titre nous attachons à toujours aux biens ci-dessus énoncés, érigeant les dits biens en Majorat en faveur dudit S[r] De Mercy-Argenteau pour ledit Majorat passer après lui, avec le même titre à sa descendance directe légitime, naturelle, ou adoptive de mâle en mâle par ordre de primogéniture, suivant les dispositions de notre deuxième statut du premier Mars Mil huit cent huit, etc. en se conformant par ledit S[r] De Mercy-Argenteau, et par ceux appelés après lui à recueillir ledit Majorat à toutes les conditions prescrittes par notre dit Statut et par notre Décret Impérial du quatre mai mil huit cent neuf.

Permettons audit S[r] De Mercy-Argenteau de se dire et qualifier Comte de Notre Empire en tous actes et contrats, tant en jugement que dehors, voulons qu'il soit reconnu partout en la dite qualité et qu'il jouisse des honneurs attachés à ce titre après qu'il aura preté le serment prescrit par l'article trente sept et notre second statut du premier Mars mil huit cent huit, devant celui ou ceux qui seront par nous délégués à cet effet, lui permettons de porter en tous lieux, les armoiries et écussons tels qu'ils sont figurés et coloriés aux présentes et qui sont : *d'azur à la croix d'or chargée de quatre coquilles de gueules, le premier canton au quartier des Comtes officiers de Notre Maison ; les trois autres à cinq croix croisettées d'or posées en sautoir ; sur le tout d'or à la croix d'azur*, pour livrées les couleurs de l'écu.

Chargeons Notre cousin le Prince Archi-chancelier de l'Empire de donner communication des Présentes au Senat et de les faire transcrire sur ses registres. Enjoignons à Notre Grand Juge, Ministre de la Justice d'en surveiller l'insertion au Bulletin des Loix. Mandons à nos Procureurs impériaux sur les lieux, de faire publier et enregister les présentes à la Cour d'appel et au domicile du S[r] De Mercy-Argenteau et partout ou besoin sera. Car tel est Notre bon plaisir et afin que ce soit chose ferme et stable à toujours, notre cousin le Prince Archi-chancelier de l'Empire y a fait apposer par Nos Ordres, Notre Grand sceau en présence du Conseil du sceau des Titres.

Donné en Notre Palais de Compiegne le vingt cinq Mars de l'An de Grace Mil huit cent dix.

(Signé) NAPOLÉON. Le Prince Archi-chancelier de l'Empire,
Scellé le vingt neuf Mars Mil huit cent dix. CAMBACÉRÈS.

Diplôme original aux archives du château d'Argenteau.

XVIII

Confirmation du majorat de Mercy, pour Louis-Philippe, roi des Français.

14 octobre 1836

Louis-Philippe Ier, roi des Français. A tous présens et à venir. Salut.

Le comte François Joseph Charles Marie de Mercy-Argenteau, né à Liége, en Belgique, le douze Avril mil sept cent quatre vingt, ancien Chambellan de l'Empereur Napoléon, nous a fait exposer que, suivant Lettres Patentes données à Compiègne le vingt cinq Mars mil huit cent dix et scellées le vingt neuf du même mois, en exécution d'un Décret Impérial en date du vingt huit Octobre mil huit cent huit, il a été Institué, en sa faveur, un Majorat auquel a été attaché le titre de Comte, avec attribution d'Armoiries ; que ce Majorat Comté a été établi et repose encore aujourd'hui sur des Biens fonds situés dans les Arrondissements de Briey et de Thionville (Département de la Moselle) et dans l'arrondissement de Montmédy (Département de la Meuse) (on omet), le tout de la contenance de sept cent dix-huit hectares, sept ares, quatre vingt huit centiares, et d'un produit annuel de Douze mille sept cent quarante sept Francs ; que des motifs dont il nous a été rendu compte ayant déterminé le Comte de Mercy-Argenteau a solliciter, de notre grâce l'autorisation de remplacer ces Biens fonds par d'autres immeubles du revenu annuel de Douze mille sept cent cinquante huit francs, lesquels seront désignés ci après, Il nous a fait supplier de lui accorder, pour opérer ces Echanges et substitution, l'autorisation nécessaire que Nous avons jugé à propos de lui octroyer, sur le Rapport de notre Garde des sceaux, par notre Ordonnance du six Novembre mil huit cent trente cinq, à la charge, par lui, de se pourvoir de nouvelles Lettres Patentes émanées de Nous.

A ces causes, le comte François Joseph Charles Marie de Mercy-Argenteau s'étant retiré par devant Notre dit Garde des Sceaux, à l'effet d'obtenir nos Lettres patentes nécessaires pour l'exécution de notre Ordonnance susdatée, nous avons Erigé, et par ces présentes, signées de notre main, nous Erigeons, comme Majorat en faveur du dit Comte de Mercy Argenteau, et ce, en remplacement des immeubles Majoratisés, tels qu'ils sont désignés aux Lettres patentes érectives du 25 Mars 1810 : une foret... (on omet).

Toutes sont situées dans l'arrondissement de Briey, Département de la Moselle, elles présentent une contenance totale de deux cent quatre vingt dix neuf hectares, soixante sept ares quarante quatre centiares, et produisent un revenu net et annuel de Douze mille cent cinquante huit Francs ; auquel Majorat ainsi échangé, nous avons par continuation, attaché et nous attachons le titre de Comte concédé par les précédentes Lettres ; pour ledit Majorat être transmis, comme avant le présent Echange, au vœu de l'article 2 de la Loi du 12 Mai 1835, avec le titre y attaché, et à la charge, tant par l'Impétrant que par ceux appelés, après lui, à recueillir les dits Titre et Majorat, de se conformer en tous points aux autres dispositions demeurées en vigueur a l'égard des institutions de cette nature. Entendons que les Bois dont il s'agit soient exploités et aménagés conformément aux règlements concernant l'exploitation et l'aménagement des forêts de l'Etat. Sont et demeurent conservées et maintenues les Armoiries énoncées et coloriées aux premières Lettres pattentes du mois de Mars 1810, et qui sont : D'azur à la croix d'or, chargée de quatre coquilles de gueules ; le premier canton, au quartier des comtes Officiers de la Maison Impériale ; les trois autres cantons à cinq croix croisettées d'or, posées en sautoir : sur le tout, d'or a la croix d'azur. L'écu timbré d'une couronne de Comte (on omet).

Donné au palais des Tuileries, le quatorzième jour d'Octobre, mil huit cent trente six.

Par le Roi
Le garde des sceaux Ministre secrétaire d'Etat
au Département de la Justice et des Cultes,
C. PERNE (?)

Louis PHILIPPE.

TABLE ALPHABÉTIQUE

DES

NOMS DE FAMILLE

TABLE DES MATIÈRES

www.ingramcontent.com/pod-product-compliance
Ingram Content Group UK Ltd.
Pitfield, Milton Keynes, MK11 3LW, UK
UKHW020441200726
13857UKWH00002B/514

9 782012 887961